9·75

D1470846

WITHDRAWN

HOMENAJE A RAMON PEREZ DE AYALA

María del Carmen Bobes Naves
María Dolores Rajoy Feijóo
Emilio Frechilla Díaz
Magdalena Cueto Pérez
Rafael Núñez Ramos
Alberto Alvarez San Agustín
Joaquina Canoa Galiana
José María Roca Franquesa

HOMENAJE A RAMON PEREZ DE AYALA

OVIEDO, 1980

PUBLICACIONES DEL DEPARTAMENTO DE CRITICA LITERARIA. OVIEDO

Portada: *Carmen Maciá*

ISBN: 84- 7468 - 037 - 9

Depósito legal: O. 2.421 - 1980

GRAFICAS SUMMA, S. A. Polígono Industrial de Silvota. OVIEDO

INDICE

RAMON PEREZ DE AYALA

PRESENTACION

El Departamento de Crítica Literaria de la Universidad de Pilares quiere participar en la celebración del centenario del nacimiento de Ramón Pérez de Ayala con la publicación de algunos estudios realizados por los profesores de la Cátedra de Crítica literaria.

La obra de Pérez de Ayala ha dado lugar a una ya larga bibliografía, generalmente de orientación historicista. La novedad de los trabajos que presentamos en este tomo estriba en el enfoque semiológico que se les da. Desde esta perspectiva, la lírica, el relato y el teatro de Ayala descubren una riqueza de contenidos, una organización de relaciones sintácticas y unas implicaciones culturales verdaderamente asombrosas y maestras.

La crítica ha destacado la riqueza del vocabulario, la maestría del estilo y el interés anecdótico de la novela de Ramón Pérez de Ayala. La misma riqueza y maestría se descubren al analizar semiológicamente la lírica y los relatos de este autor.

En «Claves semánticas de ''El sendero ardiente''», el primero de los artículos que publicamos, se verifica cómo el poeta no consigue realizar su intención de dar testimonio de las vivencias de un hombre adulto que ha alcanzado la serenidad a través del crisol del dolor, tal como se había propuesto en su juventud al diseñar un esquema para su vida y para sus versos.

Ayala no llegó a terminar este «sendero ardiente» porque no consiguió la serenidad que, según él, corresponde a la madurez en la vida del hombre. Y por las mismas razones tampoco escribió el último «sendero», el de «cristal», anunciado asimismo en la juventud.

El análisis de los poemas de «El sendero ardiente» demuestra que el alma del poeta está dividida en dos polos, entre los que se establece una lucha que se prolonga angustiosamente en la vida y que el poeta no llegará a superar nunca. Bajo anécdotas diversas, por ejemplo la que se anuncia bajo el título «Dúplice alma», descubren los sonetos asociaciones de términos en oposiciones semánticas radicales («mentira-verdad», «luz-oscuridad») e imágenes obsesivas que reiteran bajo términos diversos una y otra vez esa lucha continuada en la vida y agotadora de la inspiración.

Ramón Pérez de Ayala escribe en sus versos el tema de su vida, una vida proyectada racionalmente en cuatro etapas de tiempo que corresponderían a cuatro etapas en el estado de ánimo del poeta: la imaginación y el deseo de aventuras de la adolescencia, el ímpetu de la juventud, la serenidad de la madurez y la visión cristalina de la vejez.

Después de escribir los senderos de la adolescencia y de la juventud, se propone Ayala dar forma al que corresponde a la madurez «si Dios le permite vivirlo». Lo comienza y escribe hasta 30 sonetos en los que la lucha subyace en el trasfondo de las anécdotas y la serenidad no aparece ni en la forma de los versos ni en el contenido. Los sonetos de «El sendero ardiente», en un análisis semiótico del vocabulario y de su distribución sintáctica, descubren esas oposiciones radicales y esas asociaciones de términos que una psicocrítica interpreta con cierta facilidad, más allá de lo consciente para el poeta, en relación con su estado de ánimo y no con sus intenciones más o menos declaradas. Los versos de «El sendero ardiente» son apasionados, aunque su fuerza no tiene relación inmediata con experiencias del autor como individuo, sino que procede de las pasiones que afectan a toda la Humanidad: la pasión por la vida, por la muerte, por la supervivencia, por el amor y por la obra como formas de perduración, etc.

El aire no se ha serenado para el poeta Pérez de Ayala. Quizás haya conseguido tranquilizar sus apasionamientos juveniles, sus sentimientos inmediatos, pero no ha logrado vivir ajeno a lo humano, a los problemas de la Humanidad; su razón lo lleva por senderos que *prometen ser serenos, y que quizá lo sean para otros, pero que para él son todavía entonces, en plena madurez, apasionantes y desconcertantes.*

Los estudios más numerosos corresponden, como es lógico, a los relatos de Pérez de Ayala. R. Núñez plantea la cuestión de la unidad de la obra en relación con la complejidad de la trama, con las relaciones semánticas entre los personajes y con las intervenciones del narrador, a propósito de la novela más densa y trabajada del autor. Precisamente en estos aspectos se plantea agudamente la tensión entre una polivalencia del texto literario y la necesaria unidad que someta a todas las partes a una coherencia y sentido únicos, al menos en cada una de las lecturas que se proponga como interpretación.

«Belarmino y Apolonio» presenta la particularidad de que incluye tres narradores, y, por tanto, una trama única da lugar a tres argumentos que se articulan entre sí en formas diversas: el narrador se constituye en personaje y participa en la acción y además cede, en alguno de los capítulos, la voz a los protagonistas, Pedro y Angustias para que, a su vez, actúen como narradores. El mundo del narrador y el mundo narrado adquieren coherencia semántica a través de la simbolización y la caracterización de los personajes, y, paradójicamente, la intervención del narrador en esas relaciones complejas, lejos de dirigir el sentido del texto, lo abre a variadas interpretaciones, dándole un perspectivismo original y eficaz.

El mismo problema de la unidad del texto lo plantea María Dolores Rajoy a propósito de la concurrencia de lírica y relato en las «Novelas poemáticas». En estas novelitas no se produce la negación de los límites entre el relato y la lírica, es decir, no estamos ante un poema en prosa o ante una novela en verso. Hay simplemente una concurrencia formal de ambos géneros: delante de cada capítulo de las novelas figura un poema que alude, más o menos directamente, a los hechos relatados en el capítulo, y cada capítulo presta una anécdota al contenido lírico del poema. Llama la atención la profundidad del sentimiento en los poemas frente a una forma aparentemente poco trabajada, mientras que en la prosa se extrema en ocasiones el cuidado de la forma mientras se diluye la anécdota en la amplitud que le presta el relato.

11

Los poemas no tienen un mero valor ornamental, sino funcional; los capítulos desarrollan la anécdota, cuya esencia se recoge en los versos dándole un valor general, universal; de ahí que los ejes semánticos de las tres novelas se den por duplicado, en el relato y en los versos, dando a estas novelas una gran densidad semántica.

La cuestión de la unidad de la obra, planteada y solucionada en «Belarmino y Apolonio» a partir del triple argumento, y planteada y solucionada en las «Novelas poemáticas» a partir de la concurrencia de formas narrativas y líricas, está en relación inmediata con la renovación sustancial que de los recursos narrativos hace Pérez de Ayala desde sus primeras novelas. Aunque ejemplifica únicamente con «Tinieblas en las cumbres», el Profesor Frechilla, analiza el conjunto de las novelas de la primera época, la llamada «etapa autobiográfica». Pérez de Ayala utiliza la técnica del narrador omnisciente, conocedor de los más íntimos deseos de los personajes y consciente de su papel omnipotente. Con esta técnica el autor consigue revelar el ambiente de una ciudad de provincias, Pilares, y el pesimismo dominante en toda la vida nacional.

La posición omnisciente permite una distancia del narrador respecto a sus personajes y a los hechos que narra y una actitud de parcialidad hacia los valores evocados; las intrusiones, frecuentes, del autor en la novela, además de romper la ilusión de realidad, se toman como recurso de innovación frente a los modos narrativos decimonónicos.

Desde el punto de vista interno, y basándose en la noción de «intertexto», el profesor Alvarez Sanagustín, analiza cómo puede Ayala conseguir la unidad de «Luna de hiel, luna de miel» y «Los trabajos de Urbano y Simona», utilizando, como utiliza, diversos tipos de discurso.

Por una parte, el discurso sentencioso, expresado bajo ciertas «formas de sabiduría», como máximas, sentencias, adagios, etc., además de informar sobre la cultura del autor, sirve para conformar a algunos de los personajes más relevantes.

Por otra parte, el discurso mítico, formado por todas las citas literarias y las alusiones mitológicas, es a la vez parodia y exaltación de la vida y literatura clásicas y contribuye directamente a la figuración de la novela.

12

Las descripciones destacan por su funcionalidad referencial: pretenden y consiguen sensación de realidad en ocasiones, mientras que en otras alcanzan un gran valor connotativo.

Por último el discurso narrativo, que articula todas las formas de discurso anteriores y los ejes semánticos más destacados, se enriquece con la concurrencia de formas y contenidos.

La complejidad que se descubre al analizar los diferentes recursos con que Ayala logra la unidad literaria de sus obras, se descubre también al analizar las unidades sintácticas que la integran. La Profesora Cueto Pérez pone de relieve el intelectualismo de los personajes de la obra ayalina, paralelo al intelectualismo que la crítica ha descubierto en otros aspectos, como el lenguaje, la anécdota, las citas clásicas, etc.

Son personajes, los de Ayala, esencialmente cerebrales, dotados de un soporte mínimo de corporeidad y destinados a ser encarnación de las posiciones ideológicas del autor.

Sus rasgos constitutivos proceden de oposiciones y contrastes, consigo mismos o con otros personajes de la novela, y van cobrando progresivamente un valor simbólico que acentúa su carácter abstracto y escasamente verosímil.

Parece que Ayala depone conscientemente toda actitud verista en favor de planteamientos ideológicos, acumulando sin reparo rasgos inverosímiles y situaciones inesperadas.

La unidad de las novelas de Ayala queda de manifiesto y abarca a la novela como unidad autónoma de relaciones internas, a las formas del relato que son uniformes –con variantes necesarias– en el conjunto novelesco de la producción de Ayala, y con formas de discurso que amplían las relaciones de este conjunto de un autor con una tradición de relato clásico.

El Profesor Roca Franquesa ha recogido en un artículo erudito e histórico las ideas dramáticas de Pérez de Ayala. El ensayo, la crítica y el artículo periodístico no fueron nunca abandonados por Ayala, como lo fueron la lírica y el relato a partir de una fecha; el teatro, afición primeriza del autor, fue abandonado pronto como género de creación ya que, aparte de algunas traducciones y adaptaciones, Ayala sólo escribió «La revolución sentimental. Patraña teatral», y sin embargo es el tema más reiterado de los ensayos. Los *ataques a Benavente y los elogios a Arniches son los extremos en los que hay que situar su crítica.*

El artículo del Profesor Roca repasa con detalle las diferentes ideas que sirven de canon a los ataques y a los elogios. Se complementa con el estudio de la Profesora Canoa que contrasta las posiciones teóricas de Ayala con la forma en que las lleva a la práctica en su único drama. Es cierto que «La revolución sentimental» fue escrita mucho antes que «Las Máscaras», y es probable que Ayala no se hubiese planteado por aquellas fechas (1909), al menos de forma directa y teórica, cómo han de ser las formas teatrales. Lo que sí se concluye del análisis que realiza la Dra. Canoa es que Ayala incurre en los mismos defectos que luego señalará, con crítica inexorable, en Benavente: personajes convencionales, falta de acción, exceso de discurso en escena, etc.

Del volumen se deduce que la aportación más valiosa de Ayala a la literatura española está en sus relatos. La abundancia de recursos con que resuelve los problemas de la narración; la perfección que descubren en cualquiera de los aspectos que en ellos se analicen: unidad, conexiones con otros textos y formas de discurso, personajes, funciones, contenido semántico, todo, indica que estamos ante una gran novelista, un renovador del género y un maestro del relato.

Antes de cerrar estas líneas de presentación quiero agradecer al Profesor López Cuesta, Rector Magnífico de la Universidad de Oviedo, el amor con que acoge cualquier proyecto universitario que se le presente, y en particular el amor e interés y preocupación con que ha acogido éste de publicar un tomo Homenaje a Ramón Pérez de Ayala, antiguo alumno de la Universidad de Pilares, cronista efectivo de la vida provinciana que preside la Universidad y novelista universal.

Oviedo, octubre de 1980
María del Carmen Bobes Naves

CLAVES SEMANTICAS DE «EL SENDERO ARDIENTE»

María del Carmen Bobes Naves

Es indudable que a los cien años de su nacimiento la crítica ha reconocido en R. Pérez de Ayala mayor mérito como novelista que como poeta. Pero es indudable también que, aparte valoraciones relativas, la obra poética de este autor resulta interesante por muchas razones, históricas unas, literarias otras.

A su último libro, *El sendero ardiente,* voy a dedicar un análisis que, apoyado en los imprescindibles datos históricos, atiende con preferencia a la disposición de los poemas y a su significado.

En 1904 aparece en Madrid el primer libro de versos de Ayala, *La paz del sendero;* está fechado en Asturias en 1903 (el autor dirá más tarde que lo escribió cuando tenía 22 años, lo que supone que lo compuso antes de agosto de 1903). Incluye poemas de formas diversas sobre el tema común del campo asturiano y la vida del poeta en él.

No parece probable que al escribir estos primeros versos publicados el autor tuviese diseñado ya el plan que más tarde dará a conocer. Sabemos, él nos lo dice, que escribía versos desde los ocho años, muchos de los cuales terminaron en el fuego, en los que expresaba sus momentos de vida más intensa:

> *«Allí estaban mis sueños de estudiante*
> *en los que siempre hablaba de un sendero*
> *por donde yo subía jadeante*
> *de pena y de sudor, pero ¡el primero!*

Doce años más tarde, en 1916, publica la segunda edición de *La paz del sendero* en un tomo con un nuevo libro de poemas, *El sendero innumerable*. En el prólogo se presenta un plan general de toda la lírica del autor. Partiendo de aquella imagen constante en sus versos («siempre hablaba de un sendero»), la vida se compara con un camino que se divide, como el año, en cuatro estaciones: Adolescencia, Juventud, Madurez y Vejez que se corresponden con los cuatro elementos: Tierra, Agua, Fuego y Aire, respectivamente. A cada una de esas cuatro etapas dedicará Pérez de Ayala un libro de poemas que refleje las vivencias del Hombre en ellas, lo esencial, lo elemental, prescindiendo de lo anecdótico que puede recogerse en otros géneros literarios («poesía es lo elemental. Lo demás que se suele llamar poesía no es sino anécdota y episodio», 79).

La paz del sendero queda situado en ese esquema como la primera parte, como el libro de la Tierra y la Adolescencia, pues «la adolescencia es edad de nutrición y crecimiento sobre el suelo nativo...». Por eso sus temas son los del campo asturiano, y sus experiencias las de un autor joven.

El sendero innumerable alude a los caminos sin límite del mar, tal como se ofrecen a la Juventud «edad de exploración y de aventura, a que nos seduce el mar...»

Un tercer «sendero» iría dedicado al fuego y debía escribirse en la madurez, «edad de acrisolamiento y depuración, cuando el fuego de la vida vibra comprimido, bravo y tenaz, y bajo cuya acción se elimina la escoria y queda el oro limpio». El fuego es el dolor, y así lo anuncia en «El barco viejo», de *El sendero innumerable*:

> «*esta vida limpia y altivo,*
> *que un santo dolor, como fuego,*
> *ha purgado de escorias...*» (218).

En las *Obras completas* de Pérez de Ayala, que García Mercadal preparó para la Editorial Aguilar (y por las que citaré remitiendo a las páginas del volumen II), se da el título de *El sendero ardiente* a un conjunto de treinta sonetos, que van precedidos de un poema en tercetos encadenados, de forma y tema dantescos. Tal poema, titulado «El sendero de fuego», se abre con un endecasílabo, «En declive el sendero de la vida», que sitúa la edad del poeta en esa tercera etapa de madurez, de acrisolamiento por el fuego, en la que ha de lograr una visión pura de las cosas y de la vida, como el oro acrisolado:

> «*el valladar de fuego no es un muro*
> *quien por favor divino lo traspasa,*
> *surge de allá más acendrado y puro*».

El poeta anuncia su «visión del mundo» desde esa perspectiva, la superación de las tendencias juveniles por la aventura, su depuración por el dolor, en una palabra, su conseguida disposición para iniciar ese tercer «sendero» que dará testimonio lírico de un estado de ánimo de madurez:

> «*Cae en cenizas ya la vida vieja,*
> *no añoro nada, como nada espero.*
> *Sólo el dolor me oprime herida queja.*
>
> *Y así prosigo el ígneo sendero.*

No podemos saber qué título hubiera puesto Ayala a este libro, de haberlo publicado: *El ígneo sendero,* como parece indicar ese último verso que cierra los tercetos encadenados del primer poema; *El sendero de fuego,* como tituló a ese primer poema; *El sendero ardiente,* como lo tituló Mercadal, o acaso otro título. Lo que sí es seguro es su intención de continuar el plan diseñado en 1916 y dedicar un libro de poemas a la edad madura en relación con el tercer elemento, el fuego. Es el «sendero» que debía dar testimonio de las vivencias de un hombre maduro que alcanza la serenidad a través del dolor. Pero el poeta ni lo acabó ni lo publicó, por causas que más tarde analizaremos hasta donde podamos, porque la crítica no alcanzará más allá que a proponer hipótesis en este problema.

El Aire y la Vejez, «edad de contemplación y serenidad, que es, o debe ser, cristalina como el alto cielo», tenían que ser cantados en un cuarto sendero, *El sendero de cristal,* que nunca se inició, a pesar de que según noticias que recoge V. García de la Concha[1], Ayala en

---

[1] Vid. V. García de la Concha, *Los senderos poéticos de Ramón Pérez de Ayala,* tomo monográfico de *Archivum,* Revista de la Facultad de Filosofía y Letras, Universidad de Oviedo, 1970.

sus últimos años sintió «imperiosos deseos de dar término al poema total concebido en sus años de juventud».

De los cuatro senderos proyectados se escribieron, pues, dos completos y se publicaron; un tercero quedó sin título, quizás sin terminar y no llegó a publicarlo el autor; el cuarto, no llegó a empezarse.

En 1921 publicó Ayala otro «sendero», *El sendero andante,* que no entraba en el esquema de los cuatro. Ayala lo sitúa como el poema del río que une a la tierra y al mar, es decir, entre los otros dos senderos ya publicados. Sus poemas son «recuerdos de ciertos instantes de subido acento subjetivo...».

¿Por qué Ayala no dio fin al armonioso plan diseñado en 1916?

Sebastián Miranda explica a V. García de la Concha que la causa del silencio fue «la actividad política y concretamente la embajada en Londres, que surtieron un efecto catastrófico y le hicieron abandonar la literatura».

N. Urrutia ha advertido que en los prólogos que el autor pone a sus ediciones argentinas (particularmente a *Troteras y danzaderas* y a *Poesías completas)* se insinúa una cierta insatisfacción respecto a sus propias dotes creativas, ciertas frustraciones resultado de «vicisitudes privadas que a nadie importan»[2].

Causas externas, en el trabajo, o causas internas, el propio control, no se sabe, pero esas razones, por sí solas, no parecen suficiente: desde 1921 en que publica *El sendero andante* (y recogía poemas hechos con anterioridad a los otros senderos, puesto que, según explica el autor, no los había incluido antes en sus obras por pudor, mientras que ahora una diferente valoración de la vida, le permite publicarlos), hasta 1932 en que va de embajador a Londres, hay muchos en blanco. Y en Buenos Aires desde 1940 hasta el 46 en que pasa a desempeñar la Agregación Cultural de la Embajada Española, son también muchos años para una pluma ágil como la de Ayala, y sólo escribe los 30 sonetos de *El sendero ardiente.*

Guillermo de Torre busca las razones de este silencio de Ayala en «cierta propensión al epicureísmo, en un debilitamiento de la

---

[2] Vid. N. Urrutia, *De «Troteras» a «Tigre Juan», dos grandes temas de R. P. de Ayala,* Insula, Madrid, 1960.

potencia volitiva, escapando por la línea de menor resistencia, que era para él la de escribir artículos, labor de *coser y cantar*».

Pero esto más que razones o causas del silencio, son los hechos, los resultados: Ayala escribió artículos y ensayos en una dilatada etapa final de su vida simplemente porque le resultaba más fácil que la creación literaria. Pero esto pudo haberlo hecho siempre, si de vagancia o de epicureísmo se tratase, y, sin embargo, antes había publicado muchos versos y muchas novelas. Además hay que tener en cuenta que a finales de sus años sintió «imperiosos deseos» de terminar su plan.

Hay que pensar que esa inhibición en la creación literaria no estuvo causada por algo superficial, o por una tendencia del carácter, tuvo que ser algo profundo que llegó a imponerse al autor, aún en contra de sus propios deseos.

La creación literaria compromete al hombre entero y va más allá de lo racional y consciente. Los ensayos, o los artículos de periódico se quedan, o al menos pueden quedarse, en lo circunstancial, en lo anecdótico, y quizás por eso Ayala pudo seguir escribiéndolos, a pesar de esa inhibición cuyas causas se escapan a la crítica y quizá se escaparon también a la conciencia del escritor.

Algunos achacaron ese silencio a las críticas adversas que suscitaron algunas obras, pero también hubo muchas críticas positivas sobre sus poemas.

Salvador de Madariaga en *Semblanzas literarias* afirma que Ayala «observa las cosas más que las siente y las ve más con los ojos del intelecto que con los del alma», pues «su poesía es un derrame de pensamiento con una subcorriente de emoción». Angel del Río insiste en ese «intelectualismo» de la lírica de Ayala y lo relaciona con su origen asturiano: «la actitud fría, desapasionada, esencialmente crítica, pero con un sentimiento reprimido de humanidad, ha sido muy característica de todos los escritores procedentes de Asturias»[3]. El «intelectualismo» de Ayala se convirtió en un tópico para la mayoría de la crítica.

Madariaga es más penetrante cuando afirma que Ayala tiene una

---

[3] Todas estas críticas y algunas otras pueden verse en la obra citada de V. García de la Concha a la que remito en general.

«comprensión de la Naturaleza que consiste en descubrir lo humano de las cosas; no, entiéndase bien, los efímeros humores y sentimientos del hombre, sino lo permanente y universal humano, que es el hombre». La crítica actual señala como uno de los rasgos específicos de la lírica esa visión humanizante de las cosas, esa penetración intuitiva del poeta hacia lo esencial humano que luego expresa metafóricamente con signos sensibles, humanos.

Los poetas saludaron a Ayala con entusiasmo, Rubén Darío destaca «una hermosa independencia de espíritu que le hace decir lo que quiere, cantar de la manera más sencillamente posible: sencillez que sólo se logra difícilmente a través de una ascesis de ejercicio poético».

A. Machado en una carta que A. Amorós publicó en el diario *ABC* (1968) dice a Ayala: «Ud., como el maestro Unamuno, saca poesía de las ideas». Y pienso que esta comparación debió de gustarle mucho a Ayala, porque en *Troteras y danzaderas,* citando a Enrique de Mesa, a Machado y a Unamuno, afirma que el mejor poeta es Unamuno. Don Antonio le dedica también un famoso soneto en el que subraya su aspecto señoril, su presencia y gesto petulante y además lo califica de

«gran poeta, *el pacífico sendero*
cantó que lleva a la asturiana aldea;
el mar polisonoro y el sol de Homero

le dieron ancho ritmo, clara idea,
su innúmero camino el mar ibero
su propio navegar, propia Odisea».

Por el contexto se deduce que la calificación de «gran poeta» se extiende a los dos primeros «senderos»: *La paz del sendero* y *El sendero innumerable.*

Desde luego, la lírica de Ayala contiene ideas, no sólo sentimientos; tiene un lenguaje excesivamente culto que vela un tanto el sentimiento y si el lector se queda en lo anecdótico, en lo superficial, es probable que no llegue ni a enterarse de ese profundo sentimiento que late en los versos, a veces de forma dura, de Ayala. Una lectura crítica puede dejar al descubierto una riqueza semántica y una densidad de sentimientos y de ideas insospechadas.

Pero antes de analizar críticamente algunos de los poemas de *El sendero ardiente,* vamos a manejar todavía algunos datos históricos, algunas afirmaciones del mismo Ayala, para fundamentar una hipótesis sobre su lírica, la escrita y la no realizada.

En «Alegato *pro domo mea*» afirma Ayala que «se escriben versos por una necesidad natural; porque no se puede menos» (75). Una vez escritos los versos se publican porque «la natural necesidad de comunicar los versos no es menos imperiosa que la de hacerlos». Esa necesidad de publicarlos está en relación con la seguridad en su propio quehacer que confirma la vocación poética: «no todos los versos son poéticos, pero el autor se figura que sí. Para averiguar si los versos son o no poéticos, no hay otro procedimiento sino someterlos a la prueba del consenso público».

En el Prólogo de *Prometeo* «¡Doce años ha!» confiesa Ayala que *La paz del sendero,* como todo lo que hasta entonces había dado al público, «fue escrito con ánimo sincero y desnudo, por necesidad de mi espíritu y también, ¿por qué no confesarlo?, con alguna vanidad. Nunca me he atrevido a releer mis escritos. Hasta la corrección de pruebas me produce terror. Con la última palabra olvido voluntariamente las obras de mi pluma. Y esto, ¿por qué no confesarlo?, por vanidad, por la zozobra de no hallar mis escritos tan excelentes como se me figuraban en el momento de escribirlos. Pero sobre todo, por pudor de mí mismo, como aquél que sabe haber declarado su sentir demasiado abiertamente, quizá dando ocasión a la mofa y huye de este recuerdo con dolor».

La lírica para Ayala es una necesidad: la escribe inevitablemente y vierte en ella su vida interior que descubre en momentos de euforia, pero resulta un tormento para su pudor y una prueba de fuego para su vanidad. El temor del poeta, por una parte a manifestarse demasiado abiertamente y por otra a no ser lo excelente que él se imagina en el momento de escribir, es un sentimiento complejo que actuará como filtro una veces (quema algunos de sus versos, se resiste a incluir en sus libros otros) y como dique insuperable otras para la publicación e incluso para la expresión.

En la Epifanía de 1942 escribe en Buenos Aires que la «poesía es lo elemental. Lo demás que se suele llamar poesía no es sino anécdota y episodio», «pero si la poesía es lo fundamental (...) los temas elementales de la poesía son Dios, Amor y Muerte».

Si *La paz del sendero,* escrito con «ánimo sincero y desnudo», da fe de un sentimiento de amor a la tierra natal y de un poeta adolescente; y si *El sendero innumerable* recoge las vivencias de un hombre joven que se siente seducido por los innumerables caminos que la vida ofrece a esa edad; *El sendero ardiente,* si quiere mantener ese mismo «ánimo sincero y desnudo», debe adecuarse a las ideas que el poeta mantiene en la época en que lo escribe, es decir, sus temas han de ser «lo elemental», y las vivencias del poeta han de ser expresadas de esa madurez limpia como el oro, en que no se añora nada ni se espera nada. Ese es el plan del poeta, así «debe ser» ahora su poema. Así debe ser su vida para que sin faltar a la sinceridad, el verso sea testimonio de claridad y deje la escoria.

El análisis de algunos sonetos demuestra claramente que no es así, que el equilibrio interior que el poeta esperaba alcanzar a través de la lucha y los dolores de la vida, no está conseguido. Pudo creer en algún momento que lo había conseguido, porque

> *«el valladar de fuego no es un muro,*
> *quien por favor divino lo traspasa,*
> *surge de allá más acendrado y puro».*

pero el poeta no lo pasó, ese valladar de dolor le impide el paso y ese ideal de madurez que se había propuesto en 1916 no lo alcanza. Podía haber escrito –estaba en un total dominio de la forma– poemas anecdóticos, superficiales, con alusiones a temas tópicamente de madurez, pero no era ese el estilo lírico de Ayala, además ya lo había anunciado cuando propuso su plan: escribiría los últimos senderos «si Dios le consentía vivirlos y escribirlos». El análisis semántico demuestra que no ha vivido el poema de la madurez, porque no se han eliminado las escorias y no se ha alcanzado la tranquilidad de espíritu.

El sendero ardiente se inicia con ánimo sincero y con el profundo sentimiento con que se abordaron los anteriores, pero la lucha interior, entre la vanidad y el temor con la inspiración, no se superó. El mismo problema se planteó respecto a *El sendero de cristal,* que debía ser límpido como el alto cielo. Quizá el poeta no consiguió ese equilibrio interior, a pesar de los dolores con que lo asaltó la vida, que no actuaron como crisol.

Si se lee críticamente *El sendero ardiente* y se observan las asociaciones de términos y las reiteraciones de motivos, puede descubrirse un hondo sentir bajo un lenguaje técnico y una expresión culta e intelectualizada. Vamos a comprobarlo analizando detalladamente el primero de los 30 sonetos, el titulado *Dúplice alma*.

Es éste uno de los poemas más duros en la forma y más intelectualizado en cuanto al discurso. La dureza de la forma puede advertirse por ejemplo en el primer endecasílabo: «Nada y todo; alma. Orbe en miniatura», cuyo esquema acentual impide una lectura fluida. Llevan acento las sílabas 1.3.4.6.10. El último verso, «Doble alma quiero dialogar contigo» con acentos en 1.2.4.8.10, resulta más o menos lo mismo. Ambos versos exigen una lectura fuera del ritmo que imponen los demás endecasílabos del soneto. El poeta afirma que «materia y forma no existen por sí, sino en ayuntamiento indiscutible», y efectivamente puede comprobarse que, mientras el resto de los versos describen metafóricamente la lucha interior en el alma del poeta, el primero polariza la atención como una llamada acerca de lo que es el alma y la actitud que frente a ella toma el autor: el alma es un pequeño universo con el que el poeta se propone dialogar. La dificultad del diálogo procede de esa duplicidad en lucha constante.

En *La pata de la raposa,* Alberto, el protagonista traslada sus vivencias a un poema y el narrador se pregunta: «¿Por qué dividió el autor de esta composición en dos partes, y la dramatizó, desdoblándose en dos personas? Quizá el propio Alberto no se dio cuenta, obedeciendo al instinto de bifurcación que en tales crisis escinde al corazón humano en dos porciones...» (422).

También aquí el autor reconoce la duplicidad del alma (alude indirectamente a una crisis, o cree que es lo habitual) ya desde el título y dramatiza la exposición al plantear los motivos en interrogantes, en admiraciones, en oposiciones léxicas, en recurrencias continuadas:

> *Dúplice alma*
> *Nada y todo; alma. Orbe en miniatura.*

El centro de atracción hacia el cual gira,
¿dónde está? ¿Dentro de él, o acaso aspira
a una estrella polar fija, segura?

Alterna en claro día o noche oscura,
luz de verdad o sombra de mentira,
y en su cénit apenas al sol mira
cuando la noche asoma y se apresura.

¡Pobre alma, en rotación de dos mitades!
Sin sosiego, una a otra se entrevera,
¿Qué hemisferio es amigo o enemigo?

Las mentiras desposan las verdades.
Cada mitad ser la señora espera.
Doble alma quiero dialogar contigo.

La lectura temática del soneto descubre inmediatamente, ya desde el título, esa escisión del alma en dos mitades y la lucha entre ellas por el dominio del hombre entero. La expresión se desgrana en imágenes geográficas y en un léxico que pertenece en su mayoría a ese campo semántico: orbe, centro de atracción, gira, estrella polar, noche, día, luz, sombra, cénit, sol, rotación, hemisferio. La estructura sintáctica es quizá demasiado lógica, el léxico es quizá demasiado científico para una expresión lírica, pero debajo de todo esto que es pura forma exterior, el análisis semántico descubre unas redes asociativas muy polarizadas, en oposiciones binarias radicales:

    todo / nada
    dentro / fuera
    día / noche
    claro / oscuro
    luz / sombra
    verdad / mentira
    sol / noche
    amigo / enemigo
    mentiras / verdades.

Es decir, nueve oposiciones manifiestas, directas, en catorce endecasílabos. Además de la oposición de términos generales («todo

26

nada») y de una situacional, que solamente sirve de marco («dentro /
fuera»), todas las demás reiteran el campo semántico de la *luz,* la
verdad y la *amistad,* esto es, los temas que preocupan al poeta y lo
dejan perplejo entre uno y otro polo.

El soneto, como todos los de *El sendero ardiente,* fue escrito
tras muchos años de silencio, para continuar el plan previsto en 1916.
Corresponde a la edad madura y tenía que dar testimonio de serenidad y de equilibrio interior, que según el ideal del poeta se alcanzan
en esa edad, cuando el fuego del dolor ha acrisolado el ánimo. Pero
lo que realmente reflejan es una lucha interior, y no entre matices
más o menos próximos, sino entre extremos radicalmente opuestos,
típicos de momentos de crisis: todo o nada, mentira o verdad, luz o
sombra, amigo o enemigo. El fuego no ha llevado a cabo su labor, y
el poeta, su alma, sigue debatiéndose entre extremos. Resulta imposible escribir con ánimo sincero algo diferente a aquello que se vive,
y el poeta no puede dar testimonio de equilibrio si no lo tiene.

«Cabe la poesía en verso deficiente, patético y amable en su
misma imperfección» (II, 540), pero no cabe, con ánimo sincero, dar
fe de serenidad, si no se ha alcanzado la serenidad. El poeta había
prometido escribir el sendero de la edad madura «si Dios le permitía
vivirlo», y ésta es la razón por la que no lo escribió, sencillamente
porque no lo ha vivido. No es necesario buscar las causas en el
trabajo de la embajada, en las críticas a las obras, o en otros hechos
exteriores al poeta. El mismo al proyectar su plan pone las condicio-
nes en que lo cumpliría.

La misma oscilación, la misma lucha late en el tema que desarrolla el soneto octavo que se titula «Balanza inquieta»:

Esencia del vivir es la esperanza.
Sólo vive lo vivo en tanto espera
seguir vivo y ser más de lo que era.
Entre confianza y desconfianza.

Si hay tormenta, confía en la bonanza;
si hay bonanza, el recelo le asevera
de otra tormenta presto advenidera.
En ese fiel oscila la balanza.

¿Qué es lo que está esperando el ser viviente
en tormentosa vida a cada instante,
si no es el más allá del horizonte

que prosiga en futuro lo presente?
La vida desde atrás mira adelante.
En su angustioso tránsito es bifronte.

Las recurrencias léxicas son muy destacadas:

vivir, vive, lo vivo, vivo, viviente, vida, vida
desconfianza, confianza, confía
esperanza, espera, esperando
tormenta-bonanza, bonanza-tormenta, tormentosa

y se intensifican más al considerarlas en campos de oposición binaria: vivir / confianza / esperanza / bonanza, frente a desconfianza / tormenta que mantienen relación semántica evidente con presente y futuro, y con todos los términos que podrían relacionarse, por algún sema común, con «seguir»: esperanza, espera, seguir, ser más, confiar, advenidera, esperando, más allá del horizonte, prosiga, adelante, futuro, tránsito.

Es evidente que el poeta, aparte de lo que diga en la anécdota y aparte también del sentido dramático que puede sugerir mediante el uso de las interrogaciones y de las imágenes de inseguridad (la vida como una balanza de fiel oscilante; la vida como un tránsito angustioso), mantiene unas recurrencias en el fondo que tienen el efecto de subrayar, como un acompañamiento musical, unas mismas preocupaciones.

El sendero ardiente es un extenso poema de treinta sonetos, además del prólogo en tercetos encadenados. Los títulos no son muy significativos: unas veces resumen el tema («Morir habemos», «Comer, amar, las piernas de la vida»...), otras aluden simplemente a una de las imágenes del texto («Parábola de la saeta», «Balanza inquieta»), o se reducen a un solo término, que puede ser un nombre común («La piel», «El Alba», «Beso»...), o un nombre propio («Alma Venus», «Natura Celestina», «Sulamita»...).

Bajo esta presentación diversa, el conjunto forma una unidad temática y coherente. El poeta había afirmado que la poesía era lo elemental y los temas verdaderamente poéticos eran Dios, Amor y Muerte. En este «sendero» se canta a Dios como principio ordenador del Universo, al Amor como principio inmediato de la vida, y a la Muerte como final de la vida en un eterno retorno que permite la renovación de la vida. Todo lo demás es anécdota o explicación de uno de estos tres motivos centrales.

La unidad de los poemas se apoya en varios elementos: en primer lugar su forma común de soneto, en segundo lugar un encadenamiento realizado de modos diversos mediante elementos formales o conceptuales.

En los primeros poemas se pasa de uno a otro mediante un eslabón léxico: una palabra incluida al final de un soneto se repite en el siguiente; o una idea que se anuncia en un soneto, se desarrolla en el siguiente. A partir del soneto 16, la unidad del tema justifica la unidad de todos los poemas como variaciones de motivos, con un sentido musical quizás.

En el prólogo el poeta anuncia su disposición personal para iniciar el poema de la madurez, está en el declive de la vida, ni añora nada ni espera nada, puede dar forma a la tercera parte de su diseño y dar testimonio de la vida serena desde la que se ve el mundo sin pasiones.

El primer soneto anuncia el propósito de dialogar con el alma, como compendio del universo humano. El alma es un orbe en miniatura, centro de lucha de dos polos opuestos. Y a partir de un diálogo consigo mismo, el discurso del poeta progresa en un argumento que da un lugar adecuado a cada uno de los quince primeros sonetos como reflexiones sobre el sentido de la vida, las relaciones y los actos del hombre.

Las personas del diálogo son el poeta (que siempre asume el YO) y su alma (que siempre es el TU, es decir, el diálogo tiene siempre la misma dirección, no hay juego alternativo en el uso de los indicadores de persona). El poeta no intenta dar testimonio de sí mismo como persona individual que siente un dolor, o una alegría, o tiene amor hacia alguien o algo; por el contrario el autor se identifica con el Hombre, con una especie de abstracción que asume los problemas más generales y se pregunta sobre los temas que afectan a todos por igual.

hondas nulidades del océano son los avatares de la vida que sumen al hombre en la desesperanza y en la angustia. Como imágenes continuadas podemos interpretarlas en esta dirección o en otra semejante, sin que haya una excluyente de las demás, dada la esencial polivalencia semántica del lenguaje de la lírica. En cualquier caso las posibles interpretaciones o «lecturas» deben mantener una coherencia interna y excluir el capricho o la arbitrariedad.

El poeta no resuelve el interrogante planteado, «¿por qué eres y para qué eres?». Deja en el ánimo del lector la misma duda con que inicia la lectura, porque no es su propósito dar soluciones a problemas que sólo pueden ser resueltos con un lenguaje religioso y con una actitud de fe, de creencia. El lenguaje lírico, es decir, el lenguaje en su función poética más fundamental, puede expresar las experiencias internas y externas del hombre, pero no tiene por qué argumentar lógicamente ni tiene por qué resolver problemas que el poeta no tiene resueltos. La misma oscilación entre extremos que se advertía en el soneto primero se advierte en los demás de todo el poema. Ayala sugiere caminos que no anda porque su «ánimo sincero» se lo impide, y un tema que se plantea en forma «bifronte», se mantiene de la misma forma, aunque dé paso a otro.

Esto es precisamente lo que ocurre en este soneto número cuatro: no puede el poeta contestar a su interrogante: «¿por qué eres y para qué eres?», pero pasa hacia el quinto soneto dejando en el aire la solución imposible y utiliza como eslabón para el paso una afirmación que necesariamente es anterior a la pregunta formulada: «es tu única verdad saber qué eres». Es lo seguro, es lo que sirve de peldaño para subir en la argumentación del tema general de los sonetos. El diálogo sigue manteniéndose en la misma forma entre ese hombre abstracto, la humanidad, y el hombre concreto, el poeta que actúa como conciencia individual y plantea preguntas sobre el destino. La inteligencia humana, o el sentimiento, o el testimonio de otros son insuficientes para aclarar los problemas, pero el hombre sigue, limitadamente, hacia adelante.

El sentido profundo de estos sonetos está en esa terrible dificultad, más bien imposibilidad del hombre para ver algo claro entre la verdad y la mentira, entre la amistad y la hostilidad de los demás y del mismo universo, y, a pesar de todo, seguir buscando luz. El patetismo no deriva de las penas individuales de un amor contrariado (tema de toda la lírica de origen petrarquesco), deriva de la falta de luz en que el hombre vive como individuo y como especie, ahora y antes. El poeta es la conciencia de la Humanidad y no ceja en su empeño de buscar respuesta.

El hombre sabe que existe y, aún resignándose a no saber por qué ni para qué, lucha «por disfrutar su vida». Este es el sentido del quinto soneto. Puede deducirse que se trata de una actitud epicureísta: el placer da sentido a la vida puesto que no se le ve otro. Cuando en *Tinieblas en las cumbres* Alberto Díaz de Guzmán sufre una profunda crisis de valores religiosos, artísticos y vitales, escucha las reflexiones del ingeniero inglés, Yiddi, que después de haber sufrido mucho y de haber reflexionado sobre el sentido del dolor y de la vida en general, llega a la misma conclusión. Cobra sentido pleno el lema que la protagonista de Baroja encuentra en un escudo nobiliario, «La vida es ansí», y no cabe sino aceptarla, con desesperanza, como harán muchos personajes barojianos, o con la conformidad que proclama Yiddi, el inglés pragmático.

El eslabón léxico que permite el paso del soneto número cinco al seis es el verbo «disfrutar», pero aclarando enseguida que «disfrutar es lograr fruto». Es reducir la vida a lo inmediato, a lo material, al fruto, y lógicamente el poeta lo aclara; en esta finalidad inmediata el hombre no se diferencia del bruto.

El discurso dialogado va progresando por peldaños mínimos, que no son soluciones alcanzadas por el autor, sino que simplemente confirman razonadamente actitudes que la sabiduría popular, la filosofía general de la vida ha admitido como verdades desde siempre: no sabemos qué somos, parecemos saetas disparadas por alguien al azar, somos como gotas de agua en un fluir incesante o como granos de arena en concurrencia con otros hombres, pero somos conscientes de que existimos y desde esta consciencia partimos para alcanzar nuevos peldaños: existimos, somos, vivimos y buscamos el disfrute de esa vida nuestra. Pero hasta aquí, aparte de la consciencia, no nos diferenciamos de los brutos.

Al terminar el soneto número seis estamos en este nivel de las argumentaciones. El tema del Hombre ha progresado bien poco.

Es necesario seguir el discurso y transcender esa conclusión que no puede dejar satisfecho al poeta, ni al hombre. En todo caso es un nuevo peldaño para seguir, no es conclusión satisfactoria para nadie.

El eslabón léxico entre el soneto seis y el siete es la frase nominal «el hombre y el bruto». Ambos coinciden en ser vivos, y el tema del soneto número siete será precisamente éste: la vida. Las imágenes con que el poeta desarrolla el tema dan testimonio indirecto de su pesimismo, que ha surgido del razonamiento: la vida lleva a la muerte en una especie de eterna mudanza, y la muerte lleva a la vida:

> *Nacen, se multiplican, se hacen viejos.*
> *La tierra los procrea y amamanta*
> *y los marchita al fin, y al fin suplanta*
> *con los añojos a los trasañejos.*

La vida en su paso es como una «nave fantasma», como preludia el título del soneto, pero, como la saeta de la imagen de los primeros sonetos, no conoce su destino.

«Esencia del vivir es la esperanza» es el hermoso endecasílabo que inicia el soneto octavo cuya composición ya hemos analizado más arriba y cuyo tema es la vida. El eslabón léxico es «vivo / vivir» que se encuentran en el verso catorce y en el primero del soneto siete y ocho respectivamente.

Mediante un juego de variantes léxicas del verbo «vivir» van a enlazarse varios sonetos: la esperanza de vivir, de seguir viviendo («la vida desde atrás mira adelante») lleva a pervivir y a convivir.

El tema del soneto nueve es la pervivencia, la lucha por la vida que toma sentido por la convivencia. La lucha por el alimento, disputándolo a los demás, según las existencias:

> *Si el nutrimiento abunda, poca lucha,*
> *y mucha en cuanto falta el nutrimiento.*
> *Ayer, hoy y mañana: eternamente.*

Vuelve a desarrollar el mismo motivo el soneto décimo: el renovado milagro no ya de la existencia sino de la persistencia, del hombre y de la Humanidad: «para nutrirse el hombre se encarama, hasta que al fin la vida al hombre inmola y a su humus le devuelve y gusanera», en una especie de retorno al origen.

Es muy lograda esa expresión «y a su humus le devuelve y

gusanera» para subrayar el concepto de vida y descomposición, de tierra y muerte, de principio y fin del hombre. Esa fórmula de la coordinación (su humus y gusanera) que separa los elementos coordinados *(a su humus le devuelve y gusanera),* obliga al lector a reconsiderar la frase una vez que la termina. Al avanzar en la lectura, no se han creado expectativas porque la expresión podía haber quedado completa *(a su humus le devuelve)* al terminar el verbo, pero la presencia de un coordinador abre unas expectativas que podrían cumplirse más adelante si el elemento coordinado fuese otro verbo, por ejemplo «a su humus lo devuelve y lo sume en la gusanera». Al no ser así, al encontrar un nombre, el lector debe volver atrás y enlazarlo o relacionarlo con otro nombre que ya esté en la frase. Esta relectura obliga a buscar unas relaciones semánticas, además de las relaciones sintácticas que exige la coordinación en la frase nominal.

Con el tema de la vuelta al humus y a la gusanera («la serpiente mordiéndose la cola») termina el grupo de los diez primeros sonetos. El Hombre ha quedado situado en la tierra, su origen: tiene vida, es consciente de ella, se ocupa de su pervivencia y vuelve a su origen.

A partir del soneto número once se inicia un nuevo grupo de poemas en cuanto que cambian los procedimientos encadenantes: ya no son eslabones léxicos, sino relaciones lógicas: hay un orden en el Universo, pero, ¿quién lo establece? (soneto 11). El hombre es la única criatura consciente de este orden que exige la muerte (soneto 12), y sabe también que tiene dos partes, barro mortal y espíritu. Por ello se vuelve, habiéndolo razonado convenientemente, al principio: el poeta había señalado como presupuesto la existencia del alma y su naturaleza «dúplice». Había decidido dialogar con ella. Ahora ha llegado a esto mismo, pero por discurso:

> *Si aceptamos*
> *la mitad material por evidente,*
>
> *podemos, a partir de tal momento,*
> *de dó venimos y hacia dónde vamos*
> *tú y yo, alma, dialogar íntimamente* (13).

La serpiente del discurso ha mordido la cola y ha probado por razonamiento el apriori de que había partido.

Los sonetos catorce y quince prolongan algunos motivos: de la situación del hombre en la tierra y de sus límites de conocimiento y de vida ya ha hablado, ahora sitúa a la Tierra en el Universo, y el tiempo del hombre en el tiempo cósmico, «el tiempo de la vida (...) son en aquel girar vertiginoso mil billones de años un segundo (14); la muerte como madre de la vida, que también había sido cantada, vuelve a proyectarse hacia el Universo total: «¿Qué es nuestra tierra sino un astro muerto? / Porque está muerto, en él nació la vida».

Las recurrencias temáticas se ven potenciadas por recurrencias de distribución y recurrencias léxicas. Destacamos en estos dos sonetos las oposiciones binarias válidas en el contexto y prolongadas por relaciones en abanico:

lo vil / lo inmortal
tierra / cielo
torbellino / estático
cielo / mundo
perezoso / impaciencia
un segundo / mil billones de años

grumos/ chispazos
fuego eterno-infierno / cielo
finitud / infinitud
lumbre-yerto / ceniza-fuego-vivo ardor
tierra / astro muerto
muerto / vida

Contrastes, oposiciones, recurrencias léxicas y recurrencias en perífrasis, todo sirve de fondo a un discurso que pretende ser sereno, tranquilo, pura reflexión, sin pasiones, pero que se balancea en pasiones radicales. No sé si se podrá decir «pasiones intelectuales», pero si fuese posible, este tipo de pasiones que no tienen nada que ver con un sentimiento inmediato producido por la convivencia, sino con un sentimiento medular producido por la vivencia –por la vida misma– son las que descubren los poemas de Pérez de Ayala. Pasiones metafísicas que sumen al hombre en el vértigo de su importancia ante el Universo, de su ignorancia ante su propia vida y de su angustia ante el tiempo, impiden a Pérez de Ayala alcanzar esa madurez tranquila que él había proyectado.

36

Recurrencias de distribución encontramos en el endecasílabo «te abruma ese espectáculo y aterra», respecto al que habíamos analizado más arriba «y a su humus le devuelve y gusanera». La coordinación se establece entre dos términos categorialmente idénticos (humus-gusanera / abruma-aterra), incluso semánticamente parejos, pero distanciados al intercalar entre ellos elementos de la frase que podrían ir en otro lugar. El efecto que buscan y que consiguen es el mismo, obligar a una relectura y subrayar por consiguiente el significado.

A partir del soneto número 16 y hasta el final no hay enlace léxico entre los poemas. Su unidad procede del tema: todos son variaciones de temas amorosos. El amor, como principio de la vida, su procedencia, sus formas, sus manifestaciones, etc., son motivos que aparecen una y otra vez en los sonetos.

El soneto 16 se dedica a Venus, «lucero del alba y de la tarde». Una vez que el hombre está situado en la Tierra y ésta en el Universo, aunque no sepa para qué, advierte el poeta que el amor es el principio más general en el mundo y su influjo se deja sentir en todos los seres vivientes. El paso del Universo al tema del amor se hace mediante la alusión al planeta Venus y en relación a la diosa mitológica del amor.

Venus es el lucero que anuncia el día y la noche, el que separa y une a los amantes y de ese contraste se pasa al que suponen el primero y el último amor en la vida del hombre (17).

El mismo tema se prolonga en el soneto 18, titulado *Alma Venus,* «que es una traducción casi literal del preludio o invocación a Venus del poema de Lucrecio *De rerum Naturae.* Todo procede del amor y todo debe su origen a Venus. El amor se convierte en la ley más general de la naturaleza y a ella se somete el prado, el eral, la tórtola, el potrillo, el mozo:

> «Será ilusión, universal engaño.
> Y lo seguirá siendo eternamente».

Si el instinto de persistencia del individuo conducía a la lucha por el alimento, el instinto de persistencia de la especie, finalidad inmediata del amor, comporta también lucha:

«En todas partes lucha por la vida,
a veces mansa y casi siempre dura,
desde que se ha nacido hasta la muerte.

Por la vida del hoy en la comida,
o por la en el amor vida futura,
y la vida da el triunfo al que es más fuerte» (20).

Siguen tres sonetos (21, 22, 23) que me parecen puramente anecdóticos. El poeta deriva hacia circunstancias y formas diversas de manifestación del amor en los animales: el gallo, el toro, el ave. El hombre sigue modos diferentes y canta en su amada los ojos como estrellas, el seno de nácar, el cuello de cisne, el cabello de oro o de endrina, los dientes de perlas, las mejillas de rosas; todo comporta una visión de la naturaleza, pero enriquecida, porque no se le ocurre comparar a su amada con la vaca o la gallina (22).

La naturaleza privilegia a lo masculino (23) hasta que se llega al hombre «y ya con él ocurre lo contrario».

En los tres sonetos se tocan temas circunstanciales, anecdóticos, lejos de lo elemental que el poeta considera esencialmente poético. Son los tres como una divagación innecesaria en un conjunto proyectado hacia lo transcendente.

El soneto 24 y ya hasta el 30 se recupera el tono y el poeta trata de ver cómo el amor humano se diferencia del amor de los brutos. Hay un paralelismo con los primeros sonetos que cantaban el tema de la vida. Si el hombre comparte la vida con los brutos, y en eso es igual a ellos, tiene, sin embargo, una nota que lo diferencia de todos: es el único consciente de que vive, y es el único que se sitúa en el Universo, aunque sea un Universo tan desconocido como la Tierra y la Vida. En el tema del amor el paralelo es puntual: de la vida se ha pasado al principio de ella, el amor, y éste se ve como una ley general de la naturaleza que somete a todos los vivientes, bajo formas diversas, pero el hombre es el único que vive el amor con consciencia, y es el único que resulta capaz de elevarse hacia la esencia divina por medio del sentimiento:

«El mundo por defuera se oscurece,
al par que por adentro se ilumina,
fundiéndose alma en alma en una esencia,

que es el alma del mundo; y reaparece,
ley infalible y claridad divina,
cada vez que el amor hace presencia (26).

El amor se presenta como el nexo que une lo material y lo espiritual. El alma, que deseó siempre ser ave, volar: «era su anhelo, en alma, si no en cuerpo, ser un ave», para alcanzar el cielo y «saber lo que en la tierra no se sabe», lo consigue mediante el amor.

El sentimiento consciente, que supera al instinto y que permite al hombre vislumbrar esa «claridad divina cada vez que el amor hace presencia» (26) separa al hombre del resto de lo creado vivo. Y además de este rasgo fundamental hay otros detalles que elevan el amor humano sobre el instinto de persistencia de las especies. En el género humano la belleza está en la mujer, frente a las demás especies que adornan lo masculino:

«¿en qué consiste
que sólo con la especie humana empieza
a ser lo femenino la belleza
en tanta especie a quien la vida asiste?» (24).

El poeta concluye que la belleza femenina procede de la piel:

«Aparece la carne en piel desnuda

de suave exquisitez la femenina.
Y he aquí que a la mujer por el desnudo
la idea de belleza se trasmuda».

Otro rasgo que distancia al hombre del resto de las especies es el sentimiento de eternidad con que se vive el amor: «Quererte siempre juro» que desarrolla el soneto 25. Advertimos que en los últimos sonetos aparecen, aunque no sistemáticamente, algunos eslabones léxicos, y así el verso número 13 de este soneto 25 dice «la mirada sumida en la mirada» y esta misma expresión la encontramos destacada por un encabalgamiento en los versos 1 y 2 del soneto siguiente:

«Si la mano en la mano y la mirada
sumida en la mirada...»

Y lo mismo advertimos con el término «paloma» que repiten el soneto 27 y el 28, y que se cambiará en la «palomita negra», la Sulamita cuya belleza describe el soneto 29 y cuyos amores cantó el rey Salomón en el *Cantar de los Cantares,* parafraseado por Ayala en el último soneto de *El sendero ardiente.*

Cabe ahora preguntarse qué sentido tienen estos poemas. Son un conjunto de reflexiones metafísicas sobre la vida, sobre el hombre, sobre el Universo y sobre el amor. El «argumento» se presenta en los primeros sonetos en los que el poeta anuncia su propósito de dialogar con su alma, y efectivamente los sonetos, en forma de diálogo o en forma de enunciados, van tocando los temas que cualquier hombre puede plantearse cuando se vuelve a sí mismo y reflexiona sobre su destino y sobre el sentido de sus actos. Es una poesía que exige esa decisión de reflexión, no es la poesía suscitada directamente por un sentimiento amoroso concreto, individual, con unos perfiles, unas circunstancias y unos nombres concretos.

Ayala había proyectado hacer el «sendero» de la madurez sobre lo elemental, lo transcendente, que resulta ser lo esencial en poesía. Y ha cumplido –con la excepción de algunos sonetos circunstanciales– este propósito. Pero había proyectado simultáneamente emprender la tarea desde una situación de serenidad, de equilibrio interior, y esto no lo ha conseguido. Los poemas de *El sendero ardiente* son, desde la forma, versos apasionados, si bien la fuerza de esa pasión no procede del sentimiento concreto, sino de un sentimiento transcendente ante problemas que afectan al Hombre, a la Humanidad en general.

El poeta ha medido con esmero las innumerables palabras de los endecasílabos, ha buscado pacientemente las rimas y el ritmo de los sonetos y ha conseguido expresiones recurrentes muy hermosas y eficaces, pero toda esta materia se presenta como algo elaborado sobre un telón de fondo que descubre una lucha entre posiciones extremadas, entre polos opuestos que lingüísticamente quedan de manifiesto en las oposiciones binarias tan frecuentes. Hemos destacado algunas de estas oposiciones, pero podemos afirmar que hay muchas más, e igualmente se podría decir lo mismo de las recurrencias léxicas apoyadas en campos semánticos cerrados.

La lectura que proponemos de algunos sonetos y el sentido que creemos descubrir en el conjunto se apoya en los datos que nos revela un análisis inmanente del texto y que está en consonancia con los datos históricos que la crítica ha podido aportar. Las razones últimas de ese silencio posterior de Ayala pueden quizás ser aclaradas teniendo en cuenta sus ideas sobre la poesía, su proyecto para un «sendero» de madurez y la realidad de unas vivencias que no responden al equilibrio interior tan ansiado por el poeta y nunca conseguido en su vida. Basta recordar que ya aludió a ese equilibrio interior en la dedicatoria de *A.M.D.G.* a Pérez Galdós, y que volvió a insistir en él en el prólogo a *Prometeo,* «¡Doce años ha!», y luego se reiteró en las mismas palabras en varias ocasiones. Era el ideal que buscaba desde sus proyectos juveniles, y no siempre el ideal se encuentra. Creo que Pérez de Ayala no lo encontró y esto fue decisivo para su creación literaria.

POESIA Y NARRATIVA EN
R. PEREZ DE AYALA
(Lectura de *Las novelas poemáticas*)

María Dolores Rajoy Feijoo

INTRODUCCION

Creada en una época de especial ebullición literaria, cuando la escritura parecía consistir en una suerte de experimentación, la obra de Pérez de Ayala se resiste a una clasificación realizada con el molde de los géneros tradicionales. Pero el mismo autor, con el subtítulo de tres de sus relatos cortos, «novelas poemáticas», nos abre el camino y proporciona un punto de partida para la categorización, al menos parcial, de su obra. El objeto de nuestro análisis consiste en ver cuál es la parte de novela y de poesía y cuál es el papel de la poesía en la novela, en estas tres narraciones cortas de P. de Ayala: *Prometeo, Luz de domingo,* y *La caída de los Limones,* que, con el subtítulo de «Novelas poemáticas de la vida española», fueron reunidas por el autor en 1916 para su publicación.

Las tres novelas suponen una etapa de transición en la totalidad de la obra de Pérez de Ayala. El autor ha encontrado un estilo y una temática propios, pero se mueve aún en un mundo concreto, sin llegar a la abstracción de novelas posteriores.

Pese a que se trata de relatos cortos, presentan un alto grado de complejidad. Muchos de sus recursos son más característicos de la novela que del cuento, así, por ejemplo, las inversiones temporales que emplea a nivel argumental. Evidentemente, otros recursos como el uso de una intriga secundaria a modo de «marco» en *La caída de los Limones* o la triplicación de algunas funciones, entroncan también con el cuento. En todo caso, se trata de una narrativa profundamente «intelectual», lo que la aparta en gran medida de los esquemas propios del cuento popular y tradicional.

Presentaremos brevemente la trama y contenido de estas tres obras. Aparentemente, sus estructuras narrativas son muy distintas y se relacionan con otros relatos-fuente.

Prometeo trata de la búsqueda de un proyecto extraordinario, que tras varias manifestaciones se concreta en el intento de lograr un hombre perfecto. Las aventuras del protagonista, que suponen dilaciones a su proyecto, en la sintaxis narrativa fundamental, se reflejan en el «espejo cóncavo» de la *Odisea*. La magnitud del proyecto y el consiguiente castigo nos recuerda el mito clásico de Prometeo.

Luz de domingo cuenta la «deshonra» de una pareja en vísperas de su boda por unos nobles desconsiderados, que podrían ser los mismos de *Mío Cid* y los romances o de tantas obras de Lope y Calderón. Pero la reacción de los personajes de Pérez de Ayala es muy distinta de las de sus modelos literarios y, ante las «malas lenguas» y los recuerdos que prolongan su deshonra, se produce una secuencia de huida, que tendría una duración ilimitada, si no fuera por la muerte de los protagonistas.

En *La caída de los Limones* el proceso de decadencia de la familia Limón-Uceda (nobles emparentados con caciques) enlaza con la degradación de un miembro de esta familia, Arias, cuya aventura reproduce un «suceso» publicado en los periódicos de la época. También él va a deshonrar a una doncella y llegará hasta el asesinato. Su castigo traerá consigo la caída de toda la familia y de su preponderancia política y económica.

Pese a las apariencias divergentes, un examen más profundo nos convence de la semejanza que subyace en estas tres novelas.

Esta semejanza se da ya a nivel de la trama. No se trata solamente de que en las tres novelas haya una secuencia de «deshonra» y de que todas acaben con la muerte. La sintaxis narrativa profunda es idéntica en las tres novelas: en ellas se trata de la búsqueda de un atributo cuya obtención se asocia, por un error, con la de otro atributo. Así, el protagonista de *Prometeo* considera que para obtener la plenitud debe engendrar un hijo perfecto, «semidivino». El joven matrimonio de *Luz de domingo* espera recuperar su honra por el alejamiento de la gente que conoce su desgracia y por el propio olvido. Arias Limón intenta acallar con una violación su necesidad de amor. Al partir de presupuestos erróneos, la acción para obtener el objeto del deseo resultará inútil. Pero además, se revela como una falta contra la ley natural que merece y recibe un castigo. La «caída» de los personajes da a estos tres relatos un carácter trágico, que se ve compensado por la vulgaridad de las historias y por el carácter grotesco del lenguaje. De ahí el componente de *tragicomedia,* que ya ha sido destacado en Pérez de Ayala.

En el nivel semántico la unidad de las «novelas poemáticas» es aún mayor, tanto en el aspecto inmanente como en el referencial. En el mundo de los valores humanos se trata de las posibilidades de una vida plena y de las distintas modalidades del amor. En lo referente a la *vida española* se da una visión global de la sociedad de su época con el gran tema del caciquismo, presente en las tres novelas, en relación con la inoperancia de los restantes estratos sociales: mansedumbre de la clase media, impotencia del pueblo, incapacidad de la nobleza, y esterilidad de las utopías individualistas de los intelectuales.

El carácter poemático de las novelas

La línea unificadora de las novelas se encuentra también y sobre todo a nivel de la forma, del género poemático que ha creado Pérez de Ayala para sus novelas.

El código estético que un autor aplica a la realidad depende, en gran parte, del género literario que haya elegido. Pérez de Ayala no se contenta con las dimensiones tradicionales de la novela o de la poesía, sino que utiliza ambos géneros para emprender una nueva forma de novelar, la «novela poemática».

Este hecho, que encuentra un precedente en la mezcla de géneros de la época romántica, se puede poner en relación con los intentos de algunos autores como Azorín y Unamuno, de la época inmediatamente anterior a Pérez de Ayala, para superar los límites de la novela. Más que de una influencia se podría hablar de un común anhelo de romper las formas tradicionales del novelar.

Con la «novela poemática» no se produce una absorción de la novela por la poesía, es decir, no estamos ante un poema en prosa o una novela poética como *Platero y yo* de Juan Ramón Jiménez, sino ante una novela acompañada de poemas –cuyo rasgo más evidente consiste en la inclusión de un poema delante de cada capítulo–, y con determinados rasgos en la prosa y en el verso que tienden a «incorporar» las normas de la novela y las de la poesía. Cada poema alude, más o menos directamente, a los hechos relatados en el capítulo que sigue y, a la vez, cada capítulo desarrolla en forma narrativa el contenido del poema.

Toda novela se puede considerar «poética» por cuanto que es fruto de una «poiesis», de una creación. Pero en su título alude Pérez de Ayala a algo más concreto, a un especial manejo de la poesía y de la prosa, que produce una variante sobre el género literario «novela corta».

Los poemas que acompañan a estos tres relatos no intentan siempre ser poéticos. Es verdad que una honda poesía se desprende a menudo de ellos por la profundidad del sentimiento expresado, pero su forma –¿voluntariamente?– descuidada presenta un aspecto abandonado, incluso prosaico. Se acumulan en ella los ripios (por ejemplo, en el primer poema de *Luz de domingo* riman basta-lana-garza-aromada-descansa-asaltan-dejara[1]) y los recursos, utilizados paródicamente en ocasiones, de una retórica trasnochada.

La prosa utiliza a menudo un estilo propio de la poesía, y eso en diversas vertientes, ya que el cambio constante de estilos es otra característica de estas novelas de Pérez de Ayala. A un nivel de parodia podemos citar el empleo del lenguaje de la *Odisea* en la primera novela, ya se trate de epítetos épicos: «La aurora de rosados dedos», «Nausikaa la de los blancos brazos», ya de comparaciones homéricas: «Lo mismo que el otoñal Bóreas arrastra por la llanura las hojas secas, así los vientos arrastraban la balsa de un lado a otro» (599). En *La caída de los Limones* predomina el tono propio de los cuentos de hadas, con una cierta influencia modernista, mientras que la abundancia de diálogos en *Luz de domingo* recuerda el estilo de los romances. Destacan sobre todo las abundantes metáforas entramadas en el texto en prosa.

---

[1] *Luz de domingo,* 639. Citamos por el volumen II de las *Obras completas* de P. de Ayala, Aguilar, Madrid, 1965.

Esta imprecisión entre los límites de prosa y poesía, que hace que los poemas sean prosaicos y la prosa poética, se advierte de modo especialmente significativo en el tratamiento que el autor de *Luz de domingo* da a la expresión de la deshonra en el verso y en la prosa. Transcribimos la lamentación de Cástor en el capítulo V, donde nos hemos permitido separar con una línea diagonal el corte de los posible versos:

> «*Tengo el corazón despedazado (...)| pero mi razón permanece serena.| Alcanzo la enormidad de nuestro infortunio,| pero no puedo admitir| que es irreparable,| como usted piensa...| y como piensa Balbina,| aunque no se haya atrevido a decírmelo.| A una blanca paloma| le quiebran las alas| y ya no podrá volar más.| ¡Oh, que duelo sin lenitivo!| Ya no podrá volar más.| El espejo en que me miro| se rompe en mil pedazos.| ¿Cómo los juntaré?| Eso es lo irreparable.| Eso es lo irreparable.| Pero el alma de Balbina,| blanca paloma que adoro,| limpio espejo en que me miro,| parecerá que está alicortada y rota,| pero no lo está,| no puede estarlo.| Volará algún día como antes,| y yo me miraré en ella como siempre.| Se cura la mordedura de la víbora,| ¿y no se han de curar los ultrajes| de los malvados?|*» (662).

Advertimos que las líneas rítmicas están marcadas casi siempre en el texto en prosa por la puntuación. Esto no puede ser casual en un autor como Pérez de Ayala que se ha entretenido en traducir a prosa las obras de algunos poetas[2]. Observamos también que predomina el octosílabo, verso que, por ser el propio de los romances, emplea el autor en todos los poemas de *Luz de domingo*. ¿No es este fragmento pura prosa poética? El dolor de Cástor está expresado con hondura y delicadeza y ni siquiera las expresiones coloquiales –está

---

[2] Vid. Pérez de Ayala, R., «Análisis experimental sobre un libro de poemas», Op. cit., 539-554. En este artículo el autor traslada a la prosa versos de Rubén Darío y de Francisco Mon Ibáñez.

hablando con el señor Joaco– consiguen alterar la profunda unidad de sentimiento y su expresión.

Transcribimos ahora el poema con que se abre el capítulo VI, que recoge las ideas expresadas en este párrafo de Cástor:

> *Vasija quebrada y rota - nunca de agua se llenó.*
> *Rosa pisada de zuecos - es tierra que ya no es flor.*
> *Agua que molió molino, - no mueve molienda de hoy.*
> *La golondrina no vuela - cuando las alas perdió.*
> *Antaño un sol se ponía. - Hogaño sale otro sol.*
> *Perro al que cortan el rabo - se queda en perro rabón.*
> *La doncella con mancilla - no es doncella, vive Dios.*
> *Aunque le sierren los cuernos, - el cabrón sigue cabrón.*
>
> *Por las puertas de las casas, - con ronca y sonante voz,*
> *así iba cantando un ciego, - cazurro, viejo y burlón.*
> *La niña que lo escuchaba - desfallecía de dolor.*
> *El amante la besaba, - con llanto en el corazón;*
> *que la niña estaba encinta. - ¿Encinta de un forzador?* (664).

En este poema no sólo se repiten las ideas de Cástor expresadas en el capítulo precedente, sino que se recogen también dos de sus metáforas: A la «blanca paloma» sin alas, le corresponde ahora la golondrina que «las alas perdió», y al espejo roto hace eco la ruptura de la vasija. Pero la honda poesía del texto en prosa no perdura en este poema. La posible belleza de las imágenes de los cinco primeros pares de versos, queda amortiguada por el hecho de que sean refranes recitados por un ciego cazurro. La vulgaridad queda acentuada por la comparación con el perro «rabón» y se convierte en la más prosaica grosería con el octavo par de versos. Ni la rima (convertida en algo vulgar por las asonancias «rabón-cabrón-burlón») ni los seis bellísimos versos finales en que se nos cuenta la reacción de la niña y de su amante, con un eco muy claro de los romances, consigue rescatar para el campo de la poesía estos versos «de ciego» que, por lo demás, contiene algunas imágenes hermosas.

Y así podríamos continuar citando ejemplos de esta peculiar manipulación de la materia poética que se da en algunos capítulos de las «novelas poemáticas».

La interacción de los sistemas significantes de la prosa y la poesía, el «desaprovechamiento» de la materia poética que hemos señalado, ¿corresponden a un designio del autor? Pensamos que Pérez de Ayala no trata tanto de demoler los principios de la prosa y de la poesía con una parodia, como de poner de manifiesto su propio sistema creador para evitar «los automatismos de la percepción diaria»[3] que, ante un género desconocido, se hacen menos naturales. En un trabajo anterior habíamos interpretado en este sentido la demolición que hace continuamente el autor del sistema narrativo que ha logrado crear, mediante la introducción de anacronismos o términos inármonicos.

Misión de los poemas en el relato

Solicitada nuestra atención por el carácter dual –prosa, poesía– de estas novelas, nos planteamos ya el tema central de nuestro estudio, ¿cuál es la misión de los poemas en los relatos? Hemos visto que no se trata de una mera adición sino de un imbricamiento entre prosa y poesía. ¿Se agotará su valor en un mero juego formal para llamar la atención del lector? Al ser costumbre de Pérez de Ayala la reflexión literaria, bien sobre las obras de otros autores, bien sobre la propia obra, no es extraño que encontremos, formulado por él mismo, cuál es el papel de los poemas.

«Poesía es lo elemental» (125). Esta hermosa definición de Pérez de Ayala en uno de sus artículos es el punto de partida para un viaje que nos conduce hasta lo más hondo de nuestro ser donde encontraremos los elementos básicos de pensamiento que, curiosamente, coinciden con las preocupaciones más generales de la humanidad.

Y esto enlaza con otra definición de nuestro autor: «el verbo poético es un a modo de conato hacia la conciencia universal. Y un poeta es algo así como claraboya o lucerna a cuyo través se columbran atisbos de la universal conciencia»[4] (77).

---

[3] Jauss, H. R., considera esta función como propia de la obra de arte en general, en «Historia literaria, ciencia literaria», en VV. AA., *La actual ciencia literaria alemana,* Anaya, Salamanca, 1971, pág. 65.

[4] Entresacamos estas citas sobre la poesía de los artículos de P. de Ayala contenidos en sus *Obras completas:* «Alegato pro domo mea» (75-81), «Escolios» (125-127), «Interludio lírico» (572-579).

Este valor «esencial» que el autor concede siempre a la poesía, cobra más relieve en contacto con la prosa. En ésta se cuentan hechos de la vida cotidiana, la poesía en contrapartida busca «el sentido de la vida» (576). Los capítulos de las novelas –fuerza centrífuga– nos divierten (en el sentido que Pascal da a esta palabra) con la anécdota; el poema extrae la substancia de esta anécdota dándole un alcance más universal. Esta proyección a lo universal, que consideramos misión fundamental de los poemas, se produce a varios niveles. El más evidente es el nivel del sentido. Según Norma Urrutia «el poema contendría el *eidos,* la corrección, el deber ser»[5]. A un nivel semántico los problemas tienen un valor de generalización de ideas y conceptos. Pero un análisis más atento de los poemas nos convence de que su valor generalizador es aún más amplio. Los poemas se proyectan a lo universal también en el aspecto pragmático y eso de dos maneras diferentes como veremos: mediante la proyección intertextual y mediante la inclusión del lector en los poemas.

Los poemas y la proyección intertextual

Como punto de partida para el análisis consideramos que cada texto literario constituye a la vez un bloque cerrado sobre sí mismo y un sistema abierto sobre un intertexto que es la condición misma de su lisibilidad. A una escala global, todo texto narrativo se remonta a unas funciones universales como demostró Bremond al generalizar los estudios de Propp[6]; en todo poema encontramos determinadas características –reiteración de estructuras fónicas, sintácticas y semánticas– que nos envían a un modelo universal. A un nivel más concreto, que es al que nos vamos a referir, cada obra construye su propio espacio intertextual, «convertida en el receptáculo moviente, el lugar geométrico de un extra-texto que le recorre e informa»[7]. Las «novelas poemáticas» aparecen surcadas de huellas de otros textos: referencias, connotaciones, citas, alusiones, etc. Leyéndolas se comprende que un texto pueda estar constituido como dice Kristeva[8]

---

[5] Urrutia, N., *De «Troteras» a «Tigre Juan», dos grandes temas de R. P. de Ayala,* Insula, Madrid, 1960, págs. 28-30.

[6] Vid. Bremond, *Logique du récit,* ed. du Seuil, 1973.

[7] Topia, A., «Contrepoints joyciens», *Poétique* 27, 1976, 351.

[8] Kristeva, J., *La révolution du langage poétique,* Seuil, 1974, 60.

por un «mosaico de citas». El lector de Pérez de Ayala corre el peligro, si lee solamente los textos en prosa, de sentirse perdido en el laberinto intertextual, tomando sólo el aspecto anecdótico y olvidando el sentido profundo de la afinidad. Los poemas sirven desde este punto de vista para centrar la atención del lector en lo principal, en la semejanza profunda entre dos situaciones humanas, la descrita por su novela y la que ya ha sido recogida por alguna otra obra literaria.

Proyección a lo universal, por lo tanto, a través de la referencia a otros textos con un procedimiento, sin embargo, distinto en cada una de las «novelas poemáticas».

Prometeo resucita los mitos griegos. Las relaciones intertextuales con la *Odisea* aparecen muy claramente en el texto en prosa, especialmente en los dos primeros capítulos, pero podría desprenderse de ellos la conclusión de que la semejanza entre las aventuras del griego Ulises y del moderno Juan-Marco-Odysseus es harto superficial y como traída por los pelos por el autor. Presentaremos un solo ejemplo, suficientemente significativo de cómo establece Pérez de Ayala la relación entre los dos universos:

> *Renunció a ser torero, pero continuó en Sevilla, invadido por dulce pereza de los sentidos, y se dejó crecer nuevamente la barba. Y esta temporada, en Sevilla, constituye una de las aventuras a que se alude en la invocación de esta historia, y que Juan denominaba «estancia en la tierra de los lotófagos, los cuales se alimentan con una flor que hace perder la memoria y proporciona el olvido.»* (608).

La relación con el mundo griego puede perderse, en éste y en otros casos, en la pura anécdota. Esta simplificación es evitada por los poemas que, al establecer la relación entre la aventura de Juan Pérez y la de Ulises en un plano más abstracto, nos retrotraen a una significación más honda y esencial.

El primer poema de *Prometeo* presenta la aventura de Juan Pérez en relación con la de Ulises a través del rasgo semántico común de «peregrinación». Al no aparecer en el texto del poema –sólo en el título, que es a la vez título del capítulo I– el nombre del héroe antiguo ni del moderno sino un *tú* innominado, se plantea como más fácil la generalización semántica con la identificación PEREGRINACION = VIDA, repitiendo un lugar común de la literatura occidental, que se expande en el poema en dos ejes de significación complementarios:

Viaje por tierra = Destierro (Vid. 3.ª estrofa).
Viaje por mar = Renovación (Vid. 6.ª estrofa).

La aventura del moderno Odysseus se presenta así como una alegoría de la eterna aventura de la vida humana.

En los poemas que abren los capítulos II y V la relación de la aventura de Juan Pérez con otros empeños de la humanidad se especifica a través de la alegoría del *arco* de Odysseus. Todos conocemos la historia del arco que Ulises utilizó para vencer a los pretendientes, reconquistar su poderío y obtener el reconocimiento de su esposa. Pero el arco del que habla Pérez de Ayala y de que se sirve el héroe de sus poemas tiene una misión más ambiciosa:

> *El rey apunta al mismo cielo,*
> *¿Llegará la flecha tan alto?* (600).

El objetivo del arco nos introduce no ya en la aventura de Ulises sino en la de Prometeo, cuyo nombre da título a la obra.

Así como Prometeo deseaba robar el fuego que era propio de los dioses, nuestro profesor de griego ansía obtener para los humanos un ser semidivino que los redima de su mediocridad:

> *Lo que yo hubiera querido ser, lo será mi hijo, Prometeo, hombre semidivino, redentor –que ahora más que nunca necesita de él la Humanidad–, sutura viva e intersección del cielo con la tierra* (610).

Y así como a la *elevación* de la flecha en el poema II, corresponde su *caída* en el poema V, el proyecto de Juan Pérez se hunde en el más cruel de los fracasos. El castigo de Prometeo, aplicado ahora a Juan Pérez, será el nacimiento de un hijo deforme que tortura sus entrañas de padre.

Es en *Luz de domingo* donde la misión de proyección intertextual que tienen los poemas aparece de un modo más claro y a la vez más simple. El texto en prosa nos narra la experiencia vital de un tal Cástor Cagigal y una tal Balbina, en la España de Pérez de Ayala.

Apenas encontramos algunas alusiones a los cuentos satíricos de Boccaccio o a la Biblia. Los poemas nos sitúan en un contexto muy distinto: la España Medieval y Renacentista.

Ya la forma externa del poema nos retrotrae a la época que se quiere evocar. El metro octosílabo con rima asonante es la forma propia del romance medieval. El vocabulario, voluntariamente arcaizante, nos acerca también a esta época. Las grandes líneas semánticas reiteran los topoi o lugares comunes de la época citada. El gran tema es el de la «honra», que se manifiesta especialmente en el poema VI, aunque de una forma menos contundente de cómo será tratado este tema en el Siglo de Oro. Otro tema propio del Siglo de Oro es el de la oposición entre los nobles que abusan de su fuerza y el pueblo trabajador (poema III), así como la petición de ayuda al Rey contra los nobles (poema V); Pérez de Ayala introduce en este tema una variante, que es la manifestación de impotencia del Rey lo que, por contraste, nos reconduce hasta su tiempo, cuando los que gobernaban eran incapaces de proteger a los humildes contra los poderosos. Un tema medieval y renacentista es el del «Beatus ille» que se recoge en el primer poema, donde se oponen la tranquilidad del humilde en el campo y el desasosiego del poderoso. Y medievales por su carácter épico son la manifestación de presagios (poema II), a veces por medio de un sueño, con un tema tan característico como la persecución de una paloma por malvados halcones (poema IV). Solamente se salen un poco de esta configuración intertextual los dos últimos poemas, que analizaremos más adelante, en el apartado semántico.

En *La caída de los Limones* es donde encontramos la mayor diversidad en los poemas, tanto de forma como de fondo. Con tamaños muy diferentes y una mayor libertad de metro, los poemas tocan temas muy dispares. Desde un punto de vista intertextual la variedad se hace aún más manifiesta.

El primer poema, con la oposición semántica «rosas frescas / rosas secas», que se expansiona en diversos significantes a lo largo del texto, introduce el tema del *Carpe diem,* con el «topos» de la caducidad de la rosa, tan caro a los renacentistas desde Ronsard –«Mignonne, allons voir si la rose»... hasta Garcilaso.

En el poema IV se alude a la similitud entre la infancia de Arias

Limón y un cuento de hadas. Aquí tendríamos el ejemplo inverso a los textos analizados de *Luz de domingo* en el apartado 3, ya que el poema, de corte modernista, es verdaderamente poético: «Albas nacaradas. País de las hadas», etc., mientras que la prosa ofrece el trasunto prosaico del tema (vid. p. 691).

El poema VI continúa esta incursión en el mundo infantil con el tema de la muñeca: «Una vez, érase que se era»... Pero en el nombre de la niña, Cordelia, vemos una poco precisada referencia al mundo shakesperiano del rey Lear. De una manera también nebulosa se confirma en el texto en prosa. Aquí vemos que el episodio de la muñeca pisoteada por amor y celos tiene su eco en el perrillo maltratado por los mismos motivos. Y la desgracia de Cordelia surge también con motivo del amor por su perro.

Esta incursión en la temática del dramaturgo inglés puede parecer algo forzada y, sin embargo, vemos en el poema VIII alusiones precisas a otra tragedia de Shakespeare, también para tratar un tema de amor, celos y tragedia:

> *Esta noche es de gran festejo*
> *en el castillo de Elsingor.*
> *El rey y la reina, en su silla,*
> *miran a los faranduleros. (...)*
> *Y está Ofelia la candorosa,*
> *Ofelia la amante y la pura.*
> *Y Hamlet, de faz tenebrosa*
> *donde se asoma la locura* (705).

Los personajes que se proyectan en el espejo de Hamlet y su enamorada Ofelia son Arias y su hermana Dominica. Naturalmente, la relación entre ambos textos es un indicio más del amor exagerado existente entre ambos hermanos, privados de su madre como Hamlet de la suya (está claro que «el rey» y «la reina» son Enrique, el padre, y Fernanda, la hermana mayor). También se podría relacionar a Arias con Orestes si tenemos en cuenta que los estudiosos de los mitos han encontrado extraordinarias semejanzas entre la obra de Shakespeare y la tragedia griega: Ofelia sería, según W. Scott[9], una

---

[9] Murray, G., «Hamlet y Orestes», en W. Scott, *Principios de Crítica literaria,* Laia, Barcelona, 1974, pág. 241.

transformación de Electra. ¿Ha sido una extraordinaria intuición de Pérez de Ayala, o más bien su cultura, lo que le ha llevado a convertir a la amada en hermana? En todo caso, la proyección que el poema realiza en el mundo de Shakespeare contiene una rica fuente de equivalencias para la novela. ¿No es Bermudo, el fiel sirviente, un trasunto del Corambis griego, o una mezcla de Polonio y Yorik? Otra relación aún más sugerente. El mito original que dio lugar a la saga griega de Orestes o de las «Mummer's Play» nórdicas, que dieron origen al *Hamlet*[10] es el mito de los reyes sacrificados por sus hijos. Es la historia ritual de los reyes de la Rama dorada, base fundamental según W. Scott (pág. 246) «de la tragedia griega y no sólo de la griega», desde los dioses griegos que devoran a sus hijos y son asesinados por ellos, hasta las sagas nórdicas donde «la sucesión al trono correspondía a quien matase al rey» (p. 248).

Y, efectivamente, como una consecuencia aparentemente casual, «Don Enrique recibió también el golpe en el corazón» (712) como consecuencia del crimen de su hijo, y falleció poco después. Es sólo la debilidad de Arias –que le impulsa a acusarse de su crimen– la que le impide hacerse con la herencia de poder y riqueza de su padre. Y así deja el campo libre a otro sucesor en el «feudo» de Guadalfranco, como lo llama Pérez de Ayala: el intrigante Merlo que, curiosamente, era el pretendiente de Dominica.

Dominica, «la reina madre, madre a la par que niña» (691) según Pérez de Ayala, culpable sólo de haber puesto su amor en un extraño abandonando a su hermano-hijo, también recibe su castigo como en el mito, con la muerte simbólica que representa para ella el vestido de luto con que la vemos al final de la novela y, aún más precisamente, por la pérdida del amor y de la fecundidad.

Y resulta muy interesante que, en el fondo, esta novela de Pérez de Ayala trate de los temas de la fecundidad y de la esterilidad de una vieja familia que, como la Uceda-Limón, «apresuraba su extinción con esa tardía abundancia, como acontece con las heridas, que el derrame más copioso trae consigo la muerte» (687). Tengamos en cuenta que la historia más primitiva, de donde toman su raíz los mitos griegos y nórdicos ya aludidos, es precisamente, una historia

---

[10] Ibidem, 247. Especialmente el *Amoldi* de Saxo.

de fecundidad y esterilidad, la que simboliza el paso de las estaciones, la historia del rey del invierno que destruye el mundo vegetal, y la del rey del verano que, deponiendo a aquél, restablece la fecundidad en la naturaleza (Scott, 252).

¿Es consciente Pérez de Ayala de todas estas raíces míticas en las que se puede engarzar su obra? Seguramente no, como no lo era Shakespeare al elaborar su *Hamlet*. Pero podríamos concluir, con Murray, que existe una corriente subterránea de pasiones, deseos y temores que han estado desde todos los tiempos dormidos en la mente del hombre. Y acaso, «la capacidad de sentirla y hacer uso de ella fuese uno de los grandes secretos del genio» (Scott, 254).

La semántica inmanente

El análisis semántico presenta bastantes dificultades ya que no existe un modelo definitivo para reducir la significación a forma. Sin embargo, cada día son mayores los logros alcanzados en este terreno.

Nosotros vamos a seguir los principios teóricos de Greimas. Según este investigador el mundo se forma para nosotros en la medida en que percibimos diferencias. Esta operación presupone inicialmente dos *términos-objeto* concebidos como simultáneamente presentes que exigen, para que puedan ser captados a la vez, un punto de vista común a los dos, el *eje semántico,* que representa como *S*, y que corresponde a la «sustancia del contenido» de Hjelmslev. Los *términos-objeto* son caracterizados por *semas* o *rasgos semánticos* mínimos pertinentes[11].

Lo primero que observamos al analizar los significados de los poemas es que éstos se agrupan entre sí por *unidades temáticas.* Por esta razón, y puesto que no pretendemos agotar los sentidos de la obra, tomaremos a modo de ejemplo uno de los grupos semánticos de

---

[11] El *sema* es la unidad mínima de significación, el *clasema* la variante contextual de los *lexemas* y estos, a su vez, un conjunto de semas construidos con un orden jerárquico interno. Llama *semema* a la combinación de un sema-núcleo y *semas contextuales* e *isotopía* al conjunto redundante de categorías sémicas que hacen uniforme la lectura de un poema, de un relato. Vid. A. J. Greimas, *Semántica estructural,* Gredos, Madrid, 1971, passim.

cada novela, los que se relacionan con la isotopía simbólica de la *luz* y la *sombra*.

En *Prometeo* los poemas centrales (III, IV y primera parte del V) constituyen en sí mismos una unidad de sentido en torno al tema del Hombre, el cuerpo humano y su capacidad genesíaca.

El poema III introduce el tema de la *fecundidad* que convierte al Hombre en «la sal de la tierra» (613). El color «blanco», ligado en Pérez de Ayala al nacimiento, ennoblece las relaciones amorosas:

«Enlácenme tus blancos brazos, - en el recio abrazo nupcial» (613).

Los poemas IV y V son complementarios, de manera que, sin el segundo, no alcanza el primero la plenitud de su sentido ya que cada uno contiene uno de los términos-objeto de las oposiciones que configuran su eje de significación.

El poema IV exalta la *fecundidad*. La apoteosis del cuerpo y de la belleza nos remite a la cultura griega del siglo de Pericles. Pero ahora nos ocuparemos de su configuración semántica.

En el tercer verso se produce la identificación CUERPO = VIDA (re-producción de la vida), que va a ser uno de los términos de la oposición. La VIDA recibe numerosas calificaciones. Los versos siguientes son una exaltación de la *corporalidad* de la *juventud*:

...Boca húmeda - de la mujer, donde sacia su sedienta
boca el varón. Erecto y suave seno - para sus ojos y su tacto....

En este canto a la fecundidad destacamos la presencia del sema contextual «elevación». La naturaleza, en constante ritmo ascendente, se remonta desde «el mar, la rubia playa, el prado» hasta «el bosque, la montaña, las estrellas» (616). «Elevación» y «gozo» sensual («Deleite del sentido») son los dos semas que constituyen el semema *exaltación* sobre el que reposa parte de la significación del poema.

Si el poema IV trata de la *exaltación de la vida en la corporalidad de la juventud,* el poema V nos muestra, en su primera parte, la *ruina de la vida en la acorporalidad de la vejez.*

El sema contextual «caída» predomina en este poema: la vejez vence a la juventud, el «templo de belleza» se derrumba. Los dioses griegos, antes elevados, descienden a tierra convertidos en sombras por efecto del tiempo:

> *Pasó la juventud del templo.*
> *Se ha derrumbado en negras ruinas.*
> *Los dioses, que perdieron su culto,*
> *huyen como sombras efímeras*
> *huyen a esconderse llorando*
> *detrás de las higueras bíblicas* (629).

El goce amoroso es sustituido ahora por el llanto, el «dolor» y la «ira». De esta manera se concreta el primer término de la oposición en dos polos contradictorios:

Exaltación: «goce» + «elevación» vs *Ruina:* «dolor» + «caída».

A la corporalidad griega, sucede la *acorporalidad* bíblica –el desprecio del cuerpo. Los dioses han perdido su cuerpo, no son más que «sombras». El mundo pierde sus formas («la informe imagen de las víctimas», 629). La *luz,* ligada en el poema IV a la percepción de la corporalidad, se convierte ahora en *sombras,* en *negras* ruinas: oscuridad ligada a la confusión de las formas.

Esta transformación producida en los poemas, el paso de la VIDA a la MUERTE se ha producido por un desorden, por una carencia en el primer elemento. Se ha podido pasar de la luz a las sombras porque «La lámpara del espíritu - estaba sin óleo y sin vida» (629). Ha faltado la «voluntad robusta» de Odysseus para conseguir sus propósitos y el cuerpo solamente, sin el espíritu, ha resultado insuficiente para su proyecto, tan ambicioso.

Un tipo especial de resplandor, la *Luz de domingo* da nombre a una de las novelas de P. de Ayala. Lo que es la luz de domingo se nos dice en repetidas ocasiones en el texto en prosa, por ejemplo, en esta definición: «La luz de domingo era luz patética, en tanto la luz de los otros días era luz apática». Pero en algunos poemas trata también Pérez de Ayala de especificar esta luz de domingo.

En el poema II el tema de la luz está ligado al de las «campanas del domingo». Pero al contrario del poema de Rosenbach –que Pérez de Ayala había leído y traducido (Vid. *Obras completas* 389-390) la alegría domina, al menos en apariencia:

(...) El de hoy, el sol más galano, - que es el día del Señor.
La campana de la iglesia - a ti y a mí nos llamó.
Cuál repica la campana - dentro de mi corazón!
Con mi mocina a la iglesia, - a tomar los dichos voy. (643).

Esta felicidad, ligada al domingo –un domingo especial, como se confirma en el texto en prosa, el de las últimas amonestaciones de Cástor– sólo tiene su paliativo en la última estrofa, con un mal presagio:

La mala culebra
dejó oír su voz.
Durmió durante el invierno,
despertóla la calor.

En el poema VII se oponen dos tipos de luz, la del Norte y la de Castilla. Las tierras del Norte se califican primero como verdes –un color frío– para pasar después a ser designadas como grises, tras el intermedio de los «ríos negros». Es decir, se caracterizan por la escasez de la luz:

«Dejaron las tierras grises - en donde el sol nunca sale».

La tierra de Castilla, por el contrario, está calificada con colores calientes «- la tierra es púrpura y oro - de amapolas y trigales».

Y en otro verso se opone el cielo de Castilla «azul joyante», al del Norte, caracterizado como antes por la escasez de luz:

«No hay fantasmas. No hay neblina - Todo es puro, claro y grave».

Aquí, como en el segundo poema, la promesa de felicidad que parece aportar la luz, también queda invalidada por un mal presagio, el que habla de la carencia de justicia, que queda calificada con el color negro, el de la privación total de luz:

«Sol de justicia. ¡A Dios plegue - que no sople el cierzo infame y las cosechas malogre, - y traiga consigo el hambre!

¡Hambre de justicia!
Hambre negra.
Hambre insaciable.

En el último poema, que precede al capítulo VIII, ya no se da la oposición luz-sombras, aunque la claridad del día queda connotada por la descripción del mar como «azul y blanco». Aquí se oponen, como en el primer poema de *Prometeo* la tierra y el mar.

La tierra de Castilla, caracterizada ya en el primer verso por una carencia, «que no puede ver el mar», está calificada por el llanto, la injusticia y la miseria. En el mar, por el contrario, se unen la alegría y la libertad. Si la vida en Castilla se presenta a través del sema «sometimiento», el viaje por mar se presenta como una «elevación»:

«Las velas tiemblan, como alas - congojosas por *volar*».

Y en los tres últimos versos, que siguen a éste, se nos precisa el sentido de esta «elevación»:

...del reino de la mentira, - al reino de la verdad
Timonel, rige la caña, - Corta la amarra, rapaz.
Salió mar adentro el buque, - con rumbo a la Eternidad.

Si en *Prometeo* hemos visto que la «caída» del personaje, la muerte de sus aspiraciones y del objeto de sus aspiraciones, era un resultado de la excesiva «elevación» de sus miras, en esta segunda novela, por el contrario, la «caída» de los personajes, al no saber reconquistar su honra, trae consigo su «elevación» en la muerte. A la «Eternidad» vuelan las almas de Cástor y Balbina, como veremos en el texto en prosa, y obtiene por fin la paz y felicidad que ansiaban:

Cástor y Balbina se dejaron morir dulcemente, abrazados el uno al otro, como un solo cuerpo. Y así, confundidas las dos almas en un aliento, volaron al país de la Suma Concordia, en donde no existen Becerriles ni Chorizos, y brilla eternamente la pura e increada luz dominical. (672).

Ya hemos señalado la imposibilidad de abarcar todos los significados de las «novelas poemáticas» en esta breve lectura, pero conviene recordarlo antes de emprender el análisis semántico de *La caída de los Limones*. Tomamos como hilo conductor de nuestro estudio el eje semántico que consideramos más abarcativo y que aparece en el mayor número de sus poemas. Nos referimos a la isotopía de la Luz y las sombras, que simboliza el tema de la lucha de la vida y la muerte, del bien y del mal, del amor y su carencia.

En los poemas que inician y terminan la historia de los Limones

–aunque no la novela, que viene encuadrada en un marco– se presentan las figuras de dos caballeros que luchan enconadamente:

Uno es el día, el blanco caballero.
Otro es la noche, el negro paladín. (II, 679).

Tan-tan. Tan-tan.
Las campanas en los campanarios
anuncian al caballero blanco.
¡Oh luminoso arcano!
Tan-tan. Tan-tan.
Las campanas en los cementerios
anuncian al caballero negro.
¡Oh sombrío misterio! (XI, 719).

En ambos poemas queda expresado claramente que el personaje luminoso, ligado al color blanco, corresponde al nacimiento, y que el oscuro caballero negro es el emblema de la muerte.

En los poemas VIII y IX se hace más complejo este esquema, casi con el planteamiento de un oxímoron que presenta al amor como *luz tenebrosa*. El oxímoron se da a nivel contextual, aunque a nivel formal esté salvado en el poema VIII porque la oscuridad procede del rostro de Hamlet, y la luz de la antorcha que empuña.

En el poema IX se precisa que los hombres, poseídos por el amor, están «encendidos de un furor ciego» (710) lo que, además de apuntar una carencia de luz –la ceguera– designa, a través de un sema contextual presente en la palabra «encendido», el semema simbólico de *fuego*, presente también en la «antorcha roja» del poema anterior. De manera que a la oposición entre la luz del día y las sombras de la noche que aparecía ya en los poemas II y XI, hay que añadir ahora un tercer término: el *fuego*.

Se trata de un término complejo, ya que supone «luz en la oscuridad», de la misma manera que la unidad de significación significada por él –el AMOR– es también un término complejo, ya que da lugar a la vida y a la muerte –al menos en las «novelas poemáticas». Por otra parte, el *Fuego* se opone al conjunto Día/Noche por su carácter cultural, frente a lo natural del ciclo.

El amor se designa como algo que permite ver. En el poema VIII es descrito como una «Antorcha inmarcesible» sin cuya luz –aunque «insensata»– todo sería invisible. Pero también es algo que impide la visión, en relación directa con la «noche lóbrega».

Su «rubia simiente» –rubia como las estrellas que son, por definición, las luces de la noche– (710) permite que hombres y animales «perpetúen la vida», pero la violencia en el «furor» contenida, lo hace tan «venenoso» como la noche y lo liga a «los crímenes todos»: («mal pensamiento», «estupro», «adulterio», incluso al «robo» y, especialmente, al «homicidio», como sucede en el texto en prosa donde Arias mata a la mujer que ama. Es decir, el AMOR contiene en sí la vida y la muerte.

En el poema X de *La caída de los Limones* se especifican los significados de la oposición de la luz y de las sombras –o de la oscuridad. La SOMBRA supone una negación de la existencia, de la luz y de las cosas. La LUZ es una afirmación de la vida.

En la realidad, la sombra trae consigo una privación –total o parcial– de la luz y el color. Pérez de Ayala toma este concepto denotativo de la sombra como negación total de la luz. Como «no había colores ni formas», se identifica la sombra con la oscuridad.

De negar las formas que poseen las cosas se puede pasar, lógicamente, a la negación de la existencia de los seres. Las cosas se perciben por sus formas. Si se puede reconocer o denominar una cosa es porque posee una forma que la diferencia del resto. De ahí que un mundo sin formas sea un mundo «caótico» donde todo se confunde en una determinada masa inicial (*«En el principio* era la sombra»). Al negar la existencia de los seres, la «sombra» se identifica con la NADA: «un anonadamiento, una nada cóncava».

La sombra es, ya lo hemos apuntado, el SILENCIO –si no hay cosas no se puede nombrar, no puede haber palabras– y como tal se opone al verbo, a la palabra creadora de LUZ. No es necesario recalcar las claras resonancias bíblicas de este poema, como de otros de estas novelas:

Y con la voz se hizo la luz, aparecieron las cosas,
se desplegó la acción, nació la historia. (714)

La LUZ es, como vemos en estos versos, la afirmación de la existencia de los seres. Pero esta afirmación de la vida trae consigo la presencia del DOLOR, propio de la vida y de los sentimientos. Con la luz «Se ve la sangre roja» (714) antes invisible. Sin embargo, el DOLOR, la sangre («roja» como el fuego) no aparecen como sinónimos de plenitud de vida. El «cuerpo virginal que se desploma» –de la muchacha asesinada por Arias en el texto en prosa– es visible gracias a la luz pero, precisa Pérez de Ayala:

Y, no obstante, había noche tenebrosa.
Porque la luz era el verbo dentro de la sombra. (714)

Es decir, el dolor y el mal aparecen como un término complejo que agrupa luz y sombra, luz y muerte. Lo mismo que el nacimiento.

Vemos entonces que en todos estos poemas se presentan siempre dos términos contrapuestos: nacimiento y muerte, bien y mal, palabra y silencio, el ser y la nada, simbolizada cada pareja por la oposición LUZ-SOMBRA y/o BLANCO-NEGRO. En todos los casos se completan con un término complejo: AMOR o DOLOR, simbolizados por la sangre o por el fuego (caracterizados ambos por la calificación de color, «rojo»), es decir, por la LUZ TENEBROSA.

CONCLUSION

Evidentemente resulta problemático sacar conclusiones de lo que no pretende ser sino una lectura de los poemas contenidos en tres novelas de Pérez de Ayala. La mejor conclusión no es otra que la de invitar al lector de este artículo a una nueva lectura de las «novelas poemáticas» analizando la prosa a la luz de las poesías. Con estas reservas, vamos a resumir brevemente, las líneas generales de nuestra argumentación, teniendo en cuenta la relación de los poemas con el texto en prosa.

Todos los poemas analizados se pueden poner en relación directa o indirecta con las unidades sintácticas de la historia narrada en prosa. El viaje por mar del primer poema de *Prometeo* apunta al que realiza el moderno Odysseus para llegar a España. Los poemas de exaltación o denigración del cuerpo humano corresponden a las esperanzas que el protagonista había puesto en su descendencia, y el episodio del arco, con la posterior caída de la flecha, nos introduce en el proyecto «prometeico» de nuestro profesor de griego.

Los humildes abatidos por los poderosos de los romances en *Luz de domingo* repiten la historia, en otro espacio y tiempo, de Cástor y Balbina.

La lucha del bien y del mal, del nacimiento y la muerte, que hemos visto en los poemas de *La caída de los Limones*, queda concretada en la historia de Arias que da muerte a la mujer que ama, atormentado por un confuso deseo hacia su hermana, y es subrayada en el marco de la novela por la coincidencia temporal entre el ajusticiamiento de Arias y el nacimiento de un niño en la posada donde se alojan las hermanas Limón. Y, aún más concretamente, el «verbo» que hace la luz en el poema X corresponde con la confesión que Arias hace a su hermana en las tinieblas de su habitación.

Pero los poemas aluden también a una significación más general, que no se agota en la mera referencia a la historia de unos personajes, y que enriquece esa historia proyectando sobre ella nuevos sentidos.

Hemos analizado algunos de los temas que se repiten en las poesías, en relación con la isotopía simbólica de la LUZ y la SOMBRA, y hemos visto que los temas del nacimiento (la vida) y la muerte, del bien y del mal, de la elevación y la caída del ser humano, en suma, de la existencia y del anonadamiento –el ser y la nada– están presentes, en relación con el amor y con el dolor, en todas las novelas y puestos de relieve, de una u otra manera, por los poemas. Esta es la *esencia* a que apunta la poesía: los temas eternos del hombre. El valor general de esta temática está puesta de relieve mediante la proyección intertextual, presente también en el texto en prosa pero acentuados en los poemas. Si en otras obras de arte se han reflejado ya estos problemas, parece decir Pérez de Ayala, es porque son consustanciales al ser humano, y podrán volver a ser tratados, como señala en una advertencia pragmática al lector, porque aún están vivos y nos conciernen a todos los seres humanos:

> *Tú, como yo, todos, hermano,*
> *todos somos como Odysseus* (II, 601).

Y, como Odysseus ante los encantos de Kirke, todos nos sentimos fascinados por esta sutil aproximación de nuestro autor a los sentimientos más profundos del ser humano.

PROCEDIMIENTOS NARRATIVOS EN TINIEBLAS EN LAS CUMBRES

Emilio Frechilla Díaz

En el nivel más general, toda obra literaria se caracteriza por la superposición de dos aspectos: la historia y el discurso. La obra literaria es historia, en cuanto que los elementos temáticos que la componen presentan una cierta cronología, respetando el principio de causalidad[1]. Además, esos elementos constitutivos de la obra evocan una cierta realidad, a través de unos acontecimientos que habrían ocurrido a unos personajes «reales», en el sentido de que se confunden con personajes de la vida real.

Pero al mismo tiempo que es historia, la obra literaria es también discurso, donde esos elementos temáticos de la historia se presentan, o pueden presentarse, fuera de un orden temporal sin atenerse a ninguna causalidad interna. En el discurso, los acontecimientos aparecen organizados de una determinada manera, diferente en cada obra, y siguiendo un orden no necesariamente causal. En este sentido, el orden de los elementos en el discurso es siempre pertinente por esa característica de no subordinación a la causalidad. El autor cede la palabra a un narrador o narradores, que relatan la historia siguiendo unos criterios particulares en cada narración, un orden ya determinado de antemano, y con un propósito y una intención claramente definidas desde el principio. El que unos acontecimientos sucedan antes que otros y el que unos personajes precedan a otros, no es un hecho fortuito, sino consecuencia de un principio ordenador, que está en función de la significación global de la obra.

---

[1] Tomachevski, «Temática» en edic. de Todorov: *Teoría de la literatura de los formalistas rusos*. (Edit. Siglo XXI, Madrid, 1970).

El principio ordenador en *Tinieblas en las cumbres* es muy claro. La obra se divide en tres partes y un epílogo. La primera parte, los «Prolegómenos», supone, como su mismo nombre indica, un preámbulo, una ambientación de la novela, una presentación y localización de algunos de los elementos ambientales del relato. Por ello, no es un hecho casual el que el narrador describa minuciosamente a dos personajes, Cerdá y Jiménez, que luego se eregirán en los protagonistas principales de la ambientación lupanaria de la novela.

La segunda parte, el pasado, supone una vuelta atrás en el tiempo para exponer los motivos que llevaron a la prostitución a una de las protagonistas, Rosina, lo cual explica su actuación presente y condiciona la interpretación del destinatario del mensaje.

Tanto la ambientación inicial como el relato del pasado de Rosina, dan relevancia al apartado final, la ascensión a las cumbres, núcleo de la novela. Este hecho no es una casualidad, sino consecuencia de un subterfugio del narrador para subrayar su importancia.

Por otra parte, en *Tinieblas en las cumbres* el orden temporal y causal de la historia no se distorsiona de manera general en el discurso. Evidentemente, existen algunos procedimientos que alteran la linealidad lógica de la intriga, como son, por ejemplo, las digresiones de carácter filosófico o moral, que Pérez de Ayala inserta frecuentemente en todas sus novelas. Estas disertaciones o desvíos, propios del relato, tratan de desviar la atención del lector y suponen una dislocación de la linealidad temporal. Además, provocan un cierto suspense que retarda o reactiva el desarrollo de la historia.

Otros procedimientos que modifican la linealidad temporal en la primera novela de Pérez de Ayala son característicos del relato dominado por un narrador omnisciente. Por ejemplo, el flash-back que relata el pasado de Rosina; la presentación de algún nuevo personaje cuando aparece por primera vez, como en el caso de Marqués o de Yiddy, o la detención temporal que suponen las descripciones, a veces presentadas morosamente, incluyendo los más mínimos detalles. Todos estos elementos enumerados realzan de alguna manera los procedimientos utilizados en el discurso en detrimento de la historia.

Desde el punto de vista del discurso, pues, los acontecimientos carecen de importancia y lo estrictamente importante es la forma de presentación de los componentes de la obra, es decir, el cómo se presentan los hechos ante el lector. Ciñéndose rigurosamente al relato, el narrador es el inventor y transmisor de los signos, es el encargado de ordenar todo ese complejo mundo que constituye la novela. De su manera de ordenar los acontecimientos, de su manera de contar la historia, de su grado de conocimiento y de su posición frente a ella, de su participación o no en los hechos, el lector podrá extraer diferentes conclusiones y llegar a interpretaciones diversas. De ello dependerá también el sentido de la obra en relación a otras obras literarias ya existentes y al universo cultural de la época.

En este sentido, la figura del narrador se muestra como uno de los elementos más importantes de la narración, razón por la cual su estudio ha proliferado considerablemente en los últimos años. Este hecho no resulta extraño si tenemos en cuenta que el narrador organiza a su manera el relato, que proporciona la configuración con que la obra aparece ante el lector, situándose a una distancia de los hechos que narra o inmiscuyéndose en el relato como protagonista o testigo, tomando la decisión de aflorar deliberadamente en la narración o disimular su participación bajo una velada narración impersonal y ceder la palabra a sus personajes.

Los análisis literarios recientes, cuando se han centrado en el discurso, han realzado la figura del narrador y de los procedimientos de narración, en detrimento de la figura del autor real y de los aspectos referenciales de la obra. Pero ambos, autor y narrador son entidades diferentes, pertenecientes a niveles distintos, aunque susceptibles de relación, y pueden y deben ser objeto de estudios diferentes.

El autor es el sujeto real, responsable material de la obra, que vive en una época y un contexto determinados. El narrador, en cambio, es el sujeto de la enunciación, el responsable de la producción del discurso narrativo. Pertenece a una entidad ficticia, como los personajes literarios y la acción narrativa, cuya función esencial es actualizar la narración. Es, en palabras de Barthes, un «ser de papel» y, como tal ente de ficción, el narrador (y otros elementos del relato, como el personaje literario) es susceptible de un análisis semiológico, porque sus signos van unidos de un modo inseparable a

71

la esencia del relato. En cambio, el autor, como ente real que es, no aparece en el relato, porque ello supondría una identificación entre la «persona» y su lenguaje, «que haría del autor un sujeto pleno y del relato la expresión instrumental de esta plenitud»[2].

La figura del autor se encuentra por encima del narrador y del relato mismo. Todas las obras de arte son creaciones de un autor, ya sea conocido o anónimo, pero en el caso concreto del relato el autor desaparece tras la imagen del narrador, el cual aparece como el único dador del relato. El autor no aflora en la narración ni siquiera en las llamadas intrusiones de autor, que nosotros interpretaremos como manifestaciones claras del narrador, como apariciones en el discurso narrativo, dirigidas directamente al destinatario inmediato del mensaje.

Ahora bien, el hecho de que el autor no se manifieste directamente en el discurso narrativo, incluso en las novelas relatadas por un narrador no representado, como es el caso de *Tinieblas en las cumbres,* no es óbice para excluir su presencia en los juicios implícitos de la novela. Muchos críticos actuales combaten este mito de la desaparición del autor. Booth, por ejemplo, dirige la parte más importante de su ensayo *La retórica de la ficción* a reintroducir la figura del autor, aunque sólo sea bajo la forma velada de «un segundo yo» del autor, de lo que él denomina «autor implícito». Con este término, distingue al autor que figura en el relato, del autor real y del narrador, con lo cual pone fin a la eterna discusión entre el narrador no representado, organizador y transmisor del relato y el narrador representado, que cuenta y percibe los acontecimientos dentro de la novela.

La diferenciación entre autor real y autor implícito resulta muy útil en el análisis de las primeras novelas de Pérez de Ayala.

Como es bien sabido, el primer ciclo de novelas de Pérez de Ayala es claramente autobiográfico, e incluso, se ha interpretado, no sin razón, a su protagonista Alberto Díaz de Guzmán como un calco de la figura del autor. La profesión de pintor del protagonista, su

---

    [2]   Barthes, «Introducción al análisis estructural de los relatos», en A.A.V.V.: *Análisis estructural del relato.* Edit. Tiempo Contemporáneo, Buenos Aires, 1970, pp. 33-34.

liberalismo, la experiencia frustrante de sus estudios en un colegio de jesuitas, relatada minuciosamente en *A.M.D.G.;* su viaje a Inglaterra y su vuelta repentina por la muerte de un ser querido, de la cual nos da cuenta *La pata de la raposa;* la plasmación del ambiente de Oviedo, su ciudad natal, son algunos de los indicios autobiográficos más conocidos de su obra narrativa.

Teniendo en cuenta estos presupuestos, nuestra opinión mantiene que el autor no se manifiesta en la novela a través de las llamadas intrusiones de autor, que son en realidad intrusiones del narrador, sino a través de ese segundo «yo» del autor, intermedio entre su figura material y el narrador del relato. El juicio del autor está presente en la delimitación de temas (unos que vivió personalmente, otros que conocía bien), en la penetración o descripción de un personaje, en la adopción de un determinado punto de vista, en los discursos pronunciados por los personajes, en la ilación y producción de los acontecimientos, etc. En definitiva, los signos de la presencia maniobrante del autor se proyectan en un nivel superior, más abstracto que los signos visibles en el discurso narrativo de la presencia del narrador.

En resumen, siguiendo a Booth, distinguimos al autor (Pérez de Ayala), del autor implícito, que consciente o inconscientemente se revela en los juicios implícitos de la novela[3] y del narrador, organizador y transmisor, que periódicamente se manifiesta con intrusiones destinadas a atraer la atención del destinatario.

Pérez de Ayala emplea en su primera novela, *Tinieblas en las cumbres,* la técnica de narración, ya clásica, del narrador omnisciente, que en algunos casos pretende ser objetivo, como demuestran algunas expresiones dubitativas. Este narrador planea por encima de los personajes, se sitúa en el interior o en el exterior según convenga a sus objetivos, conoce hasta el último detalle los mínimos pormenores del sentimiento de sus personajes, avanza o retrocede en cualquier momento de la historia. Además, son frecuentes las ingerencias del autor para aclarar o interpretar diferentes aspectos de la narración, o para dirigirse a los lectores, incluso por medio de citas a pie de página.

---

[3] En lo sucesivo nos referimos al autor en este sentido.

Estas peculiaridades de la novela de Pérez de Ayala en ocasiones pueden enojar o incomodar al lector, porque coartan de alguna manera su capacidad de lectura, le impiden su propia interpretación y tratan de dirigirle hacia la conclusión que el autor desea:

> *«Cerdá había desaparecido a causa del temor que Travesedo le infundía. Creíase ya el pobre hombre cosido a puñaladas o cribado a balazos por el hombre sanguinario y velludo, que era, sin embargo, un perfecto infeliz.»*[4].

Son muy frecuentes en las novelas de Pérez de Ayala los comentarios dirigidos al lector, en los que el narrador interpreta las palabras o acciones de los personajes después de haber proporcionado al lector datos suficientes para que aquel pueda formarse su propia opinión. Evidentemente, el mayor error del novelista estriba en definir a sus personajes e interpretar sus acciones, pues cualquier suceso expresado normalmente transmite su propio sentido mucho mejor que cualquier comentario explícito pueda hacerlo. Como decía Ortega:

> *«toda referencia, relación, narración no hace sino subrayar la ausencia de lo que se refiere, relata y narra. Donde las cosas están huelga contarlas.»*[5].

La utilización, pues, de esta técnica es negativa y puede ser interpretada como un defecto del estilo narrativo de Pérez de Ayala, al menos en relación con la novelística del siglo XX. Sin embargo, cumple otros objetivos, que intentaremos dilucidar más adelante.

Durante el siglo XIX en Europa y, especialmente, en este siglo XX han proliferado las investigaciones sobre las técnicas de la obra literaria y, en particular, sobre las técnicas de la narración y el punto de vista. Muchos escritores y críticos en general han rechazado la utilización del narrador omnisciente, con argumentos en favor de una técnica más objetiva y realista. En nuestro país ha sido Ortega el

---

[4] Pérez de Ayala, *Tinieblas en las cumbres*. Edic. de Andrés Amorós. Clásicos Castalia, Madrid, 1971, p. 220. En lo sucesivo citaremos siempre por esta edición.
[5] Ortega y Gasset, «Ideas sobre la novela», en Germán y Agnes Gullón: *Teoría de la novela*, p. 33.

introductor a nivel teórico de la noción de punto de vista, basándose en la tesis de que la realidad sólo puede ser conocida a través de una visión perspectivística, compuesta de múltiples individualidades objetivas. Centrándose en la novela, «la mayoría de los argumentos en favor de la objetividad del autor, como señala Booth[6], exigen la eliminación de ciertos signos patentes de la presencia del autor», como pueden ser, por ejemplo, los discursos dirigidos al lector y todos los comentarios en nombre del autor.

El influjo de este análisis de la noción de punto de vista en la novela ha sido inmenso desde su consagración en los prólogos de Henry James. De hecho, la novela actual ha buscado una narración más impersonal, evitando las intrusiones y comentarios directos del autor, porque tienden a disminuir la autenticidad de la narrativa y la ilusión de realidad de la novela. Sin embargo, éste es uno de los objetivos que pretende Pérez de Ayala, como indicamos.

Como consecuencia de estas teorías ha aumentado el número de narradores en la novela, caracterizados por poseer un conocimiento parcial de los acontecimientos del relato, en detrimento del narrador único, omnisciente, que conocía hasta en los más mínimos detalles los movimientos y el interior de sus personajes.

No dudamos que toda novela que se ajuste a estas características dominantes desde H. James, es decir, la no manifestación directa del autor en la novela y la pluralidad de puntos de vista provenientes de diferentes narradores, es más realista e impersonal que la novela decimonónica, por ejemplo, donde un narrador omnisciente dominaba todo el relato. Pero no hemos de olvidar que el empleo de una u otra forma de narrar no es más que una técnica, o en palabras de Kayser:

> «La omnisciencia o no (del narrador) ha de interpretarse como una cuestión de estilo y transformarlo en un problema de principios equivale a privar a la novela de su característica más esencial»[7].

---

[6]   Booth, op. cit., p. 16.
[7]   Kayser, «Qui raconte le roman?», en A.A.V.V.: *Poètique du recit*. Edits. du Seuil, París, 1977.

Así pues, entendemos que la utilización por Pérez de Ayala del narrador omnisciente no es más que una técnica elegida deliberadamente para conseguir unos objetivos concretos, ya determinados con anterioridad por el creador. Como tal técnica, su uso ha de ser juzgado en relación con la consecución o no de esos objetivos propuestos y no con la factibilidad o no de tal uso. Personalmente creemos que el autor de *Tinieblas en las cumbres* sí ha conseguido unos objetivos, como son: mostrar el pesimismo de una época, simbolizado en un personaje concreto, Alberto Díaz de Guzmán, rodeado de un ambiente lupanario, muy del gusto de la época, lo cual da pie al autor para ironizar sobre la incultura general (Alberto es el único intelectual del grupo) y para preconizar por medio del contraste un moralismo, que más tarde desarrollará en otras novelas.

Obviamente, la técnica de esta novela no puede ser juzgada por criterios modernos de narración. La historia no podría haber sido escrita desde otro punto de vista consistente sin alterar sustancialmente la finalidad de la novela. Contarla completamente a través de los ojos de Alberto, por ejemplo, requeriría una introducción más extensa y diferente de la que la novela posee. Por otra parte, el ambiente lupanario, tan característico en *Tinieblas en las cumbres,* exigiría una gran manipulación para ser convincente su intrusión en el mundo intelectualista de Alberto. Este es uno de los privilegios de la técnica del narrador omnisciente, que puede resumir en cuatro líneas lo que cualquier otro método exigiría mucho más. Además, este punto de observación omnisciente confiere una mayor extensión a su visión, otorga a la novela un carácter más general que la que podría contener la versión particular y subjetiva de Alberto.

De cualquier manera, tales conjeturas son en cierto modo absurdas, pues la obra literaria solamente puede ser juzgada tal y como llega a manos del lector. Unicamente pretendemos señalar que el empleo de un narrador omnisciente cumple los mismos objetivos que cualquier otra técnica, aunque hemos puesto cierto énfasis en el espacio que separa la técnica de Pérez de Ayala de métodos obviamente más rigurosos que esperaríamos ahora.

Hasta este momento, hemos señalado que *Tinieblas en las cumbres* se caracteriza por la presencia de un narrador omnisciente. Pero hemos de insistir sobre esta noción, ya que existen muchos tipos diferentes de narración omnisciente según los privilegios que ostente el narrador, según se manifiesten o no dichos privilegios, con respecto a qué personajes o partes de la historia.

Una novela difícilmente puede mantener un único punto de vista a lo largo de toda la narración y *Tinieblas en las cumbres* no es una excepción. De manera general, se distinguen dos partes claramente diferenciadas. Una primera que se caracteriza por una presentación panorámica, en la cual el narrador omnisciente actualiza y resume el tema; y una segunda parte que se identifica por una presentación escénica, donde el narrador se mantiene oculto y permite que los personajes actúen directamente ante el lector. La presentación panorámica corresponde prácticamente a toda la novela, excepto el denominado coloquio superfluo, que se atiene a la presentación escénica, incluso en el aspecto formal. Además de estas dos formas, existen otras intermedias, pero no haremos hincapié en ellas, porque carecen de importancia en la novela de Pérez de Ayala.

El narrador omnisciente se permite todo tipo de combinaciones: asumir el relato con su propia voz o ceder la palabra a los personajes, resumir los sucesos en unos casos, tratar de contar objetivamente en otros o detenerse morosamente en los más. En cuanto al tiempo posee unos privilegios semejantes: retoma el pasado de algunos personajes, con más o menos profundidad, y prescinde del de otros con entera libertad. Unicamente se impone la limitación de anticipar el futuro, pues en ningún caso alude al devenir de los personajes o a la consecuencia de una acción. Finalmente, en relación al espacio, podemos señalar ventajas semejantes: acompaña a Rosina en su largo periplo hasta el nacimiento de su hijo, observa a los personajes desde diferentes puntos, enfocando a unos u otros según los casos, descendiendo en las estaciones como los personajes o siguiéndoles desde la locomotora en la ascensión al puerto.

Pero, sin duda, el indicio más claro de la omnisciencia de un narrador y el privilegio máximo de que puede gozar, reside en la facultad de penetrar en el interior de los personajes. El grado de penetración de las conciencias difiere según la frecuencia de esta incursión, según el modo de penetración y según el número de personajes en que se interfiere. Desde este punto de vista, el personaje mejor caracterizado, el que el lector llega a conocer mejor, no sólo por su contradictoria actuación, sino también por su pensamiento, es Alberto. El narrador penetra reiteradamente en su interior, haciendo hincapié en su conciencia psicológica. El resto de personajes es susceptible también de esta penetración, pero la incursión en sus conciencias es menos asidua y más superficial. Tanto es así, que a algunos de ellos se les puede considerar como personajes planos, siguiendo la terminología de Forster: las cuatro prostitutas, Cerdá, Jiménez, S. Martín, son personajes sencillos, sin ninguna complejidad psicológica, cuya actuación lineal a lo largo de la novela les convierte en símbolos del objeto sexual, de la lujuria y concupiscencia, del buen humor y la hipocresía social respectivamente.

En resumen, el narrador de *Tinieblas en las cumbres* no pretende ser un narrador imparcial y acomodarse sencillamente a señalar lo que ve, sino que recoge la realidad circundante y la expone al lector, pero además la examina, la comenta, incluye sus opiniones. Incluso en alguna ocasión sustituye la narración de algún acontecimiento por la impresión que le produce e impone desde el principio un juicio sobre los personajes. En este sentido, la única excepción la constituye una vez más Alberto. El protagonista es el único personaje que se «va haciendo» a lo largo de la novela. El resto de los personajes aparecen definidos desde el principio, desde su primera aparición. A este respecto, las descripciones de Cerdá y Jiménez son muy significativas. Ambas son igualmente minuciosas desde un ángulo de visión externo, pero con frecuentes incursiones en el interior; ambas están llenas de ironía y de comparaciones, irreverentes en muchos casos. Solamente contrastan en el buen aspecto exterior y tendencia a la lujuria y concupiscencia del uno, y el mal aspecto físico, expresión diabólica y tendencia al buen humor del otro. Las descripciones de Cerdá y Jiménez en la presentación de la novela acomodan el tono, componen algo así como la obertura de lo que va a ser la novela. Con ellos, el narrador presenta brevemente el ambiente que se mantendrá en toda la novela. No queremos decir que ese ambiente, ese tono un poco teatral, esas descripciones y situaciones llenas de ironía y comicidad constituyan el aspecto más importante, pero sí que ambientan la novela. Por otra parte, esta presentación mantiene nuestra simpatía, cuidadosamente subordinada al efecto cómico y a la ironía, que subyace en la obra. Después podemos pasar al episodio más importante, la ascensión a las cumbres, con las expectativas del lector claras, puestas en el eclipse, e informado por un discurso lento perfectamente adecuado a la lenta ascensión del tren hasta la parte más elevada del puerto.

En cambio, en el caso de la descripción de Alberto, el narrador nos da breve y directamente la necesaria información sobre su verdadero carácter. Por eso, Alberto es introducido discretamente, pero en términos que sólo un narrador omnisciente podría usar con éxito, tales como: «lleno de cortesía», «educado», «sensible», «amante de la naturaleza» y, lo más importante de todo, como «intelectual». El mundo de los deseos del protagonista se separa así del mundo de muchos de los otros personajes, donde el erotismo, con intenciones cómicas, se reduce a la sensualidad.

Las manifestaciones completamente sinceras de las opiniones del narrador se confirman por lo que vemos en la propia mente de Alberto. Su angustia vital, casi cómica a veces (se puede observar ya durante el viaje a las cumbres, pero particularmente después del eclipse) se describe con todo detalle, con frecuentes introspecciones, algunas a modo de monólogo interior.

Una vez que el narrador ha fijado de este modo el carácter de Alberto, sus discursos, las descripciones de su manera de actuar se tornan equivalentes a introspecciones, porque sabemos que todo lo que él dice es un fidedigno reflejo de su verdadero estado de ánimo. La profunda crisis en que cae después del eclipse sirve para confirmar todo lo que hemos aprendido sobre él. Cuando concluye: «yo no veré nunca la luz» (p. 284), creemos en su sinceridad, aunque sabemos de su carácter cambiante y hemos de interpretar la escena como una profunda crisis y una falta de esperanza que le invade profundamente. Esto explica el pesimismo que subyace en la novela y que constituye el tema central de la novela, alrededor del cual se desarrolla el ambiente lupanario, que le sirve de contraste y lo realza al mismo tiempo.

Si nos centramos en ese pesimismo del protagonista, a veces un poco irónico, otras un poco cómico, v.g., en los efectos de la borrachera, observamos que los indicios literarios de ese pesimismo no se encuentra en los componentes de la trama, sino más bien en la hábil construcción de una trama, producto de la experiencia del autor, con materiales que pudieran haber sido usados de maneras muy diferentes. El pesimismo de Alberto no procede de una inadaptación del ambiente lupanario, en que aparece descrito en la novela. La descripción de la casa de prostitución de Mariquita, la extensa narración del viaje a la cumbre del monte, son simples anécdotas para subrayar el pesimismo de Alberto tras el eclipse, es decir, que el ambiente lupanario cumple la función de contraste con el pesimismo de la novela y de ese modo destacarlo.

Como consecuencia de la adopción de ese punto de vista omnisciente que hemos descrito, se derivan dos características esenciales de la novela:

1.ª El narrador se sitúa a una distancia considerable de los personajes, lo cual le permite comentar ampliamente sus palabras, dudar de sus actos, corregir o ampliar sus expresiones (normalmente son correcciones de carácter moralista):

> «–Lo que yo voy a hacer es atizarte cuatro hostias, grandísima zorra.
> El presbítero empleó un sinónimo de la palabra zorra, más usual, más enérgico, más agresivo, más sonoro.» (p. 211).

2.ª Se caracteriza por una actitud de no-neutralidad hacia los diferentes valores evocados en la novela y por una actitud de parcialidad hacia sus personajes.

Resulta obvio señalar que ninguna obra literaria consigue mostrar en la práctica una completa imparcialidad, incluso entre personajes de igual valor moral o intelectual. Pero en la novela de Pérez de Ayala esta actitud no se pretende desde el principio. Por eso, los personajes se pueden clasificar en grupos, que se oponen entre sí según la actitud del narrador hacia ellos. La primera oposición podemos establecerla entre personajes esféricos (rounds) y personajes planos (flats), que diferencia a Alberto y Rosina de todos los demás y les erige en protagonistas del grupo de juerguistas y prostitutas respectivamente. El conocimiento de los antecedentes, la redención de la maternidad y rasgos como la timidez, la belleza, la juventud opone a Rosina del resto de prostitutas. Características semejantes distinguen a Alberto de los señoritos juerguistas:

amigos de Alberto	*Alberto*
descripción externa minuciosa	descripción breve
mínima penetración psicológica	amplia penetración psicológica
personajes planos	personaje complejo
ausencia de antecedentes	presencia de antecedentes, etc.

Los rasgos de los amigos de Alberto configuran el ambiente externo de la novela, en contraste con el protagonista, símbolo del pensamiento interno, de la conciencia y sentimiento humanos.

Fuera de esta clasificación queda el grupo de saltimbanquis, que añaden a la novela el elemento alegre, colorista y un poco extravagante que repite en *La pata de la raposa* y en *Troteras y danzaderas*.

Finalmente, hemos de señalar un aspecto muy importante en la obra de Pérez de Ayala, que Genette[8] denomina función ideológica del narrador. Se caracteriza por las intervenciones, directas o indirectas, del narrador que pueden tomar la forma de comentarios didácticos y explicativos sobre la acción o sobre los personajes.

INTRUSIONES DEL NARRADOR

Tinieblas en las cumbres está plagada de intrusiones de autor o narrador, es decir, de frecuentes apariciones del narrador en el relato. Consecuente con su posición de narrador omnisciente, cuenta desde el exterior de la novela sin intervenir en los sucesos que narra. Pero en lugar de disimular su presencia en la narración o de aparecer solapadamente, opta por asumir conscientemente su papel de observador y transmisor de los hechos que se desarrollan ante él y dar énfasis al acto de narrar a base de dirigirse constantemente al lector. Este aspecto no es nada extraño si tenemos en cuenta que la función primordial de las intromisiones del narrador es dirigirse directamente al lector para llamar su atención.

Con este sentido introduce el autor las intrusiones, como llamadas de atención al lector para influir en él o para verificar la solidez del contacto narrativo.

Las intrusiones están, por otra parte, en relación con la línea

---

[8] Genette, G., *Figures III*. (Edits. du Seuil, París, 1972).

innovadora de Pérez de Ayala, ya que obligan de alguna manera al lector a ceder en su condición de espectador pasivo de la narración y le llevan a compartir con él los hechos que narra, es decir, no sólo le obliga a inmiscuirse en el ambiente lupanario de la obra, sino también a compartir, aunque sea levemente, el pesimismo que rebosa la novela, simbolizado en el personaje Alberto.

Por otra parte, parece que las intrusiones del narrador rompen la ilusión de realidad que produce todo mensaje novelesco. Al evocar una realidad, la obra literaria crea a simple vista una cierta ilusión de realidad y unos personajes semejantes psicológicamente a los de la vida real, que actúan, sufren y se mueven por las mismas pasiones que los humanos. En *Tinieblas en las cumbres,* por ejemplo, los personajes comen, duermen, se divierten, sufren, son complejos o planos, como las personas en la vida real.

Para el lector que sigue atentamente el desarrollo argumental de la novela y se encuentra de pronto con alusiones tan directas a su persona como: «adonde quizá no llegue la flaca memoria del lector» (p. 178), «lo repetiremos» (p. 179), «no podéis imaginaros» (p. 46), etc.; es posible que piense que tal realidad no es verdadera sino ficticia, que tales personajes no son sino entes de papel, que tales acontecimientos no hayan ocurrido sino en la mente de su progenitor.

Ahora bien, como ha venido señalando la crítica, tal ilusión de realidad no existe desde el principio, no existe desde el momento en que el lector coge una novela en sus manos para leerla. Así para Bourneuf y Ouellet[9] «no quiere decir nada el que se hable de ilusión, rota por la intromisión intempestiva de un narrador. Lo que se ha dado en llamar *ilusión* es un conjunto de procedimientos destinados a asegurar la transmisión eficaz del mensaje».

Pérez de Ayala no pretende en ningún momento crear una ilusión de realidad, sino que, al contrario, utiliza una serie de procedimientos tendentes a romper esa ilusión y a ironizar sobre el lector atento a la anécdota. El coloquio superfluo constituye el ejemplo más significativo de esta irrealidad e ironía de la que hablamos:

---

[9]   Bourneuf y Ouellet, *L'univers du roman.* P.U.F., París, 1975, p. 95.

«*Calificamos este coloquio de superfluo porque sabemos que, en virtud de cierta trascendencia que en él va imbuida, ha de parecerles frío, baladí, y por ende innecesario, a la mayoría de nuestros lectores. Suplicámosles, pues, que lo pasen por alto, ...*» (p. 245).

Pero no sólo este coloquio superfluo, también las constantes llamadas de atención al lector; las notas a pie de página, cargadas de un tono irónico evidente; la frecuente intercalación de chistes y digresiones, que obligan al lector a desinteresarse del argumento; las vacilaciones del narrador, infiltradas en el discurso narrativo a través de interrogantes que se le podrían ocurrir a un lector atento; son todos ellos procedimientos innovadores en la obra de Pérez de Ayala, que tratan de desviar la atención de la anécdota de la novela.

Para lograr esta innovación, el novelista se sirve de un narrador omnisciente, uso ya clásico, que asoma muchas veces en la novela, organizando el discurso narrativo, acotando y componiendo las palabras y acciones de los personajes. El narrador accede al discurso con verbos en primera persona de plural, tales como: «diremos» (pp. 47 y 183), «referiremos» (p. 65), «repetiremos» (p. 179), «hemos forjado» (p. 54), «consignaremos» (p. 265), y un largo etcétera. También se dirige abiertamente al lector con verbos en segunda persona de plural: «no podéis imaginaros» (p. 46), o bien por medio de proposiciones generales en tercera persona de singular, como: «es circunstancia curiosa» (p. 268), «ya se ha dicho que» (p. 48), o su variante «se ha dicho ya que» (p. 178). En todos los ejemplos propuestos, la intervención del narrador es clara. Pero no siempre ocurre así; en otros casos su presencia es sutil, aparece oculta bajo una careta que pretende dar objetividad al relato. Permite actuar a sus personajes, siempre bajo su mirada vigilante y se ciñe únicamente a su función de narrar:

«*La solemne aparición de la merluza apagó el tumulto. Este ilustre pescado transitó por los gaznates* sin incidentes dignos de mención.» (p. 179).

Obsérvense palabras como *solemne, ilustre, gaznates,* que denuncian la presencia maniobrante del narrador.

Las ingerencias de autor aparecen también por medio de notas a pie de página. Consisten en pequeñas digresiones filosóficas, de carácter intelectualista, repletas de citas referentes a la antigüedad griega y latina y llenas de un tono irónico claramente perceptible. Anotamos un solo ejemplo donde compara Pilares con Atenas y Roma, cubierto por ese ambiente irónico que caracteriza toda la novela:

> «Adviértase que Pilares, que éste es el nombre de la ciudad en la geografía novelesca que hemos forjado, por no ser menos que algunas de las grandes ciudades de la antigüedad, consagra una parte de su seno, y acaso la más pintoresca, al asilo de las pornes, o doncellas sotanadas como casas, que dijo Quevedo.» (p. 54).

La cita delata que lo importante no es la nota a pie de página en sí misma, ni la comparación de Pilares con las grandes ciudades de la antigüedad, como se podría deducir de una lectura ingenua; ni siquiera sería mencionable la ironía que subyace en ella. La finalidad primordial de la nota es desviar al lector de la lectura atenta del argumento, lo cual nos conduce a deducir que lo importante no es la trama, no es *lo que* se ve, sino *cómo* se ve, cómo se presenta esa trama.

Las notas a pie de página suponen, sin duda, una gran innovación de la novela de Pérez de Ayala con respecto a la novela decimonónica, como innovaciones son también las innumerables digresiones y, en especial, el coloquio superfluo. Las divagaciones se introducen en el discurso de formas muy variadas. Unas veces, el narrador aflora en la narración a través de un comentario directo en tercera persona: «es circunstancia curiosa en este linaje de morbo que...» (p. 268). Otras veces en primera persona de plural para intercalar un chiste que abre la digresión:

> «Referiremos un caso curioso. Hubo durante algún tiempo, en casa de Mariquita, una vestal de inquietantes actitudes: movíase siempre con encogimiento medroso, rehuyendo todo contacto, cual si estuviera en carne viva. En el lecho adoptaba el decúbito lateral, sin que ni vehementes súplicas, ni hábiles argumentos, ni amenzas, la hicieron trocar su amada postura...» (p. 65).

La aparición de un verbo en primera persona de plural entre una narración impersonal en tercera persona de singular, cumple perfectamente su función de llamar la atención del lector y desviarle del argumento. Si tenemos en cuenta que esta expresión abre el relato de un chiste que el lector ya espera, por encontrarse implícito en el término «caso curioso», la intercalación habrá conseguido su objetivo de producir una cierta sonrisa, derivada sobre todo del tono burlesco del chiste.

Otras veces, el narrador aflora en la narración para introducir una divagación por medio de interrogantes:

> «¿*Quién hubiera adivinado la vida azarienta y trabajosa de las cuatro prostitutas? ¿Cuál era su verdadero nombre? ¿Cuál su edad? ¿Cuál el lugar de nacimiento? ¿Cuál su historia?*...» (p. 163).

Como quedó dicho más arriba, la función del narrador es informar, contar, derivado de su mismo nombre: «El término narrador indica un agente, cuya desinéncia –or, que encontramos en vocablos tales como «actor», «conductor», «impresor», etc., indica que se trata de un personaje que tiene como función actuar, conducir, imprimir y, en este caso, narrar.»[10].

Teniendo en cuenta esta función, al narrador no se le permiten dudas ni conjeturas, como señala Tacca[11]. Las preguntas que se incluyen en el texto tienen que provenir o bien del autor, sería entonces una intrusión (en el sentido que le da al término Tacca de aparición del autor en la novela), o bien del narrador, porque intuye esas preguntas en labios del lector. Es decir, que las preguntas pertenecen en realidad al lector y no al narrador, al cual no se le permite ignorancia o duda.

Sin embargo, son frecuentes en *Tinieblas en las cumbres* las situaciones en que el narrador cuenta como un observador y los datos que obtiene los interpreta insertando expresiones de indecisión y de duda:

---

[10] Kayser, W., «Qui raconte le roman» en A.A.V.V.: *Poètique du récit,* op. cit.

[11] Tacca, O., *Las voces de la novela.* (Edit. Gredos, Madrid, 1973).

«*Bien fuera rubor por el acto atrevido que emprendían, bien fuera el reflejo del crepúsculo, lo cierto es que estaban francamente colorados.*» (p. 62).

«*Jiménez creyó imprescindible –acaso por galantería– corroborar esta sentencia tenebrosa.*» (p. 64).

«*Yacía como muerto por el trote y quizá por la concupiscencia.*» (p. 223).

En los textos transcritos, la vacilación del narrador se explica porque trata de dar a la narración un tono de mayor objetividad, en detrimento de la omnisciencia que le caracteriza en la mayor parte del relato.

Pero, sin duda, la divagación más importante de la novela la constituye el coloquio superfluo, que es, en palabras de Pérez de Ayala, «la pepita o simiente que caída en terreno apto, puede germinar, crecer, florecer y dar fruto» (p. 245). Constituye, por tanto, el núcleo de la novela, en el cual el autor se mofa del lector al invitarle a prescindir del capítulo más importante de la novela.

Esta técnica de los capítulos prescindibles es, junto con los recursos señalados anteriormente, una de las innovaciones más significativas de la obra de Pérez de Ayala, cuyas novelas no se dirigen al lector «impaciente de acontecimientos», sino que interesa el conflicto humano y moral de los personajes.

Finalmente, las ingerencias del narrador se muestran en comentarios sobre algunos de sus personajes. Atiende frecuentemente a las peculiaridades expresivas de los personajes y se interesa especialmente por la mezcla y comparación de términos pertenecientes a campos semánticos opuestos, como léxico erótico y religioso o vulgar y filosófico. Consecuente con su posición omnisciente, el narrador cede frecuentemente la palabra a los personajes y les permite actuar ante el lector, pero sólo bajo su mirada. La intervención directa de los personajes en el discurso narrativo es, en realidad, una ilusión. Su palabra pasa por intermedio del narrador, que a menudo apostilla y corrige su actuación y su diálogo. Además, el gusto por sacar conclusiones de lo expuesto y comentar los diálogos de sus personajes, constituye un rasgo característico de la obra de Pérez de Ayala.

En conclusión, *Tinieblas en las cumbres* se caracteriza por la presencia de un narrador personal, omnisciente, que se manifiesta con intrusiones y comentarios, que manipula los personajes y marca el ritmo de la acción, que intercala coloquios, digresiones sin importarle lo que esas rupturas puedan suponer con relación a la estructura y vida misma de la novela.

Este narrador no se corresponde con el autor, pues es una figura autónoma, creada por el autor material al mismo tiempo que los personajes. La situación narrativa predominante en la novela, conlleva el predominio de la narración informativa, a la que se le subordina la narración escénica, que también aparece algunas veces.

Por otra parte, el mundo exterior en el que viven los personajes es el mundo del autor. Todo está visto y representado en una visión consciente omnienglobante del autor. El mundo de Alberto está reproducido desde la óptica del autor, más que como lo ve y lo siente él mismo; el mundo de Travesedo y Yiddy no son más que partes de un solo y mismo mundo objetivo, visto y representado a partir del único punto de vista del autor.

«...De uno de los paraguas colgaba un cartelón con este anuncio: Tigre Juan, Memorialista, Amanuense y Sangrador. Escríbense epístolas y misivas para las aldeanas y criadas con novio o deudo en Cuba y Ultramar. Solicitudes y últimas voluntades...»

EL PERSONAJE LITERARIO.
TIGRE JUAN Y EL CURANDERO
DE SU HONRA

Magdalena Cueto Pérez

EL PERSONAJE LITERARIO:
ALGUNAS POSIBILIDADES DE ANALISIS

Críticos y novelistas, tradicionalmente y en las teorías más modernas, han venido prestando una atención especial al estudio del personaje que, paradójicamente, continúa siendo una de las nociones más oscuras en el dominio de la investigación literaria.

Se ha abordado el problema desde perspectivas muy diversas, basadas en teorías más o menos explícitas y más o menos ajenas a la propia literatura. Pueden distinguirse tres posibilidades teóricas de análisis que históricamente se corresponden con las tres formas fundamentales de aproximación al personaje: la psicológica, la sociológica, y la que, en un sentido amplio, podemos llamar estructural. Pese a sus divergencias en los propósitos y en los métodos, estas tendencias no se contradicen ni se excluyen, más bien aclaran complementariamente aspectos diversos del fenómeno literario.

La noción de personaje como ente psicológico aparece con la novela burguesa; hasta este momento, la consideración aristotélica del personaje como mero agente, retomada por los teóricos clásicos, mantenía plena vigencia. La novela burguesa rompe con la sumisión del personaje a la acción e instaura una nueva concepción del mismo en la que lo relativo a su esencia psicológica adquiere relevancia sobre la noción de acción, que pasa a ser secundaria.

A partir de este momento proliferan los estudios basados en un modelo psicológico más o menos riguroso, que analizan los caracteres, actitudes y motivaciones de los personajes para explicar la novela como una articulación de conductas humanas individualizadas.

Se ha reprochado a estos estudios cierta tendencia a confundir las nociones de persona y personaje, a abordar el análisis de unidades literarias, inexistentes fuera de la palabra o del papel, como si se tratase de seres reales. Es un error frecuente, similar al de otro tipo de crítica, aún en vigor, que trata de identificar a los personajes de las obras de ficción con personas existentes en la realidad, a las que se supone que el autor trasladó a la obra.

Es evidente que no es posible una concepción del personaje independientemente de una concepción global de la persona, y es cierto también que un autor puede inspirarse, y a menudo lo hace, en personas reales para la creación de sus personajes, pero ni lo uno ni lo otro justifican la asimilación de estos a tal o cual persona real, ni por ello se puede perder de vista la dimensión literaria del problema. Los esquemas de conducta humana pueden servir de canon o contraste para la interpretación, pero nunca informan sobre el personaje de ficción, cuyas fuentes de conocimiento no pueden exceder los límites de la obra literaria.

La psicología es un modelo explicativo válido para dar cuenta de algunos aspectos de la obra, y puede aportar datos valiosos para su interpretación, pero no agota por sí misma todas las posibilidades de análisis.

Entendemos que el error está en pretender un reduccionismo absoluto del personaje a su psicología, o a lo que el crítico supone que es su psicología[1], olvidando su dimensión social, cultural, ideológica y estrictamente literaria.

El problema del personaje también puede remitirse a una sociología, por cuanto supone la plasmación de unos valores ideológicos, de una determinada época y de una determinada clase, y la recepción de esos valores, que serán asumidos o rechazados según el código cultural vigente.

---

[1] A propósito de esto, puede verse: GENETTE, G., «Vraisemblance et motivation», en *Figures II,* Du Seuil, París, 1969, pp. 71 y ss. Sostiene este autor que la psicología no está tanto en los personajes como en la percepción de los mismos por parte del lector, de acuerdo con su propia visión del mundo y su propio sistema de valores.

La conciencia de las vinculaciones sociales de la literatura y el reconocimiento de la necesidad de estudiar el fenómeno literario bajo este prisma se hallan ya en la crítica romántica, la crítica positivista (particularmente Taine) y el propio historicismo, pero ha sido la filosofía marxista y sus desarrollos en el siglo XX la que más ha contribuido a formar una concepción sociológica del fenómeno artístico.

Desde una perspectiva que pretende analizar las complejas relaciones entre los factores sociales y la creación literaria, interesará destacar aquellos aspectos de los personajes y conductas que sobrepasen los límites del individuo y puedan insertarse en una estructura social cuyas formas traducen y expresan.

Según Goldmann[2] puede establecerse una relación de homología, o al menos de inteligibilidad, entre las estructuras del mundo de la obra y las estructuras mentales de ciertos grupos sociales que trasladan a ella –por vía positiva o negativa, de afinidad o condena–, una determinada visión del mundo (un ideal de hombre, un ideal de relaciones interhumanas, una concepción de las relaciones entre el hombre y el universo, entre el hombre y la divinidad, etc.).

Es indudable que esta visión del mundo constituye un elemento primordial para la explicación de las creaciones artísticas, y es totalmente indiscutible que una obra literaria sólo puede cobrar sentido por relación a una normativa válida en una sociedad; lo inadmisible está en el extremo de reducir la obra literaria a la consideración de mero reflejo pasivo de la realidad social, olvidando su carácter de fenómeno estético.

La sociología, igual que la psicología, ofrece posibilidades interpretativas valiosas, pero no exclusivas ni excluyentes, para el análisis del personaje. Las conductas literarias, como las conductas humanas, son una mezcla compleja de aspectos individuales y sociales, hasta el punto de que a veces es muy difícil aislar lo que tiene un carácter meramente personal de lo que adquiere una proyección social. El crítico se decidirá por una u otra alternativa según le interese destacar uno u otro aspecto; sucede también que cada pers-

---

[2] Vid.: GOLDMANN, L., *Para una sociología de la novela,* Ayuso, Madrid, 1975.

pectiva resulta más adecuada para cada tipo de obra, y el investigador debe de elegir en cada caso el procedimiento que le ofrezca
mayor rendimiento.

Ante el hecho literario también puede adoptarse una posición
estrictamente literaria, orientada hacia un conocimiento exhaustivo
de la obra como organización artística, mediante la descripción minuciosa de los elementos que la componen y de sus respectivas
relaciones y funciones.

La atención al texto adquirió prioridad en la investigación literaria con el auge del estructuralismo.

La primera contribución importante a la constitución de una
teoría estructuralista de la crítica fue la del formalismo ruso, que
buscó la especificidad del hecho literario en la obra, entendida como
una estructura, como un todo organizado del que es preciso conocer
los elementos integrantes y las respectivas interrelaciones y funciones; el New Criticism norteamericano, con su concepción orgánica
de la obra poética, se orientó en la misma dirección y, en los años
más recientes, la valoración de la estructura de la obra como algo
estrechamente vinculado al significado de la misma, unido a la idea
de que la tarea de la crítica no es la de establecer significados, sino la
de descubrir formas de significación que, a la vez, potencien nuevos
significados, constituye un denominador común en los modernos
estudios literarios.

Dada su orientación descriptiva y morfológica, el análisis estructural, desde su aparición, se resistió a definir al personaje en términos de esencia psicológica o a considerarlo como un ente social,
rechazando, en bloque, cualquier tipo de concepción que llevase
implícita una descripción de los mismos como si de personas se
tratase.

La consideración aristotélica del personaje como agente pareció
cobrar nueva vigencia en el dominio de las investigaciones estructuralistas, que se esforzaron en definir al personaje por su participación
en una esfera de acciones.

Así, Propp no retiene del significado del personaje más que su
función, y establece una tipología simple basándose exclusivamente
en la acción que desempeñan en el relato; para Bremond, cada
personaje es el agente de secuencias de acciones que le son propias;

Lévi-Strauss ya elabora una concepción mucho más global, en la misma línea de Lotman, Greimas, Todorov, etc., pero todos ellos tienen como punto en común, a pesar de las divergencias, la consideración del personaje no como un ser sino como un participante.

Esta postura se fue atenuando progresivamente, a medida que la fascinación de los primeros momentos –también la reacción justa contra el impresionismo de la crítica anterior– fue cediendo, y los sucesivos ʼrabajos fueron abriendo camino en la tarea de desterrar toda ilusión de inmanencia y acabar con oposiciones ficticias[3], delimitar competencias y admitir compatibilidades[4].

Para el estudio del personaje, esta tarea se tradujo en la incorporación de elementos de análisis pertenecientes tanto a los distintos niveles del texto como a los distintos códigos culturales.

Desde esta perspectiva más amplia no es posible considerar al personaje como un mero agente; además de las funciones que asume en el relato, habrá que interesarse por los semas que lo caracterizan, relaciones semánticas intratextuales, formas de incursión en la instancia del discurso y, en una dimensión pragmática, por las relaciones que mantiene con el amplio contexto de la historia y de la cultura.

El personaje deja de ser concebido como una unidad indescom-

---

[3] En realidad, no todos los estructuralistas abogaron por un análisis inmanente del texto literario. Tempranamente, autores como Tynjanov o el mismo Jakobson habían reconocido la necesidad de tener en cuenta las conexiones de la literatura con otras series culturales correlativas. Lo que acentuaron decididamente fue la autonomía de cada una de estas series y la necesidad de abordar su estudio de un modo específico.

En cuanto a oposiciones del tipo sincronía/diacronía, o estructura/historia, tampoco han sido sostenidas de forma generalizada y constante por la crítica estructuralista. En un artículo programático, «La poétique structurale» (en *Qu'est-ce que le structuralisme?,* du Seuil, París, 1968, p. 154), Todorov enuncia como uno de sus principios la compatibilidad entre tal poética y la historia literaria, ya que «...sólo al nivel de las estructuras se puede describir la evolución literaria», y afirma que «el conocimiento de las estructuras no sólo no impide el conocimiento de la evolución sino que constituye la única vía disponible para abordar la evolución».

[4] Desde esta perspectiva, nos parecen de gran interés los trabajos de Julia Kristeva, que, al introducir los conceptos de *intertextualidad* y de *ideologema* permite recuperar para el análisis estructural las coordenadas ideológicas y sociales de un texto literario, al mismo tiempo que hace posible también situar este texto con relación a otros textos que constituyen sus matrices parciales. Vid.: Kristeva, J., «Problèmes de la structuration du texte», en *Théorie d'ensemble,* pp. 298 y ss., especialmente, 312 y 313.

ponible ante la que el análisis estructural debía detenerse, para constituirse en un elemento básico de integración definido por un conjunto de rasgos distintivos, de elementos aislables y diferenciados, que se relacionan entre sí y que el texto va ofreciendo progresivamente.

Esta definición retiene dos aspectos que parece conveniente tener en cuenta al abordar el estudio del personaje:

– Los personajes son elementos literarios integrados en una estructura estética y sólo pueden ser correctamente interpretados dentro de tal contexto.

– Concebir al personaje como unidad literaria no equivale a concebirlo formalísticamente, desarraigándolo de la vida y de los problemas del hombre. Los factores psicológicos, sociológicos, culturales e ideológicos se recuperan para el análisis como referentes desde los que ha de ser interpretado el personaje.

Solamente hemos recogido algunas de las múltiples posibilidades teóricas que se ofrecen para el análisis del personaje, tal vez las que se han aplicado con más insistencia; cada una de ellas, según destaque sus aspectos individuales, sociales o literarios, acentúa una dimensión del personaje que, sin llegar a agotar su sentido, potencia su significación.

La coexistencia de los diversos lenguajes críticos asegura una lectura plural del texto y es esa misma pluralidad la que el crítico debe descubrir. Su aceptación no es, por lo tanto, una cuestión de tolerancia o magnanimidad: es la polisemia del texto la que justifica –y exige– lecturas en registros diversos.

Otra cosa bien distinta es la conveniencia de adoptar un modelo de análisis que proporcione desde el principio unas bases operativas y una terminología adecuada. Naturalmente, no se trata de formular un modelo abstracto como el que soñaban los primeros estructuralistas, capaz de verificarse en cualquier relato, sino un modelo explicativo cuya única prueba de validez sea su funcionamiento.

El crítico, según sus preferencias, según el tipo de obra, propondrá el que considere más adecuado.

Esta ha sido la primera tarea que nos hemos impuesto para el estudio de los personajes en la obra ayalina. En el estado actual de la investigación, nos ha parecido razonable tomar las bases de una metodología semiológica, sin que ello –insisto– signifique la negación o el intento de remplazar las formas tradicionales de aproximación al problema.

Creemos que la incursión del personaje dentro de una problemática semiótica permite una concepción abarcativa del mismo que, dada la pluralidad semántica de la obra literaria, consideramos deseable.

LA CONFIGURACION TEXTUAL DEL PERSONAJE:
TIGRE JUAN Y EL CURANDERO DE SU HONRA

Tigre Juan y *El Curandero de su Honra* se inicia con una descripción de la plaza del mercado de Pilares, en uno de cuyos rincones se sitúa el puesto del protagonista.

Desde el comienzo de la obra, en realidad desde el título, el énfasis recae sobre un personaje privilegiado en el texto por procedimientos diversos: por la frecuencia e interés de sus intervenciones, que constituyen las diversas funciones cardinales o momentos claves de la obra (frente a otros personajes que aparecen en momentos de transición o en un solo episodio); por el análisis pormenorizado que se ofrece de su carácter; por la variedad de puntos de vista desde los que es contemplado (desde la perspectiva de un narrador omnisciente, de su propia conciencia, de las opiniones de otros personajes); además, Tigre Juan ocupa los primeros planos de la obra y posee en ella una autonomía absoluta, mientras que los restantes personajes, vinculados a él por relaciones diversas, son inexplicables al margen del mismo. Muchos de ellos, como tendremos ocasión de comprobar, realzan por afinidad o contraste los rasgos propios del protagonista o aportan, de forma directa o indirecta, datos o indicios que enriquecen su contenido semántico.

Podrá apreciarse aquí cómo el texto es perfectamente legible considerando la figura de Tigre Juan como principio estructurador del mismo, pues en torno a él se organizan sus diversos elementos: a través de su trayectoria vital será posible descubrir los nudos que configuran el armazón del relato; los semas fundamentales que lo caracterizan reproducen los ejes semánticos que van tejiendo el complejo novelesco y constituyen otros tantos elementos estructurantes, como ejes de oposición con otros personajes o motivos generantes de conductas.

Acciones, carácter y organización discursiva hacen de Tigre Juan el protagonista indiscutible en cuya órbita gira la obra.

Cuando ésta comienza nada conocemos del personaje; el texto lo irá construyendo progresivamente, mediante la acumulación de una serie de rasgos que se ofrecen de forma discontinua, en un modo de distaxia[5] y que constituyen lo que podemos llamar su «etiqueta semántica»[6].

Será necesaria una lectura completa de la obra para que ese «signo vacío» se cargue de significado y sólo al final de la misma cobrarán pleno sentido cuantos datos hayamos podido recoger en esa tarea de ida y vuelta, de constante avance y retroceso, que es la reconstrucción del personaje.

El relato clásico, que busca ante todo la legibilidad, trata de suplir muy rápidamente esa carencia significativa dotando al personaje de una identidad: un nombre propio al que se asocian unos rasgos definitorios, más o menos precisos, más o menos estables, pero capaces de asegurar desde el principio la inteligibilidad del texto. A partir de este momento, el nombre propio será el sustituto económico de esa combinación más o menos compleja de rasgos que se le han atribuido, a la vez que funciona como el campo de atracción de nuevos semas.

De ahí, la importancia y extensión que en *Tigre Juan* y *El Curandero de su Honra* adquiere la escena de presentación del protagonista que, a su vez, sirve de hilo conductor para la introducción de los restantes personajes de la obra; esta parte introductoria –la 1.ª de *Tigre Juan*– ya nos permite la tarea crucial de descubrir, escoger y clasificar los rasgos pertinentes que estructuran la etiqueta semántica

---

[5] Hay distaxia cuando los signos de un mensaje no están simplemente yuxtapuestos. Una forma notable de la distaxia se da cuando las partes de un mismo signo son separadas por la inserción de otros signos a lo largo de la cadena del mensaje; al estar fracturado el signo, su significado se reparte en varios significantes, distantes unos de otros, cada uno de los cuales es incomprensible tomado independientemente.

[6] Vid.: HAMON, Ph., «Pour un statut sémiologique du personnage», en V.V. A.A. *Poétique du récit,* du Seuil, París, 1977.

del personaje, que reproduce la del conjunto del sistema de la obra, a la vez que anticipa, en tres diálogos consecutivos, los ejes del conflicto que se va a desarrollar en las partes siguientes y resolver en el «Parergon» final de *El Curandero de su Honra*.

Ayala comienza por describir el escenario del que forma parte el personaje: la plaza del mercado de Pilares. Una nota destacada del mismo, la murmuración, reforzada aquí por el empleo de la personificación, sugiere que la descripción del medio en el que Tigre Juan se inserta es algo más que una mera referencia espacial.

La lectura descubrirá cómo ese medio nos introduce muy adecuadamente en la dimensión social del conflicto que va a vivir el protagonista: un conflicto de honor.

A continuación, el autor se detiene en el puesto de Tigre Juan para ofrecernos una relación minuciosa de la mercancía que allí se dispone. Poseemos ahora un dato relativo a su ocupación, que se hace más preciso con la reproducción del texto del cartel anunciador.

De nuevo habrá que tener presente el aspecto discursivo del texto y de la lectura para comprender la funcionalidad y sentido de cada una de las informaciones que se recogen en la obra. Por su profesión, Tigre Juan aparece vinculado a la sangre y a la leche; ambos elementos, el primero como medio de purificación, el segundo con relación a la paternidad, adquieren en el texto un valor simbólico. Por otra parte, su oficio de curandero será utilizado como motivo paródico en la recreación del tema calderoniano.

De una observación del autor sobre el puesto de Tigre Juan: «Era un puesto permanente: todas las horas del día y todos los días del año», p. 552[7], se desprende el indicio de una vida monótona y vacía. La modificación de esta actividad rutinaria será paralela a la transformación del personaje: significativamente, Tigre Juan abandona momentáneamente su puesto, por primera vez en veinte años, cuando se enamora de Herminia; cuando logra la felicidad plena, tras el nacimiento de su hijo, decide dejar definitivamente su trabajo en el mercado.

---

[7] Citamos por la edición de las *O.C.* de Aguilar, Madrid, 1969, tomo IV. En lo sucesivo nos limitaremos a indicar la página o páginas a las que nos referimos.

Un nuevo desplazamiento acaba por situarnos ante la figura de Tigre Juan. Se describe primero su indumentaria: «De cintura arriba iba vestido a lo artesano... De cintura abajo se ataviaba como un labriego de la región» (p. 553); esta vestimenta mixta traduce la dualidad de su vida urbana y campesina, y puede predeterminar oposiciones de tipo civilización/primitivismo, cultura/naturaleza, que estarán presentes en la base de su conducta y que la obra reproduce en nuevos contrastes: Nachín de Nacha, símbolo de la vida rústica y el saber popular, se opone, por un lado, a Vespasiano Cebón, todo refinamiento y melindre, y por otro, a Herminia: «...luego –Tigre Juan– le remolcaba a comer a casa, resistiéndose Nachín a causa de que Herminia y él, radicalmente, no hacían buena liga, puesto que Nachín incorporaba una pura voluntad de naturaleza, donde la hembra es un animal inferior, o cuando menos secundario, en tanto el alma de Herminia era como un ciego anhelo hacia la sociedad culta y urbana donde la mujer recibe adoración de ídolo.» (p. 760).

Si en la descripción de su atuendo descubrimos cierta dualidad, ésta se hará más evidente en sus rasgos físicos, que se presentan como un medio de caracterización indirecta: su pelambre «como montera pastoril de piel de borrego» (p. 553) alude a la mansedumbre del que ha de ser Juan Cordero, mientras que la rigidez de su pescuezo y, particularmente, la expresión felina de sus ojos transmiten la fiereza del impulsivo Tigre Juan.

El autor resume la dualidad de su carácter en dos adjetivos finales aplicados a su faz: bárbara e ingenua, desdoblamiento que reproduce la propia filiación del protagonista –Guerra Madrigal– por lo cual puede considerarse como un elemento de reduplicación semántica.

Esta pareja de rasgos tan poco acorde no siempre ha de coexistir pacíficamente; la obra recoge reiteradamente los fallidos intentos de Tigre Juan para exteriorizar los sentimientos de su alma tierna que, sin remedio, se malograban en una expresión terrible.

Por otra parte, la angulosidad y dureza de su rostro, lo apretado de sus carnes («alto y sobremanera enjuto», p. 555) y su costumbre de andar «siempre a pelo» nos llevan a verlo como prototipo de masculinidad; la semejanza con Atila –en nuestra cultura paradigma

100

de virilidad–[8], a la vez que introduce el motivo de los cuernos, refuerza esa impresión de hombría.

Este aspecto se destacará en la obra por procedimientos diversos: por oposición con el tipo feminoide de Vespasiano Cebón y del difunto esposo de la de Góngora; por paralelismo con Herminia, cuya feminidad, manifestada repetidamente por doña Iluminada, se realza con el simbolismo bíblico; por la impresión que suscita en doña Iluminada y, posteriormente, en Herminia, cuyas versiones coinciden en considerar a Tigre Juan como un dechado de perfecciones masculinas y, en fin, por su propia conducta, que vendrá a corroborar lo que el texto ha puesto de relieve de modo recurrente.

A continuación, una serie de acciones no funcionales presentadas en imperfecto iterativo nos informan muy brevemente de sus metódicas costumbres y su rutinaria forma de vida, en la que la dedicación al trabajo y la crianza de un sobrino constituyen los únicos alicientes.

Si la monotonía de sus quehaceres viene a corroborar algo que indirectamente ya había sido anticipado, la custodia de Colás sugiere cierta nostalgia de paternidad, aspecto interesante de su personalidad que en el texto queda subrayado por la narración de sus juegos con los niños a los que, se añade, Tigre Juan adoraba.

Sin embargo, en esta vida «clara y honrada» hay un enigma que no ha sido formulado pero ya está presente y enfatizado de alguna manera.

La exclamación de Tigre Juan ante el casco de Atila no pasaría de ser un rasgo humorístico, en el caso de presentarse aisladamente; sin embargo, el motivo se repite con cierta insistencia significativa hasta llegar a ser francamente enunciado por el autor[9] que lo entronca de modo inmediato con las aficiones teatrales del protagonista y su especial predilección por representar el papel de marido calderoniano.

---

[8] Atila entraría en la categoría de los personajes referenciales de Hamon; son personajes estereotipados, que remiten a un sentido inmovilizado por una cultura y cuya legibilidad depende directamente del grado de participación del lector en esa cultura. Producen lo que Barthes llama «efecto de realidad». Vid.: HAMON, Ph., op. cit., y Barthes, R., «L'effet du réel», *Communications 11,* du Seuil, París, 1976.

[9] «Tan pronto como Tigre Juan tocaba de soslayo, cual si le quemase, este asunto del adulterio, que era, por los indicios, su obsesión...» (p. 560).

Enlazamos aquí con uno de los temas tradicionales de nuestra cultura, el tema del honor conyugal manchado, del que Ayala, como ya sugiere el título de la segunda novela, va a ofrecer un nuevo tratamiento. Estas referencias extratextuales, que apelan a la competencia cultural del lector y remiten a una consideración pragmática de la obra literaria, funcionan, en cierto modo, como programas narrativos que anticipan o prefiguran el destino del personaje.

El honor es un sema que el texto ofrece de forma redundante y dispersa y entra en relación con otros elementos del discurso para conformar caracteres, generar conductas, motivar contrastes, etc.; por otra parte, enlaza con el problema de la consideración de la mujer y con el tema del donjuanismo, que será otra de las reminiscencias literarias presentes en la obra de Ayala.

Sabemos, pues, que Tigre Juan está extrañamente obsesionado con el asunto del adulterio, pero sabemos, además, que entre sus convecinos circulan rumores de que ha matado a su esposa «por hartazgo de matrimonio», según algunos, «como sanción de una ofensa de honor conyugal», en opinión de otros (p. 557).

Existe en el pasado de Tigre Juan una oscura historia sentimental que el discurso, eludiendo toda respuesta, va planteando una y otra vez. La aclaración de estos hechos, que narrativamente nos conduce hasta el último tercio de la primera parte de *Tigre Juan,* tiene lugar con motivo de la llegada de una carta de la capitana Semprún, a cuyo servicio había estado Tigre Juan hacía una veintena de años.

El origen de la misoginia de Tigre Juan se remonta a la región de Traspeñas; siendo un niño, pudo observar cómo las mozas del lugar se entregaban a cualquiera con la única finalidad de beneficiarse como nodrizas en la ciudad, abandonando a sus hijos –y Colás es uno de ellos– a los caprichos de la naturaleza o al amparo del torno de algún hospicio. Más tarde, en Filipinas, el pésimo ejemplo de la capitana Semprún y el supuesto adulterio de su mujer, le hacen perder por completo la fe en las mujeres.

Dedicado por entero a su trabajo y aferrado posesivamente al amor de Colás, Tigre Juan cree haber borrado todo rastro de su existencia anterior; al recibir la carta, el personaje revive su pasado y, al hacerlo, comprende lo que su ofuscación le había impedido ver: la inocencia de Engracia.

A partir de este momento, que pone fin a la parte presentativa de la obra, se inicia el cambio del protagonista; volveremos sobre este punto al analizar las transformaciones de su carácter y de su conducta. De momento, para comprender el proceso que motiva la ruptura de este falso equilibrio y echa a andar la maquinaria de la acción, será necesario retomar el hilo del discurso.

El texto nos ha proporcionado rápidamente una visión bastante detallada y completa de Tigre Juan, cuya etiqueta semántica se ha ido perfilando con datos relativos a su aspecto físico, su carácter, su ocupación y sus costumbres. Pero el significado del personaje no se construye exclusivamente mediante la acumulación de una serie de rasgos, ni por la repetición o recurrencia de los mismos (aunque éste es un factor que conviene tener en cuenta), ni siquiera por las funciones que asume o las transformaciones que sufre, sino también por las relaciones de semejanza u oposición que contrae con otros personajes del relato.

Para determinar las relaciones semánticas que se establecen entre los personajes de un relato es necesario atender tanto a las formas globales de conexión entre ellos (amistad, tutela, amor, dominio, etc.), como a las que se puedan precisar entre los distintos semas que configuran la entidad de cada uno de los mismos.

La mención del círculo de amistades de Tigre Juan nos permite iniciar esta doble tarea.

El narrador introduce en primer lugar a Nachín de Nacha, el «amigo añejo y cotidiano» (561) del protagonista. Es una presentación breve, que se ofrece denotativamente e incluye un número reducido de informaciones, referidas a su origen, ocupación y carácter, destinadas a subrayar el rasgo esencial en el que puede concretarse su personalidad: la rusticidad[10].

Nachín asumirá su rol funcional en la intriga, como ayudante de

---

[10] El nombre del personaje también remite de algún modo a su condición aldeana, pues es costumbre en los pueblos asturianos designar a las personas posponiendo a su nombre, muy frecuentemente en diminutivo, el de la madre, la mujer o la denominación tradicional de la familia.

Tigre Juan, pero no aparece sujeto a modificación alguna a lo largo del relato; desde su aparición, queda determinado por un conjunto de semas que lo configuran como un personaje plano y secundario.

No sucede lo mismo en el caso de Vespasiano Cebón, cuya etiqueta semántica se va perfilando discursivamente, por medio de informaciones directas –procedentes del narrador, del protagonista y de otros personajes de la obra, particularmente de Colás y de doña Iluminada– y de unidades indiciales diversas que comportan significados solidarios.

Los datos transmitidos en las diferentes versiones y los rasgos que se desprenden de la conducta y actitudes del personaje configuran unas características éticas y anatómicas que vienen a coincidir con las que Ayala concede a la figura de Don Juan en la segunda parte de *Las Máscaras*.

Vespasiano Cebón[11] es una versión caricaturesca del tipo tradicional del que se destaca: su grosura, esterilidad y afeminamiento; por su condición de seductor vulgar, que rehúye toda dificultad y compromiso, puede verse como una reencarnación de los donjuanes provincianos de baja ralea retratados por Galdós, en su Juanito Santa Cruz, o por Clarín en D. Alvaro Mesía.

Se trata, pues, de un personaje esencialmente referencial, y como tal, remite a un sentido pleno y fijo, inmovilizado por una cultura; su actuación en la obra responderá a su carácter estereotipado: inicia un proceso de seducción –más bien se presta pasivamente– y se desentiende cínicamente de todas las consecuencias.

También la funcionalidad de doña Iluminada parece predeterminada, desde su propia denominación, por referencia a un tipo literario: el de la doncella vidente, fijado en la figura de Casandra.

De acuerdo con su carácter adivinatorio y profético, doña Iluminada es introducida en un ambiente inmaterial, de fuliginosidad y tiniebla, en el que la blancura de su rostro –«...noche voluntaria, ordenada y presidida por la luna del cándido rostro de la dueña...» (561); «Del rostro de plata lúcida, que en la sombra albeaba...» (588)–

---

[11] Hallamos aquí un nuevo simbolismo onomástico; Vespasiano: emperador romano y ejemplo de decadencia cesárea. Cebón redunda, peyorativamente, en la expresión de su grosura.

parece brillar con luz propia. Este rasgo, subrayado por la negrura de sus vestiduras y destinado a poner de relieve, connotativamente, lo que constituye el atributo esencial del personaje, la lucidez, es el único que hace referencia a su aspecto físico que, por lo demás, se escapa a cualquier intento de descripción: doña Iluminada, joven y vieja, viuda y virgen, luz y sombra, es una suerte de ser espectral, incorpóreo y vagamente espiritual[12].

Por otra parte, el don de la adivinación hace de este personaje un elemento esencial de la organización discursiva; cuando predice conductas, interpreta indicios o se fija un proyecto, está haciendo referencia al sistema propio de la obra que, por medio de ella, vuelve una y otra vez sobre sus esquemas narrativos, asegurando la coherencia de su propio discurso.

Según esto, doña Iluminada entraría en la categoría de los personajes anafóricos de Hamon, que, en líneas muy generales, coinciden con los «informadores» de Propp y forman lo que Barthes llama «organizadores del relato»[13]. Esta función se hace más evidente si tenemos en cuenta su condición de portavoz de las ideas del autor, que se sirve de su talante liberal y de su actitud sentenciosa y conciliadora para encarnar lo que se podría inscribir como resumen de todo el pensamiento expuesto en la obra: la tolerancia, base de armonía, libertad y justicia.

Nachín de Nacha, Vespasiano Cebón y doña Iluminada aparecen vinculados a Tigre Juan por una relación de amistad, con diversidad de grados y matices, que, excepto en el caso del segundo, se mantiene inalterable a lo largo de la obra. En cuanto a las conexiones entre los diversos semas que conforman la entidad de cada uno de estos personajes podemos decir que, en líneas generales, vienen a

---

[12] «Para Tigre Juan, doña Iluminada estaba desprovista de existencia corpórea; era como un fuego fatuo, ingrávido y vagamente luminoso, temblando en la frontera del más allá, sobre la sepultura invisible del marido difunto.» (579).

[13] Hamon utiliza esta denominación, globalmente, para referirse a aquellos personajes que asumen en la obra una función económica, sustitutiva, cohesiva y nemotécnica; en realidad, todos los personajes de un relato, aunque sólo sea por su recurrencia y estabilidad, incluso por el mero hecho de poseer un nombre propio, desempeñan permanentemente estas funciones. Lo que sucede en el caso de doña Iluminada es que hay un neto predominio de lo anafórico sobre lo referencial o lo puramente denotativo.

continuar el juego de contrastes iniciado con la caracterización y nombre del protagonista.

La rusticidad, como ya indicábamos, opone a Nachín de Nacha y a Vespasiano Cebón, pero también sirve para destacar la faceta urbana de la personalidad del protagonista que, aunque sentía afectuosidad por su viejo amigo del Campillín, «no podía menos de reconocer su condición demasiadamente rústica» (561).

En la antítesis esterilidad/fecundidad encajan, incluso por sus características físicas, Vespasiano Cebón y Tigre Juan; el contraste entre estos personajes subraya la hombría física y moral del segundo, que sabrá afrontar hasta las últimas consecuencias los resultados de sus decisiones. En conjunto, es el donjuanismo de aquel seductor vulgar, con todos los rasgos que lo configuran (grosura, esterilidad, afeminamiento, cobardía y cinismo) el que se opone al carácter antitenoriesco de este Don Juan del que «jamás se puso trapicheo alguno» (556).

Por otra parte, la esterilidad de Vespasiano Cebón se hace tanto más negativa si la comparamos con la esterilidad positiva, fructífera en cierto modo, de doña Iluminada; por su dominio de sí misma, su actitud tolerante y su concepción generosa del amor, también este personaje se contrapone a la figura de Tigre Juan, que parece incapaz de respetar lo que no comprende o lo que no comparte.

Todos estos contrastes tienen la misma función: destacar aspectos diversos de la personalidad del protagonista.

Otras veces, el contraste sirve para introducir la esencia de un conflicto. En *Tigre Juan* y El Curandero de su Honra, este proceso de contrastación se inicia con la presentación de Colás.

Su concepción del mundo, su carácter y su conducta están en perfecta consonancia con esa denominación de «hijo del aire» que tan acertadamente le aplica la perspicaz doña Iluminada y que alude, tanto a sus orígenes inciertos, como a su propia disposición para emprender el vuelo en cualquier momento.

Colás, al que no parecen preocupar demasiado ni sus raíces ni su futuro, siente el atractivo de una vida insegura y aventurera y, llegado el caso, no vacila en abandonar la estabilidad que su tío le ha proporcionado en Pilares, desbaratando así todos los planes que

Tigre Juan se había forjado sobre lo que sería el próspero porvenir de su sobrino.

En esto, como en tantas otras cosas, ambos personajes manifiestan una concepción opuesta de la existencia[14]; para Colás, la vida es un absurdo delicioso, y vivir en una actividad irracional, desprovista de fundamento y finalidad («...la vida, lo que vive, no obedece en cada caso a otra razón que su razón de ser», 785); para Tigre Juan, «el hombre cabal, como árbol de provecho, ha de echar raíces en el suelo, cuanto más recias, mejor, y dar flor, fruto y sombra» (566).

La actitud de Colás, en la línea de la «razón vital» de Ortega, viene a unirse al liberalismo sostenido por doña Iluminada: «El hombre es tanto más inteligente en la medida que acierta a justificar fuera de sí, en los demás hombres, el mayor número de vidas individuales...» (786); la postura de Tigre Juan enlaza muy coherentemente con el problema de la paternidad de sangre, que la obra parece concebir como respuesta a esa exigencia de unas raíces sólidas y verdaderas, fundamento de continuidad y causa de inmortalidad.

Estas posturas antitéticas desembocan en diálogos eminentemente dramáticos que, como ya indicábamos, pueden considerarse el germen del conflicto que se desencadenará en la parte final de este *Adagio*.

El primero de estos diálogos plantea el problema del honor y la venganza y el tema paralelo del donjuanismo.

No se trata de una mera transposición, con un afán realista o de objetivización, de la conversación sostenida entre Tigre Juan y su sobrino a propósito de la noticia de un crimen pasional leída en un diario madrileño sino que, de acuerdo con lo que constituirá la trama de la obra, parece concentrar toda la tensión psicológica de un momento clave, de una elección de consecuencias trascendentales capaz de determinar toda la existencia del personaje.

El segundo diálogo, que mantuvieron tío y sobrino unos días después, debe ponerse en relación con el tema de la paternidad que,

---

[14] «Los dos personajes, de opuesto temperamento y textura espiritual distinta, al efundir sus ideas en palabras, proyectaban la figura de su alma como un cuerpo su sombra. Eran dos sombras inconciliables, chocantes, cargadas de contrarias acciones.» (569).

naturalmente, lleva asociado el del matrimonio; por otra parte, puede considerarse una anticipación de la partida de Colás que, desde este momento, se revela inminente.

Ambos personajes sostienen opiniones tan contradictorias que, más que de un intercambio de perspectivas opuestas, podría hablarse de la confrontación de dos fuerzas inconciliables, destinadas a desencadenar una situación dramática.

Una tercera conversación, en la que la presencia de doña Iluminada establece una suerte de equilibrio, incide en el mismo asunto, pero el énfasis recae aquí sobre otro de los motivos de la trama: la voluntad de la mujer en el amor y en el matrimonio.

La ausencia de Colás anuncia un cambio en la vida del protagonista que culmina con la llegada de la carta de la capitana Semprún. Tigre Juan, que se creía redimido por el olvido, descubre la necesidad de reorganizar sus sentimientos y hacer frente a una realidad que hasta entonces se había sentido incapaz de aceptar.

Esta parte introductoria termina con la alucinación de Tigre Juan que cree ver en Herminia la imagen revivida de su primera mujer.

La historia de su matrimonio anterior actúa como eco y contrapunto del conflicto que se desarrollará en las partes restantes de la obra; se trata, en suma, de dos situaciones paralelas y de dos soluciones opuestas.

Dos han sido las razones del fracaso con su primitiva esposa: una actitud errónea ante el amor, que Tigre Juan concebía «como derecho viril de propiedad exclusiva» y una concepción engañosa de la honra, basada en la conformidad con una convenciones sociales mantenidas tradicionalmente por la comunidad.

En el fondo de ambas cuestiones está el problema de la consideración de la mujer: Tigre Juan, que no cree en la inteligencia de la mujer ni admite su libertad para el amor, todo lo cifra en que se sometan dócilmente al varón[15].

Cuando se casa con Herminia, que no ha consentido libremente, Tigre Juan se mantiene fiel a su actitud posesiva, regalándole un

---

[15] «¿Voluntad de mujer? La voluntad debe ser sirvienta de la mollera o no es voluntad... ¿Hay moza con dos dedos de mollera ni adarme de sentido? En la mujer, obedecer es amar.» (585 y 586).

pesado brazalete que lleva grabado en letras mayúsculas: «Soy de Tigre Juan», y que todos, doña Iluminada, el cura y doña Mariquita, colocan en su muñeca «de suerte que Herminia recibió la impresión de que no era sólo Tigre Juan, sino la sociedad entera quien la esposaba» (673). Esta ceremonia de la petición de Herminia es especialmente significativa para comprender su determinación de huir que obedece, en gran parte, a la conciencia de que su matrimonio ha sido concertado por otros sin contar con su asentimiento.

Herminia se resiste a aceptar la idea de que la mujer no es libre para escoger marido y debe doblegar su elección ante unos intereses económicos y sociales representados en la obra por el personaje de doña Mariquita. Cuando decide rebelarse ante esa sujeción que se le impone, opta por una solución inadecuada, la huida con Vespasiano Cebón, que la conduce a la más degradante esclavitud que puede sufrir mujer alguna, aspecto que, en *Tigre Juan* y *El Curandero de su Honra* queda subrayado por la incursión del episodio marginal de Carmen la del Molino.

Creyendo evadirse de su marido, Herminia no ha hecho más que huir de sí misma y de su propia responsabilidad; la experiencia de una conducta errónea y el fracaso consiguiente le sirven de autoconocimiento y la llevan a descubrir el verdadero sentido del amor y del matrimonio.

A partir de este momento, se inicia el camino de la reparación; como Engracia, Herminia decide expiar su culpa, pero a diferencia de aquella, que se sabía inocente, lo hace para satisfacer una exigencia de conciencia y no para reparar ante la sociedad una mancha de honor.

Por su parte, Tigre Juan comprende hasta qué punto es engañoso fiarse de las apariencias en asuntos de sentimientos y logra escapar de la esfera de falsos valores sustentados por el grupo social al que pertenece.

La identificación del honor con la opinión colectiva y la defensa apasionada de las sanciones contra los que infringían su código se transforma en la afirmación de dicho sentimiento como valor individual, fidelidad a los dictados de la conciencia y respeto a la dignidad propia y ajena.

Así pues, la trasmutación experimentada por el personaje se

cifra en la afirmación de su propia identidad frente a una sociedad en la que los intereses y las apariencias prevalecen sobre los principios personales y, consiguientemente, en la adopción de una posición contraria a la que había sostenido hasta entonces.

El momento clave de la obra se produce cuando Tigre Juan y Herminia se reunen nuevamente. El tiempo detiene su andadura y el discurso demora la resolución del conflicto en un remanso narrativo destinado a subrayar el dramatismo del momento: «Todos permanecían en una estática relación trágica: grupo escultórico de un paso de Semana Santa que perpetuase diferentes escorzos, inestables y patéticos.» (748).

Todo hace suponer que Tigre Juan va a matar a su esposa adúltera: conocemos su carácter impulsivo y su fanática concepción del deber y del honor; hemos sido advertidos de su respeto por las convenciones establecidas; sabemos de sus aficiones teatrales e incluso poseemos su historia pasada; sin embargo, Ayala rompe todas las expectativas del lector y empuja a sus personajes a la reconstrucción de un amor que se corona con la máxima felicidad, alcanzada tras el nacimiento de Mini.

Pudimos comprobar que el planteamiento de la obra se establecía en base a un proceso de contraste que descubríamos tanto en la caracterización del protagonista como en las relaciones que mantenía con los distintos personajes del relato. Advertimos también que estos contrastes actuaban como motivos generantes de conductas en torno a los que era posible determinar el desarrollo de la intriga.

Cuando la obra finaliza, hemos asistido a la superación de todos los contrastes planteados en el transcurso de la misma, que se resuelven en un canto final a la vida en la que, como los contrarios elementos se unen en la mágica noche de San Juan, Tigre Juan y Herminia se han fundido.

En efecto, Tigre Juan, convertido en Juan Cordero, ha superado la primitiva dualidad de su carácter: coinciden ahora esencia y apariencia, o bien esta última se sacrifica en favor de la primera. El abrazo final entre Tigre Juan y Vespasiano Cebón, símbolos de contraste y de unión, reproduce la misma armonía de los contrarios, capaz de asegurar el auténtico equilibrio de las pasiones.

Por último, los diálogos contenidos en el «Parergon» final de *El*

Curandero de su Honra, en los que ahora se exponen posturas complementarias, actúan como eco intelectual del mismo tema.

Parece que Ayala trata de evitar por todos los medios la ambigüedad en la interpretación de su obra, dirigiendo constantemente su lectura y recurriendo incluso a una explicación y exposición razonada de las ideas que en ella se desarrollan.

En este sentido, y así lo ha puesto de relieve repetidamente la crítica, podemos hablar de *Tigre Juan* y *El Curandero de su Honra* como una novela intelectualizada, cuyo énfasis recae en las ideas.

Sólo nos restaría añadir que esta intelectualización es perfectamente apreciable en la propia configuración del personaje.

Ayala prefiere sacrificar la verosimilitud del mismo en virtud de unos planteamientos ideológicos, acumulando, sin reparo alguno, todo tipo de improbabilidades y llegando incluso a forzar algunas situaciones, que se resuelven de la forma más inesperada.

Se trata, en definitiva, de personajes esencialmente cerebrales, abstractos, en los que su autor ha encarnado posturas ideológicas diversas para plasmar en su conducta, sirviéndose de uno de los temas tradicionales de nuestra cultura, unos valores que no coinciden con los reconocidos y admitidos en tal cultura.

Era un puesto permanente: todas las horas del día y todos los días del año. En vez de toldillo de lona, como los demás, poseía a manera de un caparazón acoplado con tres enormes paraguas de varillas de ballena, regatón de bronce y puño de asta.

Una de las propiedades que se atribuyen comúnmente a la obra literaria valiosa es la unidad. Desde Aristóteles, que concibe la unidad como integración y como totalidad, hasta el estructuralismo, que supone la interrelación de las partes en la configuración del todo, la teoría y la crítica literarias han postulado, tácita o expresamente, la unidad del texto literario. Aun cuando la obra no manifieste de manera explícita los procedimientos convencionales de unidad, la expectativa de unidad por parte del lector permite suplirlos. En las páginas que siguen pretendemos perfilar someramente el sentido y el alcance del término *unidad,* para luego verificarlo en la novela de Pérez de Ayala, *Belarmino y Apolonio.*

1. Entendemos por unidad la cualidad de un objeto por la cual todos los elementos que lo componen colaboran en la esencia del todo, de manera que la modificación o supresión de un elemento implica una variación del objeto.

Consecuencia inmediata de esta definición es el hecho de que todos los elementos o partes en que es posible descomponer un objeto tienen una razón de ser en relación con la totalidad del objeto, una función dentro del conjunto. Los elementos que carecieran de función serían gratuitos, sobrarían, y no harían sino dificultar la percepción y comprensión del objeto.

La unidad, sin embargo, es una propiedad de los objetos en general, por lo que, en principio, no constituye una propiedad diferencial de la obra literaria. Debemos precisar, entonces, en qué medida la obra literaria exige la unidad, es decir, qué aspectos propiamente literarios se encuentran en relación con la unidad.

El rasgo más importante de la obra literaria, en el que coinciden casi todos los críticos y teorizadores de la literatura, es la plurisignificación, la polivalencia semántica. Pues bien, la unidad es a la vez una exigencia y una condición del plurisentido. Es exigencia, pues sólo lo que es uno puede ser plurisignificativo; relacionar la polivalencia con elementos heterogéneos no integrados en una estructura unitaria supone negar la misma polivalencia en favor de una multiplicidad de significados monovalentes sin relación entre sí. No se puede confundir la polivalencia con la anarquía o el caos del sentido.

Pero la unidad es también un factor generante de la plurisignificación. Las posibilidades de significación de los elementos del texto son, en principio, ilimitadas; una palabra aislada implica la posibilidad de tan gran cantidad de asociaciones que, lejos de ser plurivalente, se caracteriza por la indeterminación del sentido, la vaguedad semántica. La unidad limita el sentido del signo, pero no lo determina de forma unívoca y absoluta, porque, al incluirla en una red de relaciones, permite una serie amplia de asociaciones. Los significados latentes de los signos se actualizan precisamente por la orientación que le imponen otros signos relacionados con ellos dentro de una misma estructura unitaria.

Los elementos que componen la obra literaria pertenecen a jerarquías diferentes, por lo cual pueden poseer una funcionalidad inmediata, es decir en relación con el conjunto de la obra, o bien una funcionalidad mediata, es decir en relación con un elemento de orden jerárquico superior que, a su vez, posee una funcionalidad inmediata. En su «Introducción al análisis estructural de los relatos», R. Barthes postula la existencia de tres niveles (jerárquicos) de sentido: el de las funciones, el de las acciones de los personajes y el de la narración. «Estos tres niveles están ligados entre sí según una integración progresiva: una función sólo tiene sentido si se ubica en la acción general de un actante; y esta acción misma recibe su sentido último del hecho de que es narrada, confiada a un discurso que es su propio código»[1]. La integración final de todos los niveles produce la unidad del relato.

___

[1] Vid., *Análisis estructural del relato,* ed. Tiempo Contemporáneo, Buenos Aires, 1974 (4.ª ed.), p. 15.

Los elementos, las unidades narrativas, que postula Barthes son las siguientes:

a) Los núcleos (o funciones cardinales), que tienen el mismo sentido que en Propp, es decir, la acción de un personaje considerada desde el punto de vista de su participación en el desarrollo de la intriga.

b) Las catálisis, acciones que llenan el espacio narrativo sin influir en el desarrollo de la intriga. Sirven para producir el efecto de realidad, para crear la ilusión de un mundo auténtico. No serán tenidas en cuenta en nuestro análisis.

c) Los indicios, y d) los informantes, que sirven para caracterizar personajes, ambientes, etc.

Los núcleos, por su carácter distribucional e imprescindible, exigen una articulación unitaria entre sí, pues en sí mismos agotan el sentido. Los demás elementos del primer nivel no se organizan unitariamente hasta su integración en los niveles siguientes. Llamaremos *coherencia* a la unidad que agrupa a todos los núcleos. La coherencia viene a ser algo así como una unidad lógica según la cual los núcleos (o, mejor, las acciones y acontecimientos-núcleos) son consecuencia unos de otros. Se trata de que «el lector ha de organizar la trama como el paso de un estado a otro y ese paso o movimiento ha de ser tal que sirva de representación de un tema. Hay que convertir el final en una transformación del comienzo, de modo que el significado pueda sacarse a partir de la semejanza y de la diferencia»[2]. La unidad viene dada, entonces, por la relación lógico-temporal de los núcleos o, si se quiere, por la transformación de una situación inicial caracterizada precisamente por su dinamismo, por una energía que le impide mantenerse, que encierra la posibilidad de una modificación. Todos los demás núcleos remiten a esa situación-núcleo de partida, de manera que el final (el núcleo que carece de consecuente) es el final de una historia determinada y se relaciona con un comienzo determinado. Se trata, entonces, de una unidad

---

[2] Cfr. Culler, J., *La poética estructuralista,* ed. Anagrama, Barcelona, 1978, pp. 313-314.

transitiva, en el sentido de que el núcleo primero encierra en sí la virtualidad de su desarrollo[3].

El segundo nivel, el de los personajes, permite recuperar buena parte de las unidades (elementos) que no comportan relaciones distribucionales y, por tanto, no encajan en la unidad de la historia, en la coherencia de los núcleos. Esquemáticamente se puede afirmar que algunos informantes e indicios sirven para caracterizar a los personajes y para determinar las relaciones entre ellos, de manera que la unidad de este nivel se produce en dos etapas sucesivas: en el personaje individual y en las relaciones entre los personajes. Efectivamente, el personaje da sentido a una serie de elementos (acciones, diálogos,...) que actúan como indicios e informantes proyectando una serie de significados dispersos que sólo la estabilidad de los personajes permite reunir. Pero, por otra parte, la existencia de varios personajes exige que estos mantengan algún tipo de relación, directa o indirecta, entre sí. Difícilmente se concibe un personaje desconectado de la acción y de los demás personajes.

El desarrollo de la intriga y los personajes perfilan el universo de la obra que, sin embargo, no cobra su auténtico sentido fuera del nivel de la narración. La narración supone un dador del relato, un narrador que asume y organiza la historia y, a través de ella, comunica un mensaje. Pero el mensaje no es la historia, sino algo más rico que se deduce de ella gracias, precisamente, a un narrador que la distorsiona, la manipula, la comenta, etc. En suma, el sentido de la obra depende en última instancia de que ésta es asumida por una personalidad (no de la personalidad, que es algo distinto).

Nos ocuparemos a continuación de la unidad de *Belarmino y Apolonio* en relación con la coherencia de los núcleos, las relaciones de los personajes e, incidentalmente, en el nivel de la narración. No estudiaremos en detalle ninguno de los aspectos (por ejemplo, no especificaremos cada uno de los núcleos, que damos por sentados), sino que nos limitaremos a los aspectos determinantes de la unidad en aquellos puntos en que pueda ser puesta en duda.

---

[3] Para que haya relato es necesario que haya más de un núcleo, por eso la transitividad es esencial a su unidad. En cambio, el poema puede constar de una sola situación recreada por el yo-emisor.

2. Según C. Bobes, «*Belarmino y Apolonio* centra su trama –aunque no su argumento en el que pueden alcanzar incluso mayor extensión los dos zapateros cuyo nombre da título a la obra– en la pareja Pedro y Angustias»[4]. Es decir, desde el punto de vista de ia acción, la unidad de la obra se establece a partir de las relaciones entre Pedro y Angustias, cuyas variaciones determinan el movimiento de la trama, en definitiva el dinamismo del relato, uno de sus elementos constitutivos. La evolución de las relaciones entre Pedro y Angustias parecen señalar el comienzo y el final del relato, la existencia misma de la novela. Si suprimimos de *Belarmino y Apolonio* la historia de Pedro y Angustias, suprimimos lo novelesco y, aun siendo considerable la parte que quedaría, la obra constituiría un conjunto de cuadros sueltos sin ninguna conexión entre sí.

La «historia» de Pedro y Angustias articula el conjunto de la obra y puede ser considerada como el eje central de la novela, pues todos los personajes y, en suma, todos los elementos de la obra pueden ser explicados en relación a ella. Sin embargo, la atención dedicada a los zapateros, considerablemente superior a la que se presta a sus hijos, obliga a plantear la cuestión de su funcionalidad en la obra, cuyo título, por otra parte, está constituido por sus dos nombres.

Situándonos en el marco de la historia de Pedro y Angustias, Berlamino y Apolonio forman parte del círculo de personajes que determinan su evolución, pero, sin ser su papel excesivamente importante en este sentido, son ampliamente caracterizados a través de rasgos y situaciones no necesarios para el desarrollo de la trama, aunque tampoco contrarios a su unidad. Además, entre uno y otro personaje hay una situación genuina de enfrentamiento, modificada al final de la novela. La conciliación de Berlarmino y Apolonio otorga un mínimo dinamismo a las relaciones entre ambos personajes que da lugar a una segunda trama.

Para analizar cómo el relato alcanza una estructura unitaria será útil considerarlo en relación a su final, cuyo núcleo o función cardinal está constituido por la resolución de la oposición entre Belarmino

---

[4] Cfr., *Gramática textual de «Belarmino y Apolonio»*, ed. Planeta, Barcelona, 1977, p. 144.

y Apolonio. El núcleo que le precede es paralelo a este último: el reencuentro de Pedro y Angustías que, además, actúa como motivo desencadenante de la conciliación de los zapateros:

> –*Toma y lee –dice, ceñudo, Apolonio, alargando despectivamente a Belarmino, como si fuese su sentencia de muerte, el telegrama que acaba de recibir.*
>
> *Después de haber leído el telegrama de Apolonio, Belarmino saca de la chaqueta otro telegrama, que entrega a Apolonio. Luego abre los brazos, mira al firmamento y suspira:*
>
> *–Toma y lee. ¡Bendito sea Dios!*
>
> *El telegrama de Apolonio decía: «De vuelta en Castrofuerte, me informan que soy heredero de fortuna fabulosa. Iré a buscarle en seguida. Viviremos juntos una vida venturosa.–Pedro».*
>
> *El telegrama de Belarmino decía: «Estoy salvada. Pedro me ha salvado. El mismo Pedro le sacará de ahí y le traerá conmigo en seguida. Seremos todos felices.–Angustias.»*
>
> *Belarmino se mantiene con los brazos en cruz; pero ahora no mira al firmamento, sino a Apolonio.*
>
> *Apolonio vacila un segundo, nada más que un segundo. Una fuerza ineluctable, una exigencia del destino, le lleva, también con los ojos abiertos, la botella en la mano y en alto, agresivo, hacia Belarmino. Belarmino se adelanta a su encuentro. Apolonio y Belarmino... se abrazan en un abrazo callado, prieto, efusivo y fraternal (p. 299)[5].*

Cronológicamente, la situación inicial de la historia de Belarmino y Apolonio es anterior a la situación inicial de 'separación' que abre, en la novela, la historia de Pedro y Angustias. Sin embargo, ésta se presenta en primer lugar por una razón que ha de traer importantes consecuencias para la estructuración de la obra: el narrador conoce primero, y por separado, a Pedro y a Angustias, y sólo

---

[5] Citamos por la edición de Amorós, ed. Cátedra, Madrid, 1976.

a través de éstos se entera de la existencia de Belarmino y Apolonio, de manera que el encadenamiento del comienzo es paralelo al del final: el narrador conoce a Pedro y a Angustias - el narrador conoce a Belarmino y Apolonio / Reencuentro de Pedro y Angustias - Conciliación de Belarmino y Apolonio.

Una vez que el narrador conoce la historia de los zapateros, ésta se convierte en el centro de su interés, sin que dejen de estar presentes Pedro y Angustias, relegados a un segundo plano hasta el capítulo VI en que se dan a conocer los antecedentes que provocaron su separación, origen del relato.

Los capítulos III, V y VI –y sólo en parte también el IV– están fuertemente caracterizados frente a los demás: 1.º/ Por su situación temporal de pretérito lejano; 2.º/ Por el tipo de narrador; 3.º/ Por el mínimo dinamismo en que se desarrollan, y 4.º/ Por el lugar en que transcurren.

Estos cuatro rasgos están en mutua dependencia, por lo que nos detendremos especialmente en el segundo que presenta fuertes implicaciones respecto a la unidad de la obra.

El narrador de los capítulos III, V y VI se caracteriza por:

1) Su omnisciencia.

2) Por no hacer ninguna referencia explícita a sí mismo.

3) Por no intervenir en absoluto en los acontecimientos.

Por su parte, el narrador del prólogo y los capítulos I, IV y VII se caracteriza:

1) Por su falta de conocimiento, y de ahí

2) Por ceder, en ocasiones, su papel de narrador, como ocurre en todo el capítulo IV.

3) Por aludir repetidas veces a sí mismo.

4) Por intervenir en los acontecimientos.

Estas dos últimas circunstancias convierten al narrador en un personaje más, por mínimas que sean sus intervenciones. La acción del narrador-personaje se reduce, por tanto, al ámbito temporal más cercano y consiste en dos papeles actanciales sucesivos, prefigurados ya desde el comienzo. Por un lado, el narrador-personaje es *sujeto* de una búsqueda de dos *objetos* también sucesivos: la historia de Pedro y Angustias y la historia de Belarmino y Apolonio. Esta búsqueda responde a dos modalidades, la del *querer* y la del *saber,* o, más simplemente, a la del *querer saber:* el Yo-narrador se interesa por unos personajes, siente curiosidad, quiere conocer sus vidas. Trata personalmente a Pedro (don Guillén) y a Angustias (la Pinta) y, a partir de ciertos motivos que excitan su curiosidad, consigue que éstos le cuenten sus vidas. Luego hace averiguaciones por su cuenta y conoce la historia de Belarmino y Apolonio. De esta manera, el Yo-narrador llega al punto de la historia del que había partido retrospectivamente, que él vive, y a partir del cual puede intervenir, como ya había previsto desde el comienzo:

> *Oí en la habitación de al lado un carraspeo seguido de un poderoso suspiro. Era la voz de don Guillén. Se me ocurrió una idea diabólica: «Si yo mañana por la noche trajese a la Pinta y la hiciese entrar en la habitación de don Guillén». Me dormí dando vueltas a aquella idea* (p. 84).

En este sentido el narrador, respondiendo a la modalidad del *poder,* asume un papel actancial de *ayudante,* es decir puede ayudar al reencuentro de Pedro y Angustias, pues *sabe* dónde se encuentran ambos, y así lo hará cuando don Guillén termine su relato.

Un personaje se inaugura cuando surge un nombre propio hacia el que se puedan proyectar sentidos derivados de las acciones, las palabras, las relaciones con otros personajes. El nombre propio garantiza la estabilidad del personaje y permite integrar sentidos, reunir los significados del texto. En este caso el narrador carece de nombre o, al menos, no se le atribuye ninguno, permanece oculto. El pronombre personal hace, entonces, de nombre propio, pues, como afirma Barthes, «en principio, el que dice *yo* no tiene nombre (es el caso ejemplar del narrador proustiano), pero de hecho *yo* se convierte inmediatamente en un nombre, su nombre. En el relato (y en muchas conversaciones), *yo* no es ya un pronombre, es un nombre, el mejor de los nombres; decir *yo* es infaliblemente atribuirse significados; es también proveerse de una duración biográfica, someterse imaginariamente a una «evolución» inteligible, significarse como objeto de un destino, dar un sentido al tiempo. En este nivel, *yo* (y singularmente el narrador de *Sarrasine)* es por lo tanto un personaje»[6]. El narrador de *Belarmino y Apolonio* se encuentra en estas mismas circunstancias. No conocemos su nombre, pero lo identificamos inmediatamente, en la primera línea de la novela:

> *Don Amarato de Fraile, a quien conocí hace muchos años... (p. 61).*

El verbo en primera persona, la alusión al tiempo de la acción verbal *(hace muchos años),* la relación con un personaje ya delimitado con su nombre hacen del sujeto elíptico de la frase un punto de atracción de los significados, un ser sobre el que ya pueden afluir rasgos de carácter, actitudes, ideas, un auténtico personaje.

El yo-narrador va a ser uno de los principales elementos de estructuración de la novela, el factor que dé coherencia a partes en apariencia heterogéneas. Por lo de pronto, todo el contenido de la novela actúa como objeto de conocimiento por el narrador. Es decir, en un primer nivel, en una primera impresión, *Belarmino y Apolonio* se nos presenta como la novela de un personaje que trata de conocer la vida humana y, para ello, se detiene en dos historias concretas. Más adelante estudiaremos la coherencia de esas historias con las inquietudes del personaje narrador.

En un segundo nivel, el más dinámico de todos, el más novelesco, Pedro y Angustias, sus relaciones y su transformación, actúan también de elemento estructurador. Estamos ante una historia de amor, interrumpida por la separación, sobre la que también inciden todos los componentes de la obra: Belarmino y Apolonio, entre otros, son factores determinantes de la situación de separación; el narrador, por su parte y como personaje, permitirá una transformación en el futuro.

El tercer nivel está organizado en torno a Belarmino y Apolonio, y, con respecto a ellos también alcanzan funcionalidad todos los componentes de la obra: desde el punto de vista del desarrollo de la trama Pedro y Angustias dan lugar a la conciliación de los zapateros, pero después de su reunión provocada por el narrador.

En definitiva, desde el punto de vista de la trama Belarmino y

---

[6] Cfr. Barthes, R., *S/Z*, ed. Siglo XXI, Madrid, 1980, p. 56.

Apolonio alcanza una unidad compleja en cuanto presenta, superpuestos, tres hilos argumentales, que suponen una unidad coherente en cuanto cada uno de ellos necesita de los otros dos, no ya para avanzar, sino para adquirir un sentido pleno, como veremos en el próximo epígrafe. Los diferentes capítulos, y aun los distintos párrafos, pueden representar a uno u otro nivel. La superposición de niveles no es abundante por razones obvias, fundamentalmente porque cada hilo argumental se sitúa en coordenadas espaciales y temporales diferentes. El siguiente párrafo parece ejemplo ilustrativo de la superposición:

> *En aquellas comidas subrepticias y ociosas sobremesas, mi amigo don Guillén me fue contando a retazos su historia, la de Angustias Pinto y la de los padres de ella y él, Belarmino y Apolonio. Después, por mi cuenta, hice averiguaciones tan importantes, que la historia de Caramanzanita y la Pinta pasan a segundo término* (p. 89).

El párrafo nos muestra:

1.–La historia de Pedro y Angustias en los momentos en que el narrador comienza a «vivirla» *(en aquellas comidas...)* y con proyección hacia el pasado a través del relato del propio don Guillén. La historia de Belarmino y Apolonio es, hasta aquí, absolutamente dependiente de la de sus hijos.

2.–El interés del narrador por conocer: *me fue contando... Después, por mi cuenta, hice averiguaciones...*

3.–La relativa y repentina autonomía de la historia de Belarmino y Apolonio, a la que se refieren las «averiguaciones tan importantes» que, como se ve, son posteriores al interés por la historia de Angustias y Pedro.

No se trata, por tanto, de lecturas alternativas de un mismo texto. No es posible, por ejemplo, entender la novela exclusivamente como la historia de dos singulares zapateros, a pesar del título. Todo está íntimamente trabado. Los dos zapateros tienen una razón de ser en relación con el personaje-narrador y con Pedro y Angustias, y es precisamente esta relación la que les da su sentido. El narrador se fija en Pedro y Angustias, y luego en Belarmino y Apolonio, porque ha de seguir una lógica, porque, como personaje, está dotado de un carácter, de una ideología, cuya coherencia le obliga a interesarse por unas cosas y no por otras, e incluso ese interés ha de estar determinado por su carácter. De esta forma el prólogo tiene un sentido claro: sirve para ilustrar la personalidad del narrador-personaje. Para el desarrollo de la trama son importantes los siguientes rasgos, deducibles a partir de dicho prólogo:

- Gusto por la conversación y, especialmente, por escuchar a otros personajes.
- Frecuentador de casas de huéspedes.
- Interés por los dramas individuales («*Por sugestión del excelente don Amaranto, me había acostumbrado a tomar las diversas casas de huéspedes, por donde transité, al modo de tiendas, con sus existencias, tal cual abastecidas de dramas individuales, metido cada cual en su paquete y cuidadosamente atados con bramante. No había sino desatar el bramante y desenrollar el paquete*» (p. 74).

Efectivamente, en el capítulo I encontramos al narrador en una situación similar: en una casa de huéspedes, prestando atención a un personaje que «cuenta» y deseoso de «conocer», incluso fuera de la casa de huéspedes, en un cafetín donde

atrajo desde el principio mi curiosidad una mujer agraciada, paciente, trigueña...

La situación temporal está perfectamente localizada, un Martes Santo, en el que comienza el relato vivido por el narrador, que va a llegar hasta el Domingo de Resurrección. La situación de los personajes también es clara: Angustias, por un lado, en el cafetín; don Guillén, en la casa de huéspedes. El narrador, ya en uno, ya en otro lugar, se anuncia como un posible mediador. Si el prólogo se adentraba en el pasado del narrador y permitía caracterizarlo, los siguientes capítulos se van a referir al pasado de Angustias y Pedro, para explicar su situación actual. Así, brevemente, se podría resumir la trama unitaria de *Belarmino y Apolonio,* en cuyo centro se encuentran Pedro y Angustias, que tienen igualmente un doble papel de mediación, entre el narrador y Belarmino y Apolonio (en el proceso

125

de conocimiento del primero) y entre los dos zapateros (en el proceso de conciliación).

3. El desarrollo de la trama, sin embargo, no nos permite profundizar en la unidad literaria de la obra, pues implica sólo una relación causal, una lógica del comportamiento presente en todas las manifestaciones del hombre. Es necesario, entonces, adentrarse en el contenido, en las correlaciones semánticas específicas de la obra, las cuales, a la vez que refuerzan la unidad, son el punto de partida de la polivalencia.

Para mejor comprender la integración semántica de los componentes de la trama parece conveniente analizar tres parejas de elementos que se corresponden con cada uno de los niveles estudiados más arriba. Pedro y Angustias, Belarmino y Apolonio constituyen dos parejas de individuos relacionados entre sí. La relación es indispensable para la constitución de la pareja, incluso para una virtual oposición. Luego nos ocuparemos de la forma específica de esta relación. La pareja en el nivel del narrador-personaje es de orden conceptual y viene dada por el carácter del proceso, de conocimiento: «El drama y la filosofía son las únicas maneras de conocimiento. Y aquí, en estos cavernosos senos de la casa de huéspedes, están las fuentes del conocimiento» dice don Amaranto al narrador (p. 73). Pedro y Angustias, Apolonio y Belarmino, drama y filosofía son las tres parejas que atraviesan y estructuran la obra. Vamos a analizar ahora cómo se organizan y relacionan entre sí y con las demás las mencionadas parejas.

La pareja de conceptos *drama* y *filosofía* que, en principio, en las palabras de don Amaranto al narrador, no constituye una oposición, se proyecta sobre toda la obra en virtud de las preocupaciones del narrador, como un prisma que ilumina, de manera abstracta, la particularidad de los hechos: los capítulos V y VI se titulan «El filósofo y el dramaturgo» y «El drama y la filosofía». Los capítulos III y IV («Belarmino y su hija», «Apolonio y su hijo») también caben en el prisma, puesto que inmediatamente se nos dice que Belarmino es filósofo y Apolonio dramaturgo. Finalmente, el último capítulo responde a la consideración de la filosofía como visión *sub specie aeterni*.

El narrador no se preocupa por definir qué entiende por drama

126

ni qué entiende por filosofía; se limita, en el prólogo, a exponer las opiniones de don Amaranto, que las defiende como formas de conocimiento y, en el epílogo, a reproducir las notas de Froilán Escobar, que trata de analizar los caracteres del filósofo y el dramaturgo. Las opiniones de don Amaranto y el estudiantón son contrapuestas y, en medio, dice el narrador, «se extienden sinnúmero infinito de otras verdades inmediatas». Drama y filosofía son, por tanto, conceptos ambiguos, de los que cabría extraer una rica gama de parejas de sinónimos o cuasisinónimos que determinarían la complejidad semántica del texto, y, viceversa, el texto, los personajes y las situaciones concretas, va dando sentido individualizado a los dos conceptos.

Entre Belarmino y Apolonio hay una oposición radical, una rivalidad cuyo objeto no es fácil de precisar. A primera vista podría entenderse que se trata de una oposición entre la filosofía y el drama, ya que el primero, además de zapatero, es filósofo, y el segundo, además de zapatero, dramaturgo. Sin embargo, la rivalidad, por otro lado latente, puesto que los zapateros no se relacionan entre sí, no se formula nunca en estos términos, ni en términos de competencia profesional. Es más, si la enemistad es evidente de Apolonio a Belarmino:

> *Apolonio, que ya le conocía y le estaba espiando desde dentro de la tienda, se sintió, por misteriosa manera, humillado. Ahíto y ebrio con el éxito, ¿qué le importaba a él la expresión hipócrita y maligna del ya desbaratado rival? Y, sin embargo, sentíase humillado, adivinando que la verdadera rivalidad en ellos no era zapateril, sino de otro orden más íntimo y personal, y en aquella larvada e inevitable rivalidad acaso Belarmino saliese vencedor (p. 136).*

No ocurre lo mismo de Belarmino hacia Apolonio. En el filósofo, las alusiones al dramaturgo son suaves y ocasionales.

Pedro señala una causa de la frontal oposición, en la que luego ha de insistir el narrador y ha de poner el propio Apolonio de manifiesto:

> *Mi padre, que jamás ha querido mal a nadie, demostraba caprichosa inquina contra Belarmino. He aquí la ra-*

zón. Mi padre, de su estancia en Compostela, estaba acos-
tumbrado a moverse en un ambiente de ilustración, como
decía él, o sea entre estudiantes. En Pilares no sólo le
faltaba este ambiente o relación habitual, sino que quien lo
disfrutaba era Belarmino (p. 156).

El afán de notoriedad de Apolonio, sin embargo, explicaría solo parcialmente las razones del enfrentamiento, de la separación radical de los dos zapateros. Hay, además, otras razones de orden social que, si no provocan la oposición, al menos impiden el contacto y la resolución, y ayudan a mantenerla. Apolonio se halla en una situación de dependencia de la duquesa de Somavia; Belarmino, precisamente a partir de la llegada de su rival, es protegido por los dominicos y, en definitiva, por los señores de Neira: entre la duquesa y los Neira hay también una oposición, paralela a la que se da entre Belarmino y Apolonio, oposición entre nobleza de sangre y nobleza de dinero:

> *Después de varios chascarrillos, y en un momento de*
> *reposo y silencio, el señor Chapaprieta dijo recatadamente,*
> *como para su sotana: «Parece confirmado que Su Santidad*
> *concede un título pontificio a los señores de Neira». Estos*
> *señores de Neira eran un matrimonio sin hijos, riquísimos,*
> *muy metidos por la Iglesia. (...) En resolución, que los*
> *Neira querían hombrearse con los Somavia. Al oír la du-*
> *quesa al señor Chapaprieta, comentó: «El Papa no puede*
> *hacer nobles»...*

Una última oposición se da entre monárquicos, representados por Novillo (también en dependencia de los Somavia), y republicanos, a cuyo círculo pertenece Belarmino.

Estas oposiciones, sin embargo, aunque serán determinantes de la historia de Pedro y Angustias y explican la falta de nexo entre Belarmino y Apolonio, no son importantes desde esta perspectiva, puesto que no sirven para definir a los zapateros, puesto que no son enteramente solidarios del contenido que basa la oposición. Lo realmente decisivo es el hecho mismo de la enemistad, que va a hacer destacar una radical oposición entre los caracteres de ambos personajes y, consecuentemente, también entre la filosofía y el drama, que ellos representan.

Pedro y Angustias representan la vía de acercamiento entre los polos de la oposición, especialmente entre sus padres. Su poca edad les impide participar y asumir las ideas y sentimientos de cada miembro. Entre Pedro y Angustias no hay rivalidad, sino afecto y, con el tiempo, amor. Pero el parentesco los separa. Las relaciones y oposiciones sociales son más fuertes que el impulso mediador del amor: Apolonio se opone a la boda, por su enemistad con Belarmino; la duquesa, porque iría contra los planes que había trazado para Pedro; Novillo consiente en impedir la huida de los jóvenes, siguiendo instrucciones de la duquesa. De esta forma, el mundo de la novela cobra una doble funcionalidad: separa, o mantiene separados, a Belarmino y Apolonio, separa a Angustias de Pedro. Frente al narrador y frente a Pedro y Angustias, la estructura social que subyace en la novela actúa como elemento disgregador. Existe, por tanto, una correlación entre los zapateros y sus hijos (que el narrador percibe, según muestran los títulos de los capítulos II y IV: «Belarmino y su hija», «Apolonio y su hijo»). La situación de ambas parejas es idéntica, de separación, de distanciamiento. En un caso aparentemente voluntario y sostenido, en el otro, más o menos forzado, y sólo producido tras el fracaso de un proceso de acercamiento. Hay, entonces, una relación de integración entre Angustias y Belarmino y entre Pedro y Apolonio. La situación que el narrador conoce –separación de Pedro y Angustias– es reflejo de la situación que viven sus padres. La historia de Belarmino y Apolonio, pues, forma parte del drama individual que el narrador está investigando, tratando de conocer, y en el que va a participar, ajustándose a las previsiones de don Amaranto:

> *en la casa de huéspedes, la obligada familiaridad que comienza en la mesa redonda, solidariza a esas sombras efímeras y quebranta los sigilos del drama individual* (p. 73).

Porque Angustias y Pedro representan uno de esos dramas concretos, vivos, que pueden interesar al narrador-personaje. La manera de acercarse éste a Angustias recuerda las pautas que había dictado don Amaranto (quien puede ser considerado como un *alter ego* del propio narrador):

> *en cambio, si es vecina de mi aposento y a través del frágil tabique la oigo suspirar, reír, llorar, sé que está triste, que goza, que sufre. Otro día cojo al vuelo una frase; otro, percibo todo un diálogo; otro, hablo con ella y la guío con sutileza a que me confíe algún secretillo; otro, completo lo que ella me haya dicho con lo que otros me comuniquen acerca de ella misma; y así, poco a poco, he llegado a conocerla en puridad, porque he entrado en su drama* (p. 72).

Así, el narrador siente atraída su atención por una mujer, la observa, habla con sus compañeras:

> *Poco a poco y noche tras noche fui entablando amistad con la Pinta. Era una mujer dulce, triste y reconcentrada, o, según el tecnicismo de la Piernavieja una simple que no servía* pal *caso. Apenas se comunicaba. Una noche me dijo que tenía poco más de treinta años; aparentaba menos de treinta. Otra me declaró el lugar de su nacimiento: la ciudad de Pilares. La noche —bien lo recuerdo— de aquel Martes Santo en que el canónigo encendido y campechano surgió en la casa de huéspedes, la Pinta se mostró sobremanera comunicativa* (p. 82).

Sutilmente, el narrador consigue que le cuente su «secretillo», el quid de su drama individual:

> *—A mí me perdió un cura —estaba con la cabeza baja y el pensamiento en lejanía.*

Luego, en la casa de huéspedes trata al otro protagonista, al cura. También le arranca su versión y, no satisfecho todavía, hace sus averiguaciones hasta alcanzar el pasado completo de la historia.

El pasado de Pedro y Angustias, es decir, las circunstancias que determinan su situación al comienzo del relato, confluye, pues, con la historia de Belarmino y Apolonio, que se presentan como seres reales en un mundo determinado, en el que entran en relación, personal y jerárquica, con otros personajes. Este mundo que hace posible la existencia del zapatero-filósofo y del zapatero-dramaturgo, con toda su singularidad, es también el mundo en el que tienen que vivir y desarrollarse sus hijos, Pedro y Angustias, seres más «normales». Por ello, entran en conflicto con el mundo y dan lugar a un auténtico drama.

Las tensiones, las dificultades de los personajes, las presiones a que están sometidos, las variaciones en su situación, etc., configuran el universo novelesco, el drama de la vida («cada vida es un drama de más o menos intensidad», dice don Amaranto (p. 72)). Desde esta perspectiva, *Belarmino y Apolonio* constituye ya una obra compleja. Es, simultáneamente, una historia de amor (Pedro y Angustias) y la historia de dos curiosos zapateros, que se presentan como personajes más «novelescos», más complejos, ricos e interesantes, pero que, en el desarrollo de la trama son subsidiarios de la historia de sus hijos. Por el contenido sociológico implícito y explícito, por el contenido dramático, por la singularidad y riqueza de sus personajes, por la cohesión de las tramas, Belarmino y Apolonio se presenta como una novela unitaria y polivalente.

Pero la riqueza misma de los personajes, y más concretamente de Belarmino y Apolonio, y su interrelación con el mundo del narrador, determina la existencia de una nueva estructura, más unitaria si cabe, que asume, no ya las intenciones cognoscitivas del narrador (que podrían cumplirse con cualquier otra historia), sino el propio modo de ser del conocimiento, la visión del mundo que don Amaranto había infundido en el narrador-personaje a través del drama y la filosofía.

Drama y filosofía son, en principio, maneras de conocimiento, muy generales y abstractas y, por ello no pueden existir en una obra literaria sin constituir un elemento heterogéneo, como afirma Goldmann[7]. Para que los conceptos se vuelvan ricos, vivos y, por ende, novelescos y literarios, hay que encarnarlos en personajes. Drama y filosofía se hacen tangibles en el dramaturgo y en el filósofo, en

---

[7] Vid. Goldmann, L., *Para una sociología de la novela,* ed. Ayuso, Madrid, 1975, p. 22.

131

Belarmino y Apolonio. «Es preciso reconocer, afirma Amorós en su prólogo, que Belarmino y Apolonio poseen una doble entidad: valen, a la vez, como ejemplificaciones de teorías y como figuras humanas vivas» (p. 32). Y, al ser presentados como auténticas personas, y no como meros esquemas, Belarmino y Apolonio no sólo ejemplifican lo abstracto, sino que lo humanizan, lo hacen contradictorio. Drama y filosofía no son ya conceptos, sino formas de ser o de vivir, con todas las impurezas y vacilaciones de lo individual y humano. El drama y la filosofía en el mundo de la novela se definen por los rasgos de carácter de los personajes, del filósofo y del dramaturgo, rasgos que, en cierta manera, se identifican con acepciones comunes, con sentidos parciales de los conceptos en cuestión.

No se trata de que los rasgos de carácter estén en correlación inmediata con los diferentes significados de *drama* y de *filosofía,* sino que, a partir de un número mínimo de rasgos correlativos, los demás se implican sucesivamente o, al menos, entrañan una especial congruencia entre sí; por ejemplo, la identificación de la filosofía con el pensamiento y del drama con la actuación tiene como correlato el carácter de pensador de Belarmino y de actor de Apolonio. El pensamiento, luego, lleva a la introversión, y la actuación a la extroversión, sin que estos nuevos rasgos de carácter se correspondan con sentidos más o menos habituales de los términos *filosofía* y *drama.* Es precisamente la complejidad de lo humano, la necesidad de que, en unos personajes, coexistan rasgos esenciales o ideales, posturas puras, con rasgos meramente psicológicos, y la manifestación de unos y otros en el mundo (en las relaciones sociales), lo que nos importa destacar.

A continuación enumeramos una serie de rasgos de carácter alineados con el filósofo y el dramaturgo respectivamente. Para mayor evidencia, y como ilustración del rasgo, reproducimos fragmentos que constituyen informaciones del narrador o de los personajes, y no indicios, ya que el modo de funcionamiento de éstos, por acumulación y recurrencia, alargaría excesivamente el número de citas:

BELARMINO
'Introversión'

En ocasiones meditaba, ajenado de la realidad externa,

siguiendo con los ojos formas sólo visibles para él, que cruzaban por el aire (p. 169).

Y a todo esto, Belarmino sin entrar en situación, ausente en remotos limbos del pensamiento (p. 200).

'Resignación'

La urraca no aprendía a hablar, pero Belarmino no se impacientaba y resistía resignado aquel baño abundante de vulgaridad... (p. 175).

'Comprensión'

Pero, hundido en aquella penumbrosa covacha, oficina en donde se destilaban y clarificaban los enigmas del pensamiento y de la existencia... (p. 173).

'Pensamiento'

Belarmino se encogió otra vez a meditar, empapado en la tiniebla. Belarmino, ahora, no se desleía en aquellas especulaciones filosóficas, o que él entendía por tales, que últimamente, en los dos o tres recientes años, le habían acaparado la actividad del pensamiento y los afanes del pecho,... (p. 125).

'Serenidad'

Belarmino continuaba siendo zapatero; su nuevo cuchitril continuaba siendo zapatería; no de otra suerte que la lancha quilla arriba sobre la playa continúa siendo una embarcación. Lo de ahora era como lo de antes; pero al revés. ¡Con qué fruición beatífica, acogida ya a seguro, contemplaba Belarmino al airado mar del mundo! Ahora Belarmino reposaba (p. 168).

'Sencillez'

Dijérase que había pasado, no una semana de meditación, sino muchos meses de ayuno; la noble y aguileña faz, tan enjuta, que casi era traslúcida; el cuerpecillo, tan reducido y descarnado, que apenas gravitaba sobre el suelo.

Entró en la habitación, sin mecer una mirada de curiosidad
alrededor; se sentó donde le dijeron; inclinó la cabeza y
habló tenuemente, sin accionar ni mudar de tono; concluyó
y volvió con la misma serenidad y distracción imperturba-
bles a su cuchitril (p. 198).

APOLONIO
'Aparatosidad'

> *La apertura de la nueva zapatería causó inolvidable*
> *sensación y pasmo descomunal. El rótulo rezaba: «Apolonio*
> *Caramanzana, maestro artista». Sobre el piso del escapa-*
> *rate, forrado de peluche verde, se alineaban varios pares de*
> *zapatos y botas, realmente exquisitos, apoyados oblicua-*
> *mente en sustentáculos de níquel...* (pp. 134-135).

'Imaginación'

> *Uno de los profesores escribió al conde que el exceso*
> *de imaginación le impedía concentrarse y estudiar con dis-*
> *ciplina y provecho* (p. 139).
> *En fuerza de imaginar luctuosas peripecias el pecho se*
> *le colmaba de impulsos vehementes, a manera de necesidad*
> *perentoria de acción, y acción cruel* (p. 193).

'Representación', 'Simulación', 'Teatralidad'

> *Apolonio, desde el umbral de su zapatería de lujo, en*
> *actitud estatuaria y de fingido tedio e indiferencia, presen-*
> *ciaba aquel vivo y animado tumulto,...* (p. 182).
> *Apolonio hubiera abrazado a Novillo; pero no quería*
> *descomponer la majestad de la figura* (p. 191).

'Agitación'

> *Cualquier cosa le agitaba. Se enternecía por fútiles*
> *motivos hasta las lágrimas. Todo lo tomaba a pecho. Por*
> *manera espontánea, se producía con exuberancia y énfasis*
> (p. 142).

134

'Ofuscación'

> *Apolonio paseaba, nervioso y tremante, zapatería arriba, zapatería abajo, erguida la cresta, amenazador, contingente, transido de funesta cólera* (p. 204).

'Extroversión'

> *Apolonio contaba con una buena parroquia. Pero no le interesaba tener parroquia. Lo que él quería era tener público, gente que le escuchase, que le celebrase y aun que le rebatiese* (p. 182).

La relación entre el narrador y los zapateros resulta patente. Los zapateros encarnan, en su personalidad, en su carácter, no en el hecho de que se consideren filósofo y dramaturgo, las dos formas de conocimiento que don Amaranto había infundido en el narrador-personaje. Es decir, el interés del narrador por Belarmino y Apolonio es más bien genérico, porque ilustran formas de conocimiento, no porque su drama individual sea atractivo (que también podría serlo); pero, si la historia de Belarmino y Apolonio es anecdótica, desde la perspectiva del narrador, no lo es su personalidad individual, su humanidad, pues es ésta precisamente la que confiere un sentido vivo a lo conceptual y abstracto, como enseguida veremos.

Es evidente que el nombre que se da al rasgo de carácter no define con exactitud la personalidad del personaje. El nombre es aproximado, inestable, fugitivo. Es preciso considerarlo, como hace Barthes con el sema de connotación, como un punto de partida, como una avenida del sentido. El nombre remite a un complejo sinonímico en el que «cada sinónimo agrega a su vecino un nuevo rasgo, un nuevo punto de partida»[8]. 'Introvertido' es la suma de los rasgos diferenciales de cada uno de sus sinónimos, también aplicables a Belarmino: 'ensimismado', 'abstraído', 'distraído', etc. Sólo de esta forma se podría recoger toda la densidad de los caracteres novelescos, que pretenden traducir la complejidad psicológica de las personas.

---

[8] Cfr. Barthes, R., *S/Z,* p. 76.

Belarmino y Apolonio son símbolos del drama y de la filosofía, pero son símbolos humanísimos; no son tipos, ni modelos abstractos; son personajes simbólicos o, mejor, personajes y símbolos simultáneamente: es decir, lo general (lo simbolizado) se presenta como inherente a lo particular (lo simbolizante), de manera que sea posible apreciar «su fuerza e importancia sin abandonar el plano de los pormenores» produciendo, a través de la literatura, «una unidad o armonía orgánica raras veces encontrada en el mundo: una fusión de lo concreto y de lo abstracto, de la apariencia y de la realidad, de la forma y del significado»[9].

Y es aquí donde se evidencia la unidad y el plurisentido de la novela de Pérez de Ayala, en la imbricación de lo simbólico (que asume los «métodos» del narrador, la filosofía y el drama como formas de conocimiento) con lo «novelesco» (la historia de Pedro y Angustias, que responde a la curiosidad del narrador por los dramas individuales), y aun con lo social (el mundo jerarquizado en que se mueven los protagonistas). Belarmino y Apolonio no tendrían fuerza simbólica literaria sin su «humanidad», que sólo se pone de manifiesto por su participación en el drama individual; y Pedro y Angustias no dejarían de constituir un caso típico de amantes separados por la intransigencia familiar y social, si no fueran hijos de los dos personajes simbólicos.

4. Hay aún otros factores que, sin ser contrarios a la unidad, refuerzan la polivalencia. Destaca entre ellos el punto de vista. Un tratamiento pormenorizado de este aspecto se sale de los límites que hemos impuesto a nuestro trabajo. No queremos terminarlo, sin embargo, sin una breve consideración.

En el final de la novela, *sub specie aeterni,* Belarmino y Apolonio deponen sus sentimientos hostiles, sin abandonar la filosofía uno, ni el drama el otro. Todos los personajes que implicaban oposición han desaparecido; Pedro y Angustias han vuelto a encontrarse. No eran la filosofía y el drama las causas del enfrentamiento:

> *–Nunca te he despreciado –murmura suavemente Be-*
> *larmino.*

---

[9] Cfr. Culler, J., op. cit., pp. 323-324.

> *Es la primera vez que se hablan, y se tratan de tú con*
> *espontaneidad, porque en el misterio del pecho eran íntimos*
> *el uno del otro desde hace muchos años.*
> *—Yo te admiraba y te envidiaba —confiesa Apolonio con*
> *rubor.*
> *—Yo también te he tenido envidia —declara Belarmino*
> *con franqueza.*
> *—Eres como mi otra mitad.*
> *—Sí, y tú mi otro testaferro (Testaferro: hemisferio).*
> *—Ya estamos unidos. Qué dramas voy a escribir ahora.*
> *Tú serás mi inspirador, como Sócrates lo fue de Sófocles; al*
> *menos, Valeiro así me lo aseguraba* (p. 300).

Si la oposición de Belarmino y Apolonio derivase de sus caracteres de dramaturgo y filósofo, no se habría superado. Precisamente el final de la obra muestra con evidencia los caracteres de Belarmino y Apolonio, ya reconciliados:

> *Belarmino va andando, como siempre: con la cabeza*
> *baja, sonriente y ensimismado en su mundo interior. Apolo-*
> *nio, como siempre, ya desde su juventud, anda híspido,*
> *enhiesto el cráneo, con lentitud y prestancia pontificiales* (p.
> 302).

La oposición de drama y filosofía es muy relativa; depende, precisamente, del punto de vista. El narrador asume la pluralidad de perspectivas:

> *Para don Amaranto, el dramaturgo es el que penetra en*
> *el drama individual; y el filósofo, el que se aleja de él. Para*
> *Escobar, el que penetra en el drama es el filósofo, y el*
> *dramaturgo el que permanece a distancia. ¡Desconcertante*
> *disparidad y contraposición de los humanos pareceres! La*
> *doctrina de don Amaranto es refutable, y no menos defen-*
> *dible; y otro tanto la de Escobar. Y en resolución, todas las*
> *opiniones humanas* (p. 308).

Consecuentemente, los conceptos de drama y filosofía no pueden iluminar unívocamente el carácter de los personajes, porque los conceptos son relativos y ambiguos. Según la perspectiva que adoptemos, la de don Amaranto o la de Escobar, podremos profundizar, en uno u otro sentido, en el carácter de Belarmino y Apolonio. Si todas las perspectivas fueran posibles simultáneamente, Belarmino y Apolonio se confundirían: serían ambos dramaturgo y filósofo conjuntamente. De ahí el final, *sub specie aeterni,* que tiene el mismo sentido que el final del cuento de Borges, *Los teólogos,* que no nos resistimos a reproducir:

> *El final de la historia sólo es referible en metáforas, ya que pasa en el reino de los cielos, donde no hay tiempo. Tal vez cabría decir que Aureliano conversó con Dios y que Este se interesa tan poco por diferencias religiosas que lo tomó por Juan de Panonia. Ello, sin embargo, insinuaría una confusión de la mente divina. Más correcto es decir que en el paraíso, Aureliano supo que para la insondable divinidad, él y Juan de Panonia (el ortodoxo y el hereje, el aborrecedor y el aborrecido, el acusador y la víctima) formaban una sola persona* [10].

[10] En *Obras completas,* ed. Ultramar, Buenos Aires, 1974, p. 556.

PLANOS ESTRUCTURALES EN LUNA DE MIEL, LUNA DE HIEL Y LOS TRABAJOS DE URBANO Y SIMONA

Alberto Alvarez San Agustín

INTRODUCCION

El concepto de texto está hoy en el centro de las preocupaciones de los estudiosos de la lingüística y la literatura. Queda atrás una etapa fructífera ocupada del análisis de la frase que se ha caracterizado por el afán de exhaustividad, por el rigor en las descripciones y por la minuciosa atención a los más mínimos detalles, de lo que se han beneficiado los estudios de sintaxis y semántica preferentemente.

La lingüística de la frase, sin embargo, no parece responder al cúmulo de preguntas planteadas. E. Benveniste[1], en un artículo de gran transcendencia, sugirió la necesidad de ampliar los límites de las investigaciones. El *texto* y no la *frase* debería de ser el campo de actuación en el que los estudiosos centraran sus esfuerzos.

El reto de Benveniste ha dado lugar a una respuesta generosa de lingüistas y semiólogos que se han preocupado de analizar y definir lo que entienden por un *texto*. Así J. Kristeva[2] lo considera «...comme un appareil translinguistique que redistribue l'ordre de la langue, en mettant en relation une parole communicative visant l'information directe, avec différents types d'énoncés antérieurs ou synchroniques». Por su parte, y en un artículo titulado «La lingüística del discurso», R. Barthes[3] destaca que un texto es «Toute étendue

---

[1] Benveniste, E., «Sémiologie de la langue», en *Semiótica,* I, pp. 1-12 y II, pp. 127-35.

[2] Kristeva, J., *Semeiotiké,* Seuil, París, 1969, p. 113.

[3] Barthes, R., «La linguistique du discours», en *Sign, Langage, Culture,* éd. A. J. Greimas, Mouton, La Haye, 1970, p. 581.

finie de parole, unifiée du point de vue du contenu, émise et structurée à des fins de communication secondaire, culturalisée par des facteurs outres que ceux de la langue.» Y, para terminar, recordemos la definición de I. Lotman[4], uno de los más conocidos miembros de la Escuela de Tartu. El texto es para él un «Champ structurel duel qui est fait de tendances à la réalisation de règles et à leur trangression.»

Todas estas tomas de posición ponen de relieve algunos de los aspectos más destacables de los que se deberá ocupar el análisis textual. J. Kristeva tiene muy presente el concepto de *dialogismo* (toda palabra lleva en sí la marca de los usos en que ha intervenido desde siempre) de M. Bakhtine[5], para poner las bases de lo que llama *intertextualidad:* «la suma de discursos», «el mosaico de citas», que conforman cualquier nuevo texto. I. Lotman se ocupa más del texto entendido como estructura, mientras que R. Barthes incide más en los problemas que plantea la *connotación* y la *lectura plural.* Precisamente en un estudio sobre *Sarrasine* de Balzac[6], publicado el mismo año que el artículo antes citado, ha hecho una distinción fundamental entre los *textos escribibles:* «Lo novelesco sin la novela, la poesía sin el poema, el ensayo sin la disertación, es decir, un presente perpetuo sobre el que no puede plantearse ninguna palabra consecuente», y los *textos legibles* que «son productos (no producciones) que forman la enorme masa de nuestra literatura.»

El análisis de los *textos legibles* muestra que pueden ser más o menos plurales. Algunos presentan redes infinitas de significación, admiten la reversibilidad, el juego de las mil interpretaciones: pensamos en obras como *Rayuela* de J. Cortázar, el *Ulises* de J. Joyce o *El jardín de senderos que se bifurcan* de J. L. Borges. Otros, en cambio, ven limitado su plural. A medida que avanzamos en su lectura se van reduciendo las posibilidades de interpretación. Se presenta una trama coherente y sin fisuras ni ambigüedades, los personajes están perfectamente caracterizados, hay narradores que

4 Lotman, I., *Structure du texte artistique*, Gallimard, Paris, 1973, p. 410.
5 Bakhtine, M., *La poétique de Dostoievski*, Seuil, París, 1970, passim.
6 Barthes, R., *S/Z*, Seuil, París, 1970. Citamos por la traducción española de Nicolás Rosa, Siglo XXI de España Editores, Madrid, 1980, pp. 2-3.

traducen e interpretan los acontecimientos, dejando escaso margen para la libre iniciativa de los lectores.

Esta peculiaridad de los textos hace que se planteen dos modos fundamentales de aproximación a su estudio. Se los puede considerar tanto *espacios cerrados, autosuficientes:* estudio de la estructura, en cuanto red de dependencias internas, como *espacios abiertos, plurales:* proyección hacia lo intertextual, lo connotativo y lo paragramático.

Teniendo en cuenta estas ideas referidas al concepto de texto vamos a analizar dos novelas de Ramón Pérez de Ayala, *Luna de miel, luna de hiel* y *Los trabajos de Urbano y Simona*[7]. Aunque fueron publicadas, quizá por razones editoriales, separadamente constituyen una sola obra que recoge numerosos textos mínimos: sentencias, refranes, adagios. Observemos también la huella de algunos relatos mitológicos y de diferentes obras literarias. Todos estos elementos se transforman en el interior del texto y contribuyen a formar una intriga fundamental presidida por una intención muy precisa del autor que quiere manifestar lo que piensa de la vivencia del amor.

1. *El discurso sentencioso*

Difíciles son de establecer los rasgos específicos que separan a la *sentencia* de otras manifestaciones como el *proverbio,* el *refrán* o el *adagio.* El DRAE define la *sentencia* como «dictamen o parecer que uno tiene o sigue», y también como «dicho grave que encierra doctrina o moralidad». Frente a ésta, el *refrán* se presenta como dicho agudo y sentenciosos de uso común, el *apotegma* destaca la brevedad y el *adagio* la brevedad igualmente y su finalidad moral.

No es nuestro propósito profundizar en las diferencias que separan unas manifestaciones de otras, sino constatar que tienen algo en común. Con el nombre de *discurso sentencioso* nos referimos, pues, a estas «formas de sabiduría» que se expresan de las maneras más variadas.

---

[7] Manejamos el texto titulado *Las novelas de Urbano y Simona,* que recoge ambas novelas y un prólogo de Andrés Amorós, Alianza Editorial, Madrid, 1969.

Todo el texto de *Las novelas de Urbano y Simona* está salpicado de máximas, sentencias, apotegmas, etc. Algunas son muy generales y se refieren a todo tipo de cuestiones, otras, más particulares, afectan a situaciones concretas en las que están inmersos los personajes.

Llaman la atención algunas *expresiones latinas:* Nihil novum sub sole 71, Maxima debetur pueris reverentia 43; *citas de autoridades de todos los tiempos:* Omnia munda mundis (San Pablo) 82, La mujer es un dulce amargo (Aquiles Tacio) 79, Mulier, cum sola cogitat, male cogitat (Publibio Siro) 83, Los mortales somos juguetes de los dioses (Platón) 141; *aforismos:* Para esto de volver los espíritus no hay como dar a goler un zapato viejo 153; Usese también en tales apuros y sofocos (cuando se pierde el conocimiento), vinagre, con perdón, en los pulsos y en las sienes y para agoler por la nariz 153. Encontramos *sentencias referidas a la mujer:* La mujer es una fuerza incontrastable, una energía cósmica 25; La mujer desconfiada no es mujer ni es nada 222; La mujer aprensiva no vive ni deja que otra viva 223; La mujer decente ha de llegar al matrimonio inmaculada, una azucena 26; La mujer como es debido tendrá siempre ocupadas las manos para que la cabeza esté desocupada, pues en cuanto huelga la mano, el seso trabaja y se consume 83. También merece la pena destacar las referidas al *amor:* El amor es una cosa enigmática y dolorosa 83; El amor es una cosa trágica y grotesca; El amor es como los explosivos, no se puede calcular 194.

Seleccionamos, finalmente, algunas *máximas referidas a asuntos varios:* El deseo suele ser padre del pensamiento 128; La agudeza vence siempre a la rectitud en todo 102; Lo natural es siempre lo más fácil 76; La naturaleza es enigmática 116; *incitaciones a obrar de una determinada manera:* Abrázate recio con la vida y con el amor 118, 132; Abrázate con la vida y con el amor 118; Escucha la voz de la naturaleza 118; y *disuasiones:* No tomes un sentimiento vago por una realidad consumada.

Todas estas *sentencias, máximas* y *adagios* que encontramos en *Las novelas de Urbano y Simona* pueden considerarse otros tantos discursos en cuanto que tienen una autonomía significativa y formal precisa. En este sentido podrían leerse como leemos los *Pensamien-*

144

tos de Pascal o las *Máximas* de La Rochefoucauld, por citar sólo dos ejemplos ilustres.

La composición textual de las novelas, sin embargo, nos impone otra forma de proceder. Efectivamente, las *sentencias* y *máximas* están ahí y pueden verse en su autonomía diferencial, pero no hay que olvidar que forman parte de un texto más amplio que las asume y, en cierta manera, las transforma.

Todas ellas están proferidas por los personajes o por el narrador y, en este sentido, contribuyen a configurar la «personalidad» de los mismos: Así advertimos que doña Micaela sólo ve la *dimensión negativa del hombre:* El hombre se casa hastiado del vicio, contaminado de podre 26; Todos los hombres son unos asquerosos 37; que doña Rosita, la abuela de Simona, ha recibido una *educación muy conservadora:* Desde niña me enseñaron que la educación consiste precisamente en oponerse, y cuando no, en sobreponerse a la naturaleza 81; El pudor de la casada le impone silencio en estas materias (respecto a los hijos); que don Leoncio *mitifica a la madre:* La vida sería intolerable sin el santo recuerdo de la madre 27; Las madres tienen siempre razón 71; que don Cástulo es un *gran erudito, conocedor de los clásicos griegos y latinos:* En sus primeras conversaciones con doña Rosita, cuando llega al Collado en compañía de Urbano, hace gala de una erudición apabullante con citas de Quintiliano: Minus afficit sensus fatigatio quam cogitatio 112, de Ovidio: Mulier cupido quod dicit amanti, in vento et rapida scribere aqua 113, y otras de Sófocles y Eurípides.

El estudio de estas «formas de la sabiduría» permite un primer análisis de los personajes de *Los trabajos de Urbano y Simona,* de algunos rasgos que los definen: *conservadurismo, misoginia, amor a la madre,* y se marca una neta distinción entre don Cástulo que maneja preferentemente las sentencias y máximas cultas y los demás personajes más dados a los proverbios y a los refranes populares: Hablar de años, conversación de arrieros 79, responde doña Rosita a don Cástulo cuando le pregunta la edad; también doña Micaela muestra su *desprecio por su marido* mediante un refrán: «No se hizo la miel... para la boca del asno 26, y su *energía para encarar las dificultades:* Agua pasada no mueve molino 197, tras la ruina de la economía familiar.

2. El discurso mítico

Los estudiosos de los mitos mantienen teorías muy dispares respecto a los orígenes de estas manifestaciones narrativas. Se ha discutido mucho sobre si son los ritos antiguos, los acontecimientos históricos o incluso el lenguaje quienes lo producen, pero todos están de acuerdo en que, sean cuales sean los fundamentos, el mito expresa una profunda verdad que hace inteligible el mundo y tranquiliza al hombre al hacerle comprender sus posibilidades y su destino.

Con el transcurso del tiempo los mitos se fueron convirtiendo en literatura que, a su vez, produce nuevas manifestaciones míticas: el don Juan de Tirso, don Quijote y Sancho, etc. Los escritores contemporáneos recurren constantemente a los mitos antiguos y modernos para hacer más denso el tejido de sus producciones[8].

Ramón Pérez de Ayala no podía permanecer ajeno a esta forma de proceder. En *Las novelas de Urbano y Simona,* y también en sus demás producciones literarias, abundan las alusiones mitológicas, la referencia a obras y personajes clásicos y modernos, y el eco de los cuentos de hadas y de la novela de aventuras.

Encontramos diferentes citas referidas a los *dioses míticos:* «Aquella sobremanera fue... un suceso al parecer cotidiano, sino que *el Destino* (subrayado nuestro), que se hallaba presente e invisible, volcó el cubilete de los dados fatales» 21; «Este miserable aposento de mesón es el templo suntuoso de *Eros inmortal»* 258; a *Dafnis y Cloe:* «...eran dos pastorcillos, lastimados de mutuo y ardiente amor, que vivían a solas, devaneando y triscando a lo largo del día por bosques y praderas» 24; a *La Odisea:* «Me convertirás en cerdo, si te lo propones, como la encantadora Kirke a los compañeros de Odysseus» 226; y al *estilo* tan peculiar de los clásicos griegos: «Venerable anciana, bienquista de los dioses, quienes te han gratificado con la dicha de conservarte en la posesión del amable cuerpo mortal hasta la plenitud de tus días y verte florecer por tres veces en tres generaciones rubicundas y joviales» 231. En lo que respecta a *La Biblia* en

---

[8] Recordemos el *Ulysses* de J. Joyce, el *Thesée* de A. Gide, la *Antigone* de Anouilh. Entre los españoles merece la pena citar el *Abel Sánchez* (recreación del mito bíblico de Caín y Abel), y los símbolos míticos lorquianos: la luna, el caballo, la navaja.

diversas oportunidades se alude a «la inocencia de Adán y Eva en el paraíso», pp. 21, 23, 198; al árbol de la ciencia del Bien y del Mal 198; y se exalta la maternidad: «Representas la efigie de la perfecta maternidad. El humo azul y plateado del hogar te circunda como una aureola» 233.

Es evidente que, como en el caso de las *máximas, sentencias* y *adagios* que veíamos en el anterior apartado, podemos leer estas *citas y alusiones míticas y literarias* como fragmentos autónomos. Igual que aquéllas, éstas se caracterizan por su perfecta construcción y armonía interna. Por otra parte, cabe analizar la articulación de estas citas y alusiones en la unidad estructural de las novelas. Finalmente, la lectura tabular interrelaciona el texto ayalino y el TEXTO MITICO (el conjunto de textos citados), y permite la interpretación simbólica.

Las citas y alusiones literarias, al articularse en el texto de la obra, pierden (o, al menos, dislocan) su sentido originario, y producen diferentes efectos. Algunas sirven para destacar la *ignorancia de determinados personajes* y *dejarlos en evidencia:* Así ocurre, por ejemplo, la primera vez que don Cástulo se ocupa de Dafnis y Cloe. Sonriendo, doña Micaela, puntualiza: –*¿Da finis sicloen?* (cursiva en el original). Mira, Cástulo, déjanos ahora de latinajos. Otras veces *acentúan el ridículo y convierten en grotesca una situación:* Este es el caso de don Cástulo que, para pedir la mano de Conchona, se dirige a su madre con las palabras: «Venerable anciana, bienquista de los dioses...» Esta forma de hablar ininteligible para los ignorantes padres de Conchona hace que la misma tenga que intervenir: «Quier decise, hablando en cristiano, que el señorín cásase conmigo 232». El contraste se produce también cuando el mismo don Cástulo compara la casa en la que vive con Conchona al templo de Eros inmortal. El contraste entre la pobre casucha y el templo de Eros queda reforzado por el brusco cambio de registro lingüístico: «Te presento –le dice a Urbano– a mi esposa Concha Carruégano, unida a mí por la ligadura inconsútil del connubio, desde ayer mañana. Te he llamado, ¡oh discípulo amadísimo!, para que tú, antes que nadie, seas testigo de mi felicidad. Estoy ebrio. Conchita me embriaga. Es un *tonel* (subrayado nuestro) del que fluye inagotable el licor del amor 238.

En lo que concierne a la lectura tabular es preciso decir que el sentido de la *pureza original,* que toma forma en el mito bíblico de Adán y Eva, se transfiere simbólicamente a Urbano y Simona en cuanto que se relaciona a éstos con aquéllos en diferentes ocurrencias textuales. El sentido profundo del mito se actualiza y concreta en la realidad argumental de la novela. Las relaciones de Urbano y Simona, que parecen inverosímiles por las circunstancias que las rodean, cobran así un sentido mítico.

La mayoría de las citas y alusiones literarias son proferidas –lo mismo que las sentencias cultas– por don Cástulo y, en consecuencia, lo caracterizan muy marcadamente. El idealismo de este personaje recuerda al ingenioso hidalgo don Quijote. Como éste, todo lo transforma: la madre de Conchona es una venerable anciana clásica, la casa donde vive la morada de Eros. Incluso algunas de las correcciones lingüísticas a gentes menos doctas, recuerdan las de don Quijote a Sancho. Cuando uno de los personajes –al que llaman el del bocio– revela que doña Victoria, la madre de Simona, ha consumido su hacienda en «el país del Monicaco», es corregido por otro –el de la erisipela–: «No monicaco, sino Monago; no seas zote», don Cástulo tiene la necesidad de «desfacer el entuerto»: «–Mónaco –concluyó don Cástulo abismado en sus cogitaciones, sin cuidarse del asentimiento de los otros dos» 156.

La historia de amor de don Cástulo y Conchona es un eco de los cuentos de hadas, la boda de la pobre sirvienta con un hombre de un estamento superior. El mismo don Cástulo establece una conexión entre los mitos, los cuentos de viejas, la historia de Urbano y Simona y la suya propia y de Conchona: «Os reís de la tragedia, como os reís de la mitología. Los mitos los juzgáis inverosímiles y los calificáis de cuentos de viejas. ...Si supiérais de Antígona, diríais que no es verosímil, y que por lo tanto no existió. Si supiérais de Micaela, de Urbano, de Simona, diríais que no existen... Yo, el más inverosímil de todos... Determino casarme cuanto antes... Una criatura ideal, aunque criada de servir. ¿Inverosímil? Los cuentos de hadas y las historias abundan en ejemplos de princesas desgraciadas e ilustres fregonas» 183.

La historia de la prisión de Simona es también un eco de los cuentos de hadas, mezclado con la novela de aventuras. En ella se encuentran todos los motivos propios del género: la casa misteriosa, los temibles y repugnantes guardianes –las siete hermanas del clérigo Muñiz–, el seductor –Pentámetro–, las visitas nocturnas, etc.

Hemos tratado de poner de relieve en este apartado algunas alusiones míticas y literarias, el eco de las obras, la influencia de personajes, en fin, que están en la base de las novelas. Todas contribuyen a que la lectura se pueda hacer más densa, más fructífera, a que alcance más virtuosidades de sentido.

3. *El discurso descriptivo*

G. Genette[9] ha deslindado con claridad los límites de la narración y la descripción: «...la narración restituye, en la sucesión temporal de su discurso, la sucesión igualmente temporal de los acontecimientos, en tanto que la descripción debe modelar dentro de la sucesión la representación de objetos simultáneos y yuxtapuestos en el espacio.»

Esto significa que el texto literario no sólo puede asumir y transformar en su interior otros textos. Tiene la capacidad de remitir a sí mismo, a menciones más o menos alejadas en el espacio textual. *Las novelas de Urbano y Simona* no sólo están constituidas por microtextos: Sentencias, aforismos, etc., y alusiones literarias. Mediante el juego anafórico y catafórico[10] va paso a paso configurando un ambiente, un escenario, unos personajes mejor o peor definidos.

Destaca la descripción de *espacios abiertos:* «La plaza del mercado: un gran espacio cuadrangular, entre caducas y claudicantes casitas con soportales, que a las horas antemeridianas se colmaba con el aflujo de la aldea, en un ancho hervidero de colores, olores y clamores, los más nimios y acres; toda suerte de carmines, cinabrios, veroneses y gualgas, de las frutas y las hortalizas,...» 32. En diferentes oportunidades describe la finca El Collado, de Regium: «...de área muy extensa, estaba ceñida de un muro almenado, a modo de adarve. Dentro del recinto, a más de parques y jardines, había anchos huertos de legumbres, con linderos de frutales varios, poma-

---

9 Genette, G., «Fronteras del relato», en *Análisis estructural del relato*. Tiempo contemporáneo, Buenos Aires, 1970, p. 201.

10 Lonzi, L., «Anaphore et récit», en *Communications* 16, pp. 133-142.

radas, praderíos donde pastaba un gran rebaño de vacas berrendas, gallineros, conejeras, colmenares» 49. Y muchas páginas más adelante vuelve a referirse a esta finca de la familia Cea: «En torno al palacio –palacio podía llamarse la casa– un parque como un bosque; por fuera del bosque, praderas, huertos, pomaradas y toda especie de árboles de fruto, maizales, sembrados de centeno» 211.

También dedica atención a *espacios cerrados*. Así ve el despacho de don Hermógenes Palomo: «El aposento contenía escasos y mediocres muebles; media docena de sillas de nogal, tapizadas en satén rojo; una estantería donde yacían en abandono empolvados librotes; una mesa de despacho, desaseada» 195.

Estas descripciones concretas tienen una funcionalidad referencial, quieren dar la *sensación de realidad* y, en este sentido, se podría decir que son insignificantes (que no significan).

Pero, simultáneamente, cumplen un importante papel en cuanto que califican, aunque sea indirectamente, a los personajes que se mueven en ese medio. Así, por ejemplo, la descripción del mercado de Pilares, que excita la sensualidad de los sentidos, hace que destaque fuertemente un personaje que ha crecido y ha vivido allí, la Micaela-niña que se abstrae del mundo variopinto que la rodea y se concentra en sí misma: «...no había nacido para dejarse formar por la realidad circundante ni arrastrar por el flujo de la vida, antes para corregir y encauzar la realidad próxima y el caudal de la vida que le había caído en suerte, dentro de sí y en torno suyo» 32.

En lo que respecta a la habitación de don Hermógenes Palomo, el desorden, la suciedad, el abandono de los libros, son indicio y calificativo del clérigo al que doña Micaela recurre para tramitar la separación de Urbano y Simona.

Al mismo tiempo que de los lugares y los objetos, el narrador se ocupa de los personajes. Numerosos son los que aparecen en la novela y pertenecientes a todas las clases sociales.

De algunos se nos dan muy pocos datos: el criado y la cocinera de doña Micaela, la criada «tripuda» de don Hermógenes, el almacenista Antidio Velasco, dueño del almacén de paquetería que da trabajo a don Leoncio, los estrafalarios sujetos –el de la erisipela, el del bocio– que comunican el deshaucio a los habitantes de El Collado, etc.

El autor aprovecha el motivo del viaje para presentarnos determinados ambientes. Urbano, desde la ventanilla de la diligencia, ve «una calle pobre, a la salida del pueblo. Las vecinas, apenas vestidas de sucios harapos, estaban sentadas en silletas bajas, por fuera de las casucas. Una moza en corsé, busto y brazos al aire, se peinaba en la calle, mirándose en un trozo de espejo que tenía sobre el enfaldo y mojando el escarpidor en una jofaina lañada que yacía en tierra» 60-61. Don Cástulo, en el viaje de regreso a Pilares, tras la muerte de doña Rosita, se dirige mentalmente a sus compañeros de coche: «Vosotros, gentecilla miserable y plebeya, que viajáis con nosotros en este vehículo infernal; tú, el que estás junto a la portezuela, con tu cabeza lanuda y desaseada, ...tú, la señora gorda de al lado, con cara de abad, ...» 182.

En general, se da una neta separación entre las clases sociales. Los ricos, los de arriba, desprecian o, al menos, no tienen en consideración a los de abajo, los pobres. La misma doña Rosita, uno de los personajes mejor tratados por el autor, se dirige con excesiva dureza a la criada Conchona: «¡Borrica!... Afuera al instante, o te despido a latigazos. Y no vuelvas a poner los pies en esta habitación» 85, cuando ésta se ha permitido, sin que nadie se lo mandara, limpiar el polvo del traje de don Cástulo. La rivalidad se da, incluso, entre los mismos ricos, entre los aristócratas y los burgueses. La prueba fehaciente la facilita el comentario de la aristócrata doña Encomienda, cuando se entera de la ruina de don Leoncio y doña Micaela: «Eran gentecilla en sus orígenes, de nuevo son lo que fueron; del cieno brotaron, en el cieno se anegan; para mí se acabaron» 190.

Los principales personajes de la historia están tratados con gran detalle. Ya en la primera página, y utilizando un procedimiento muy habitual en él como es el situarlos en torno a una mesa, presenta el autor a algunos más destacados.

De doña Micaela, y mediante la sinécdoque, da a conocer algunos *rasgos físicos:* «piel ahumada y color cordobán, ojos atrincherados, duros y alerta», la *edad:* «por filo de los cuarenta y cinco», su *indumentaria:* «vestida con peinador blanco, bastante destocada, pelo suelto», su salud: «padecía de jaquecas, de sofocos».

También de don Leoncio se precisan sus *rasgos físicos:* «testa rapada, rostro oliváceo», y parece sugerirse la *actitud de dependen-*

cia en que se encuentra respecto a su mujer: «cabeza de hugonote vencido, actitud de resignación».

La primera vez que habla de Urbano destaca su *juventud,* su *voluminosa cabeza,* su *fisonomía aniñada,* su *timidez,* como los rasgos más sobresalientes que lo definen.

A medida que progresa la narración se nos van dando nuevos datos sobre estos mismos personajes y de los que va surgiendo; la viuda de Cea, Simona, doña Encomienda, etc.

Pérez de Ayala se sirve de expresiones dialectales típicas para dar consistencia realista a algunos personajes. Los «deliriaba», «entodavía», «Joasús», «Quier decire», de Conchona; los «trujo», frescachona», «marcháronse», etc., del Remellao, y tantos otros puestos en boca del estamento más humilde.

Al mismo tiempo parece que, sobre este fondo realista, edifica una farsa caricaturesca. Roza los límites de lo inverosímil que Urbano y Simona llegan al matrimonio sin saber nada de la sexualidad, que Urbano no distinga un potro de una potra a los veinte años, que Simona crea que va a tener un hijo tras la visión de «la nubecilla convertida en arcángel», entre otras.

Algunas comparaciones, en las que se advierte el eco del movimiento ultraísta, contribuyen a este efecto de caricatura e irrealidad. Así ve a algunos personajes el día de la boda de Urbano y Simona: «Doña Micaela llevaba a la cabeza unos plumachos negros, que a ratos sacudía con majestad como *caballo de funeraria.* Agitábase la viuda de Cea, pomposa, minúscula y automática, comparable con una *muñeca de caja de música.* Doña Rosita era como una *imagen con arreos de procesión;* (subrayados nuestros)» 58.

La descripción alcanza muchas veces valor connotativo. La presentación minuciosa y detallada de la finca de los Cea connota, aunque no lo exprese directamente, la riqueza de los pobladores de El Collado. E incluso podría simbolizar la «tierra prometida». Algunas expresiones referidas a Micaela: «Abarcó de golpe el idílico recinto», «Se le antojó torrente de dulcísima leche» (eco de la tierra bíblica que mana leche y miel) 49, parecen sugerirlo.

Múltiples son los fragmentos en los que el signo «se espesa» (en la acepción de R. Barthes). Así, en la petición de la mano de Simona, don Leoncio siente curiosidad por una miniatura que luce doña

Rosita del retrato de una joven. La anciana, dándose cuenta del hecho, sugiere a don Leoncio que trate de adivinar de quién se trata. Este apunta nombres: Ella misma de joven, Simona... No consigue acertar. Se trata de la abuela de doña Rosita. Esta identificación abuela/nieta/bisnieta, esta inmutabilidad a lo largo de las generaciones, ¿no querrá simbolizar la rigidez de las costumbres, el anquilosamiento y la falta de imaginación de la familia Cea, y por extensión, de todo el grupo social que representa?

Consideremos otro ejemplo significativo. En un momento dado del viaje de novios dice Urbano a Simona: «...los siete caballos que llevamos son ciegos y todos tienen más de veinte años. Como han hecho el mismo viaje miles de veces saben el camino de memoria, toman las curvas sin que los guíen y paran donde tienen que parar» 64. La ceguera de los caballos simboliza, sin duda, la propia ceguera de los recién casados que nada conocen del amor, y la de aquéllos que los han «conducido maquinalmente» hacia el matrimonio.

Destaquemos para terminar que las características *físicas, vestimentarias,* etc., tienen mucho que ver con la «personalidad» de los personajes. En general la *delgadez,* la *rugosidad,* lo *negro* (que simbolizan la cultura convencional) se oponen a la *gordura,* lo *terso,* lo *claro* (que simbolizan la naturaleza).

4. *La dimensión narrativa*

R. Wells[11] habla de dos tipos principales de organización estructural: la *universal* y la *orgánica.* La primera, más abierta, presenta una recurrencia, o repetición, de entidades o propiedades equivalentes (no necesariamente idénticas), mientras que la segunda, más cerrada, hace referencia a un todo compuesto de partes de tal modo interrelacionadas que no se puede quitar una sin destruir el todo.

El texto de las novelas de Urbano y Simona tiene una estructura orgánica narrativa: presenta una serie de acontecimientos de interés humano que comprometen a determinados personajes.

Ahora bien, hay que decir enseguida que el relato no aparece en

[11]   Wells, R., «Is a Structural Treatment of Meaning Possible?, *Proceeding of the Eight International Congress of Linguists,* Oslo University Press, 1958.

estado puro, no plantea inmediatamente un problema y su solución. Este relato aparece difuminado, enmascarado en el texto global, mediatizado por otros tipos de discurso como la descripción, las valoraciones, las sentencias, etc., de los que nos hemos ido ocupando en los apartados precedentes.

La lectura detenida y minuciosa nos permite ir destacando los principales núcleos y expansiones de las *secuencias*[12], así como los papeles actanciales que cumplen los personajes[13]. La operación de leer va creando una serie de expectativas, abre caminos, va trazando las marcas de la historia que se cuenta.

El título de la primera de estas obras: *Luna de miel, luna de hiel* aparece ya como un significante potencial. El juego metafórico contiene en sí el germen del desarrollo narrativo (dulzura/amargura, alegría/tristeza), que se irá concretando a medida que la narración avance. La obra está dividida en dos partes tituladas respectivamente «Cuarto menguante» y «Cuarto creciente», en consonancia con el título general, referido a luna. Se marca el contraste entre los términos «menguante» y «creciente» que preludia la transformación narrativa.

Las primeras palabras directas de un personaje las pone el autor en boca de doña Micaela: «Todos, *nemine discrepante* (cursiva en el original), ¿no se dice así, Cástulo?, anhelamos que la boda se celebre lo más pronto posible. Hemos pedido ya la mano de Simona. Los chicos no pueden vivir más tiempo el uno sin el otro. Son dos ángeles purísimos. Será un matrimonio ideal», anuncian ya lo constituirá el momento culminante de esta primera parte: la boda de Urbano y Simona.

Lo más destacable de este proyecto de matrimonio son las especiales circunstancias que concurren en los contrayentes. Las palabras de doña Micaela: «Son dos ángeles purísimos. A ninguno le ha rozado el ala un mal pensamiento. Será un matrimonio ideal», no constituyen un elogio gratuito de los novios. Tienen un fundamento

---

[12] Consideramos la *secuencia* como un conjunto de situaciones y acciones que constituyen una historia independiente.

[13] Entendemos el concepto de *actante* en el sentido que le da A. J. Greimas. Vid. *Semántica estructural*, Gredos, Madrid, 1971. Traducción de la original francesa de 1966.

más real de lo que podía parecer a primera vista. En efecto, tanto Urbano como Simona han recibido una educación especialísima. A ambos se les ha evitado un pleno contacto con las realidades de la vida y desconocen todo lo referente a la sexualidad.

Doña Micaela se presenta como *actante-destinador:* patrocina la idea de la boda y quiere imponerla a toda costa. Se siente orgullosa de que Urbano y Simona sean tan inocentes como «Adán y Eva en el paraíso». «Segura estoy –dice– que los dejaríamos en un jardín, por su cuenta, y no sucedería nada malo.»

Esta es precisamente la razón que aduce don Leoncio para *oponerse* al matrimonio. Considera una locura que dos jóvenes tan inexpertos en lo tocante al amor contraigan matrimonio.

Don Cástulo parece ser de la misma opinión que don Leoncio. Decimos parece ser porque en ningún momento se define a favor, aunque algunas actitudes y gestos así parecen demostrarlo: «...se agitaba con disimulo en el asiento» 23, «prosiguió con exculpaciones mudas elevando y sacudiendo las manos, y abriendo sus dulces ojuelos». Pero como está totalmente sometido a la voluntad de Micaela acaba por darle la razón diciendo: «El matrimonio, según disponen Dios y asimismo naturaleza, que es obra de Dios, ha de principiar en idilio o luna de miel, como dice el vulgo. Para lo cual no hay sino que los esposos sean inocentes como recién nacidos.» 25. Desempeña, por tanto, el papel de *actante-ayudante.*

Vemos cómo se va configurando la primera secuencia narrativa del texto. El deseo de Micaela de casar a su hijo es secundado por éste, que confía ciegamente en su madre, por don Cástulo que le tiene miedo y sólo contrariado por don Leoncio que juzga imprudente la decisión de su esposa.

El narrador, llegado a este punto, no tiene prisa en completar el desarrollo de la secuencia. Mediante el flash-back se remontará al pasado y nos mostrará la prehistoria de los principales personajes.

Enseguida se nos dan a conocer tres rasgos del carácter de doña Micaela decisivos para la comprensión de la historia. El primero, la *falta de sensualidad:* «...se abstraía de las sensaciones inmediatas, los colores no la deslumbraban, ni el movimiento la enardecía, ni los olores la estimulaban, ni las músicas la enternecían» 33, el segundo, su *puritanismo religioso:* «La religión le demandaba precisamente aquella conducta vigilante e imperativa a que ella aspiraba; no dejarse llevar por la vida, sino gobernar la vida» 35-36, y el tercero la *ambición social:* «Alrededor de los ocho años de edad ya había decidido ser *una señora* (cursiva en el original) y codearse con personajes linajudos y de fuste» 32.

Micaela aparece como el personaje más firmemente dibujado. Se va haciendo muy rigurosa consigo misma y con los demás ya desde muy joven. Su *puritanismo religioso* le hace sentir repugnancia por su madre «una mujer gorda, colorada, todo corazón e instinto», cuando se entera de que no está casada con el hombre que vive con ella, y los fuerza a casarse. Su *falta de sensualidad* le hace fracasar en su matrimonio con don Leoncio, al que no ama: «...escuchó la proposición sin sorpresa ni enojo. Respondió que lo reflexionaría. Su cuerpo insensible y su espíritu severo repugnaban el trato» 39. Esta forma de ser la lleva a educar a su hijo de una manera tan peculiar, aislado de la realidad, sin contacto con la realidad inmediata, para hacer de él un hombre perfecto: «Ella sabía todo lo repugnante de la vida a los ocho años. Su hijo llegaría a casarse sin haber presentido ni menos sabido nada. Sería el primer ejemplar de hombre perfecto» 40.

El deseo que tiene de *prosperar socialmente* la lleva a hacer amistad con algunas familias de renombre. Su amistad con doña Victoria, viuda del capitán Cea, es decisivo. Ambas acuerdan en un momento dado casar a sus hijos, Urbano y Simona, sin contar en absoluto con la opinión de éstos. Es importante subrayar que la propuesta del matrimonio parte de la viuda de Cea: «Urbano y Simona son casi de la misma edad. Si ahora mismo entre nosotras, decidiéramos casarlos algún día...» 45.

Micaela y Victoria persiguen fines bien distintos con este matrimonio. La primera ve en él la realización de su sueño de prosperar socialmente, mientras que la segunda, ladinamente, lo propone para salvar la ruina inminente de su patrimonio. La viuda de Cea, una vez concertado el matrimonio pedía mucho dinero a don Leoncio y éste se lo concedía con escaso interés y sin aval.

El flash-back nos pone al corriente de otros muchos aspectos destacables: las relaciones amorosas de don Leoncio y M.ª Egipciaca Barranco, los detalles de la educación de Urbano, la falta de con-

156

fianza entre don Leoncio y Micaela y entre Victoria y su madre doña Rosita, entre otros.

Cerrado el salto atrás el relato continúa con el breve noviazgo de Urbano y Simona y la petición de mano que tiene lugar en la finca de los Cea. Inmediatamente se celebra el matrimonio y, a partir de ese momento, empieza una dura prueba para el matrimonio. Ni uno ni otro están preparados para la convivencia común. Se muestran llenos de inquietud y zozobra a la que se alude en varias ocurrencias textuales: «Iban con la cabeza gacha, sin mirarse; ella esperando un no sabía qué y él temiendo un no sabía qué» 59. «Al tomar la diligencia se condujeron con tanta zozobra y turbación que los viajeros les miraban con ironía y suspicacia.»

Urbano se muestra desesperado y reniega de la educación que ha recibido: «¡Maldito quien me negó lumbre para la antorcha! Soy un hombre y estoy como un niño perdido entre el bosque y la noche» 68.

La *luna de miel* se convierte en *luna de hiel*. Urbano, en su total perplejidad, deja a Simona y vuelve a la casa de sus padres. Más tarde, acompañado de don Cástulo, se reunirá de nuevo con su esposa en El Collado. Urbano y Simona se quieren, pero no acaban de consumar su matrimonio. Así se cierra esta secuencia narrativa.

Dos acontecimientos importantes van a variar el rumbo del relato. Representan el comienzo de la secuencia final en cuanto que se invierten los papeles actanciales de algunos personajes importantes. Estos acontecimientos son la ruina del negocio de don Leoncio y el embargo de la finca El Collado, de la familia Cea.

Doña Micaela y doña Victoria, sintiéndose mutuamente burladas, tratan de deshacer cada una por su lado el matrimonio de sus hijos, recién celebrado. Doña Micaela acude al Collado y, al conocer que el matrimonio no se ha consumado, lleva consigo a su hijo e inicia los trámites para la separación. Por su parte, la viuda de Cea encierra a su hija, vigilada por las hermanas del cura Muñiz, para que no pueda ser vista por su esposo. De *actantes-destinadores* del porvenir de sus hijos pasan a convertirse en *actantes-oponentes*.

La segunda parte de la obra, la titulada *Los trabajos de Urbano y Simona,* presenta el cambio fundamental de Urbano. Poco a poco se va liberando de la tutela de su madre y empieza a pensar por sí mismo. De *sujeto-pasivo* se convierte en *sujeto activo:* «Ahora sí que se cerraba una etapa de su historia y se iniciaba otra, larga quizás, acaso tediosa, tal vez combativa; pero él iba a ser, y no el designio ajeno, el hacedor de su propia historia. En el atrio del futuro escribía alegremente: *Incipit* (cursiva en el original)» 241.

Toda esta segunda parte se consume en esta lucha de Urbano, ya sabedor de sus obligaciones como esposo, por recuperar a Simona, por librarla de los encierros a los que la somete su madre, cosa que finalmente consigue.

CONCLUSION

El análisis de *Luna de miel, luna de hiel* y *Los trabajos de Urbano y Simona* permite destacar los principales ejes semánticos que están en la base de la manifestación narrativa y textual.

En la primera de estas obras se ponen de relieve los valores de una CULTURA CONVENCIONAL. Doña Micaela es el personaje arquetípico, el que mejor representa esta dimensión. Ya en la primera descripción que hace el narrador de ella la compara con el Dante: «...perfil aguileño y enjuto –muy parecido al del Dante–, con la piel como ahumada y color cordobán, adherida al hueso.» Unas páginas más adelante se vuelve a hablar de la coincidencia entre el escritor italiano y Micaela a propósito de sus actitudes ante la vida: «En lugar de someterse a la realidad, la sometía. Dante definió la naturaleza como un menestral cuya mano tiembla. Aunque ignorante de esta sentencia, doña Micaela era del propio parecer del florentino» 31.

En esta primera parte todos los demás personajes se mueven en torno a Micaela, no tienen autonomía propia. Esta mujer es, como afirma don Cástulo en diferentes ocasiones, una fuerza cósmica, un torbellino que arrastra las voluntades.

En el polo de la CULTURA se articulan diferentes estratos significativos: la *ambición,* el *fanatismo religioso,* la *falta de sensualidad,* el *autoritarismo,* la *tacañería* y el *fingimiento,* entre otros.

En la segunda de las obras predomina la exaltación de la NATURALEZA. Los personajes van recobrando su identidad, dejan de estar sometidos a los dictados de Micaela. Urbano pretende el amor de Simona, pero el amor puro, el AMOR con mayúsculas, que no pretende riquezas, títulos nobiliarios ni nada semejante. Don Leoncio, que ha visto cómo se arruinaba su negocio y se pone a trabajar para otro, se siente liberado y alegre. También don Cástulo encuentra en el amor de Conchona la plenitud que no pudo lograr con sus amores ideales.

En el polo de la NATURALEZA cabe señalar como semas recurrentes el *desprendimiento,* la *generosidad,* la *tolerancia,* el *sentimiento.*

En *Luna de miel, luna de hiel* presenta Pérez de Ayala un medio social: el de la burguesía, el de la aristocracia venida a menos, y unas conductas y costumbres: la educación de los hijos, la vivencia conyugal, la permeabilidad (impermeabilidad) entre los grupos sociales. Es interesante observar el desprecio con que, en ocasiones, los miembros de una clase tratan a los de otra. Hay una especie de jerarquía social inalterable que nadie debe romper. De ahí los jugosos comentarios que suscitan los rumores de la boda de Conchona y don Cástulo y la ruina de don Leoncio.

La segunda parte, *Los trabajos de Urbano y Simona,* muestra la ruptura de ese orden estereotipado: La NATURALEZA puede más.

La frase de don Cástulo, que toma de Rousseau, «Volvamos a la naturaleza» es toda una petición de cambio de vida, de conducta, de cambio, en fin, de una mentalidad caduca.

Dos tipos de producciones manifiestan la atracción que Pérez de Ayala experimentó hacia el teatro:

Dentro del género «ensayo» pueden incluirse los artículos de crítica teatral que durante varios años publicó con ocasión de los estrenos de obras dramáticas de Galdós, Benavente, los hermanos Quintero, etc.

Como obra de creación, en el género dramático, ha quedado de muestra «La revolución sentimental», que el propio autor calificó de *patraña*[1].

A continuación intento relacionar ambas producciones de Pérez de Ayala, concretándome a examinar las características de «La revolución sentimental» a la luz de sus artículos de crítica teatral sobre los estrenos de obras de Benavente. Divido este estudio en dos

---

[1] El término *patraña* significa, según el DRAE, «Mentira o noticia fabulosa, de pura invención». El *Diccionario de uso del español* lo define como «Enredo o embuste; cosa falsa que se cuenta como verdadera; particularmente, cuando la falsedad es muy grande y hay mucha complicación de sucesos «Cfr. RAE, *Diccionario de la Lengua Española,* 19 edición, 1970, y M. Moliner, *Diccionario de uso del español,* Gredos, Madrid, 1975.

La patraña como composición literaria aparece en Italia en el siglo XV: Luis Pulci publica con este nombre de *patrañas* un conjunto de composiciones de aspecto festivo, pero de contenido amargo, que refleja la inquietud de su vida, entre alabanzas y engaños. En España, en el siglo XVI, Juan de Timoneda publicó la primera colección de novelas escritas a imitación de las italianas, con su *Patrañuelo,* conjunto de narraciones breves, que llamó *Patrañas,* y definió como «una fingida traza tan lindamente amplificada y compuesta que parece que trae alguna apariencia de verdad». Aunque se inspiran en las italianas, tienen un lenguaje familiar, para un público sencillo, que espera, más que la tensión dramática, un final feliz. Cfr. González Porto y Bompiani, *Diccionario literario,* T. VII, Montaner y Simón, Barcelona, 1967.

partes: En primer lugar voy a resumir las teorías dramáticas, para llegar después, por medio de un análisis de la patraña, a la confrontación de las teorías expuestas con su realización en la práctica.

Primera parte: *Pérez de Ayala, crítico teatral*[2]

Pérez de Ayala aparece como crítico de Benavente en el estreno de *El collar de estrellas* (4-3-1915). No ataca el arte de comediógrafo de Benavente, entonces acreditado por sus aplaudidos estrenos, sino el utilizar la escena para propagar ideas religiosas. Afirma que Benavente rebaja la calidad artística de su obra al predicar sus ideas a través de los discursos del personaje D. Pablo, ideas que además son estériles porque el personaje sólo predica de palabra y no de obra[3].

Esta misma crítica es incrementada con el estreno de *Ciudad alegre y confiada,* donde lo considera propagandista de ideas políticas. Además niega a esta obra la categoría de dramática, por carecer de sus elementos esenciales: realidad, caracteres, acción y pasión; y termina afirmando su excesivo retoricismo[4].

---

[2] Sigo la edición de *Obras completas,* de R. Pérez de Ayala, publicadas por Aguilar, Madrid (recogidas y ordenadas por J. García de Mercadal) en cuatro volúmenes: I (1964); II (1965); III (1966) y IV (1969).
Las citas de esta primera parte, en las que solamente indico la página, corresponden a los artículos críticos del Tomo III, titulado: *Las Máscaras (Ensayos de crítica teatral).*
[3] «La predicación desde el escenario está bien. Es más, se necesita de ella. Pero ante todo no se confunda la elocuencia con la retórica. (...) La elocuencia es un darse por entero, no tanto en palabras cuanto en la intención del acto. (...) Elocuencia y vanidad son estados que no se avienen. Vanidad significa lo hueco. (...) Don Pablo pasa por elocuente. (...) Pero Don Pablo es un vano» (82).
El collar de estrellas es una obra farisáica, porque lo farisáico quiere decir fingida creencia en la letra, con detrimento del espíritu, palabras, que no obras. (...) Su moralidad, por mejor decir, su inmoralidad, es esterilidad (89-90).
[4] «*La ciudad alegre y confiada* no debe ser juzgada conforme a los cánones de arte dramático. Si no me equivoco, el autor no ha querido hacer una obra dramática, sino más bien una obra política, una obra patriótica. Los elementos esenciales de toda obra dramática son: realidad, caracteres, acción y pasión. En cuanto a la realidad, el autor ha renunciado voluntariamente a ella. Es una obra de símbolos y de conceptos. (...) En cuanto a los caracteres, el señor Benavente no se ha detenido por esta vez en crearlos, y se ha limitado a trazar la parodia de algunos tipos sociales españoles.(...) La acción teatral no era menester, con tales propósitos y elementos. La pasión hubiera sido también un estorbo, porque la pasión no consiente discurrir con serenidad, y en *La ciudad alegre y confiada* se trata de discurrir con serenidad» (92-93).
Después de sintetizar el contenido de la obra concluye: «Las cualidades literarias

La puesta en escena de *El mal que nos hacen* da ocasión a Pérez de Ayala para considerar a Benavente como «un valor negativo» en el teatro, puesto que repite los defectos de las obras anteriores: carencia de dramaticidad, teatro oral, que no necesita actores profesionales sino discurseadores, carácter retórico de la expresión[5].

En el artículo sobre el estreno de *Los Cachorros,* destaca la abundancia de episodios y la ausencia de acción dramática, en contra de la teoría de Aristóteles, que propugnaba pocos episodios, para no oscurecer la unidad de acción. Además, la obra citada carece de emoción cordial, no sólo por su estructura episódica, sino también por el abuso de la retórica, que provoca la emoción por vías intelectuales y no por reiteración de sugestiones.

La falta de originalidad de Benavente es puesta de relieve por Pérez de Ayala con motivo de varios estrenos, como *Mefistófela* o *La honra de los hombres.* En la primera, contrapone la fecundidad literaria de Benavente a su carencia de originalidad, que procura suplir con habilidad, inventiva e imaginación[6]. Respecto a la se-

---

de esta nueva producción benaventina están por encima de toda ponderación. ¡Qué abundancia de verbo! ¡Qué elegancia de giro! ¡Qué riqueza de metáfora! ¡Qué agudeza finísima! Don Jacinto Benavente se halla en la colmada madurez de su talento retórico» (94).

[5] Después de reconocer «las peregrinas dotes naturales del señor Benavente, (...) talento nada común, agudeza inagotable, fluencia y elegancia de lenguaje, repertorio copioso de artificios retóricos y escénicos», afirma que todas estas dotes «están puestas al servicio de un concepto equivocado del arte dramático» (107).

El teatro de Benavente «es un teatro de términos medios, sin acción y sin pasión, y por ende, sin motivación ni caracteres, y lo que es peor, sin realidad verdadera. Es un teatro meramente oral, que para su acabada realización escénica no necesita de actores propiamente dichos; basta con una tropa o pandilla de aficionados» (107).

Termina Pérez de Ayala esta crítica afirmando que si en teatro la palabra es «vehículo del alma de un personaje concreto, de suerte que cada persona o carácter debe hablar de un modo propio e inconfundible», en esta obra «es una forma genérica e indiferenciada de expresión. (...) Los personajes salen a escena, se sientan, rompen a hablar por largo, y vienen a decir todos las mismas cosas. (...) Si se truecan la mayor parte de los parlamentos de uno a otro personaje, los espectadores no echarán de ver la transmutación, ni la obra perderá nada. (...) Los parlamentos son elocuentes, ora suasorios, ora rutilantes; pero su lugar adecuado no es el tablado histriónico, antes bien, el púlpito, el confesionario o el artículo de fondo de un periódico respectivamente» (108).

[6] «Se encarecerá la fecundidad literaria del señor Benavente, computando las muchas comedias que lleva escritas; pero tomada cada comedia de por sí, el tema, asunto o maraña, es siempre minúsculo, precario, cuando no baladí» (121). «Lo peor del teatro del señor Benavente no es la falta de inventiva, sino la falta de originalidad; no la aridez de imaginación, sí la aridez de sentimiento, y de aquí precisamente su sentimentalismo contrahecho y gárrulo» (122).

gunda, hace una doble crítica: 1) sobre su falta de originalidad, por la semejanza con *Casa de muñecas,* de Ibsen; 2) sobre la invalidez de la tesis defendida: «Sólo las mujeres son honradas. Los hombres no tienen honra. Lo que se llama la honra de los hombres no es sino la vanidad». Afirma Pérez de Ayala que toda tesis dramática debe ser negativa para probar las limitaciones de la ley general, precisamente al presentar una excepción. Una enunciación positiva, como la que se hace en esta obra, no puede alcanzar validez general, ya que demuestra un solo caso[7].

Después de otros artículos sobre el teatro de Benavente, Pérez de Ayala recopila sus opiniones en el trabajo «Benavente y mis críticas», donde lo acusa no sólo de hibridismo y de esterilidad escénica, sino también de carencia de situaciones dramáticas, de personas dramáticas y de caracteres[8].

Para situar dentro de su contexto estas teorías críticas sobre el teatro de Benavente, voy a referirme a algunas ideas que el propio Pérez de Ayala expone en el prólogo a la 4.ª edición de *Las Másca-*

---

[7] «La tesis de una obra dramática no coincide nunca con una regla universal. Si el caso concreto que estudia el dramaturgo cae dentro de una regla universal, claro es que ya no hay tesis. La tesis dramática jamás podrá consistir en el caso general, sino en la excepción. Por lo tanto, la tesis dramática jamás podrá demostrar la verdad de una ley general, pues con un solo caso, nada universal se demuestra; pero sí se podrá demostrar la falsedad o limitación de una ley con sólo mostrar un caso singular que pugna lícitamente con aquella ley. (...) La tesis tiene que ser negativa y crítica. Cuando toma aires afirmativos y dogmáticos no es tesis, que es monserga y ganas de perder el tiempo» (141).

[8] «Es un teatro antiteatral, que no necesita de actores propiamente dichos. (...) Las «personas dramáticas» benaventinas apenas tienen nada de dramáticas; y en cuanto a personas, no pasan de personillas. Son seres medios, seres habituales, cuando no entes pasivos» (142).

«El drama nace como un individuo poderoso, con un carácter peculiar, del cual se engendran necesariamente ciertas acciones desusadas, éstas o aquéllas, igual da, puesto que la tónica de las acciones la da el carácter; así como las acciones dan la medida del carácter; de donde el contenido de la creación dramática son las acciones, o sea, los hechos presentados en su motivación y referidos al agente; por lo cual al argumento o maraña se le suele decir «acción» por antonomasia. En tanto en las obras secundarias teatrales el punto original de su génesis no es un carácter, sino un hecho o serie de hechos, un argumento, vistos desde fuera y no en su motivación; hechos encadenados mecánicamente, a modo de fábula; hechos genéricos, que no individuales; o bien sentimientos e ideas genéricos, (...) como en la mayor parte de las obras del señor Benavente; de donde, siendo las ideas y los sentimientos de orden genérico, los personajes que los emiten y los incorporan tendrán que ser imprescindiblemente tipos indistintos y genéricos» (146).

ras, en 1940: «En este libro de *Las Máscaras* constan no pocos juicios sobre la obra dramática del señor Benavente, de los cuales estoy arrepentido». A continuación explica que fueron críticas de juventud, cuando «por razón de la edad impetuosa y el ejercicio polémico, que es actividad cotidiana en la república de las letras, la pasión, siquiera fuese noble pasión estética, compartía la soberanía con el discernimiento» (p. 15). Después de afirmar que la crítica debe ser interpretación de la obra, continúa Pérez de Ayala: «la interpretación debe ajustarse ante todo a lo que el autor quiso llevar a cabo en su obra; a su intencionalidad literaria; en una palabra, al concepto artístico donde está inscrita la obra» (pp. 16-17). Más adelante se pregunta: «¿El concepto teatral del señor Benavente era equivocado? Hoy en día prevalece otro concepto. ¿Prueba esto que se equivocó? Nada de eso. Era el concepto de la época. Un autor dramático, más que ningún otro escritor, tiene que pertenecer a su época si ha de pertenecer a la historia. Un ser vivo necesita, para no perecer, respirar el aire ambiente; no el de Grecia, hace veinte siglos, ni el de una Utopía venidera». «Lo que la crítica debe esclarecer es si, imperante por circunstancias contemporáneas cierto concepto equis del teatro, éste o aquel autor aventaja a los demás en facultades específicas, técnicas, y si ha conseguido cuajar modelos insuperables en su género» (p. 18).

Y en efecto, Benavente aventajó a otros dramaturgos por sus facultades específicas, como había reconocido ya Pérez de Ayala en el citado artículo sobre *Los Cachorros:* «En esta categoría de la dramática meramente literaria, creo que el señor Benavente, por su talento, agudeza y cultura, se halla a muchos codos de altitud sobre los autores congéneres» (p. 119).

El reconocimiento de estos valores no impidió, sin embargo, a Pérez de Ayala, fundamentado en la teoría dramática de Aristóteles, encontrar abundantes fallos en Benavente: sus personajes pasan el tiempo conversando, por lo que no hay caracteres, ni tensión dramática; la acción no se vive sino que se cuenta, alargando el diálogo con réplicas cargadas de retórica. A esta carencia de acción, de caracteres, se añade, según Pérez de Ayala, la falta de originalidad en los temas, y la poca validez de las tesis. Es un teatro moralizante sobre la alta burguesía, a la que critica con benevolencia desde el ángulo de una moral convencional[9].

Es fácil demostrar que los defectos que Pérez de Ayala encuentra en el teatro de Benavente, aparecen en *La revolución sentimental,* fechada en 1909, varios años antes de que Ayala comenzase sus artículos de crítica teatral. La causa de esta contradicción quizá se deba a que la patraña responde al concepto teatral de su época, concepto que Benavente mantuvo a lo largo de su producción, y Pérez de Ayala cambió muy pronto, como lo muestran sus artículos de crítica, aunque lamentablemente, no haya otras obras dramáticas suyas que puedan presentar realizados los principios estéticos tan apasionadamente defendidos en contra de Benavente.

Segunda parte: *Pérez de Ayala, autor teatral*

Para estudiar *La revolución sentimental* de Pérez de Ayala, voy a considerar las dos dimensiones del teatro, como obra dramática y como representación, en cuanto que ambas están inscritas en el texto. En primer lugar presentaré la estructura externa de la obra y su vinculación a la estructuración del contenido; éste será analizado a continuación, a partir del lenguaje del texto, tanto en las partes dialogadas como en las indicaciones escénicas[10].

---

[9] Frente a esta crítica negativa del teatro de Benavente, aparece una valoración de sus méritos en otros sectores, que ponderan la calidad de sus diálogos, el dominio y la crítica social, etc. Ruiz Ramón resume ambas tendencias considerando el lado bueno y el lado malo de Benavente; en el primero se cuenta la elegancia y exactitud de los ambientes que presenta, el perfecto ritmo interior del diálogo, la naturalidad, la mordacidad crítica. Entre sus defectos están la falta de tensión dramática, el escamoteo de las situaciones dramáticas, diálogo narrativo y retórico, psicología superficial. Ambos tipos de crítica reconocen, sin embargo, la importancia de su teatro, por ser reflejo de una época, lo que explica el éxito del público, su inmediato destinatario. Cfr. Ruiz Ramón, F., *Historia del teatro español,* Siglo XX, Alianza Editorial, Madrid, 1971, pp. 15-19.

[10] Considero como *estructura* la composición general de la obra, sea a nivel formal o a nivel de contenido, y en esta primera descripción pretendo ver la correlación entre ambos.

Las citas de la obra corresponden a la paginación del Tomo II de la edición de *Obras completas* de Pérez de Ayala, ya citada.

La estructura

La estructura externa de la patraña *La revolución sentimental,* comprende: Un prólogo, un cuadro único dividido en cinco escenas y un epílogo. La obra ocupa 31 páginas en la edición de obras completas de Pérez de Ayala, de Aguilar, de las que 23 corresponden a la escena cuarta, aproximadamente dos a cada una de las tres primeras escenas y al prólogo; la quinta escena consta solamente de cuatro versos, y el epílogo de cinco palabras. No existe, por tanto, ninguna proporcionalidad entre las cinco escenas del acto único, ni tampoco entre el prólogo y el epílogo final. Al no estar distribuido el texto en fragmentos más o menos equivalentes, como ocurre en muchas obras literarias que convencionalmente repiten unidades semejantes en extensión, conviene acudir al contenido de la obra para justificar esta distribución.

El hilo argumental se desarrolla a través de las cinco escenas del modo siguiente:

Escena primera: Dentro de una «organización comunista del género humano» Agatocles, portero del Sentimental Club, compara su forzada situación con la libertad de unos gorriones que pían en el tejado, y espera comprender la finalidad de la vida humana en la próxima reunión convocada por Ulises.

Escena segunda: Llegan para la reunión Cornucopia, amante inconsciente de Ulises, también preocupada por la falta de libertad y de sentido en su vida, lo que manifiesta en dos hechos: el no poder mostrar su atracción hacia Ulises, y el desconocer «el átomo social desprendido de su cuerpo» después de haber sido llamada a ejercer funciones en el departamento de procreación.

Escena tercera: Parménides y Columnaria, amantes inconscientes llegados para la reunión, muestran las mismas inquietudes por la falta de libertad de aquel estado que castiga sus sentimientos amorosos, y esperan con ansia que Ulises les aclare la finalidad de sus vidas.

Escena cuarta: Con la llegada de Ulises y demás socios del Club (el portero Sarpedón y otras dos parejas de amantes inconscientes: Calixto-Fraternidad; Antinous-Galatea) comienza la reunión.

La actuación de Ulises tiene dos fases: 1) obtener la unificación de intenciones de todos los asistentes sobre el objeto de la asamblea: averiguar la finalidad de la vida humana. Conseguido el asentimiento unánime, pasa a la segunda fase de su disertación; 2) demostrar la falta de veracidad de las afirmaciones sobre la vida humana que hace el Directorio de aquel estado mediante el estudio de los hechos del pasado. Este segundo punto, que ocupa veinte páginas en el texto, está compuesto por un conjunto de informaciones que van robusteciendo el ansia de libertad individual y el sentimiento del amor, como meta de la vida humana.

La primera disertación de Ulises se centra en el sentimiento, que define como «lo más dulce que existe» y trata de hacer experimentar la sensación de lo dulce dándoles a gustar una piedra de azúcar.

Explica después la existencia de un lenguaje gráfico y silencioso (escritura y lectura) con el que comunicaban sus sentimientos e ideas los antiguos. Habla de la variedad de razas y climas, de la riqueza de alimentos que procuraban el placer de la comida, y les hace gozar la dulzura de la música dejando oír unas grabaciones. Consecuencia de la sobrealimentación y de la música, existía el amor y la familia, base de la sociedad. Otras muchas riquezas hacían grata la vida: los licores, los vestidos, los juegos, etc.

Los amantes inconscientes se declaran su amor, emocionados ante estas revelaciones, y todos ansían la felicidad, bajo diferentes modalidades que personifican los pecados capitales y hacen exclamar a Ulises: «Son los siete pecados capitales, algo que no se ha podido borrar del corazón en 3.000 años de régimen comunista» (p. 1.070).

Termina la asamblea con el proyecto de todos para hacer la revolución sentimental.

Escena quinta: Parménides muestra su amor a Columnaria con música y poesía, una vez aclarado el sentido de sus vidas.

El cuadro único de la patraña, compuesto por las cinco escenas citadas, se enmarca entre un prólogo y un epílogo, en los que una voz se dirige al público para indicar el comienzo y el final de la representación. El prólogo indica el tema u objeto de la obra: anticipar el futuro presentando la vida humana en la U.R.C. (Universal República Comunista) donde «El hombre es ya una máquina casi perfecta, sin iniciativa propia, ajustada y coordinada, por modo irreprochable, dentro de un mecanismo vastísimo que se denomina organización comunista del género humano». La presentación termina con éstas palabras que muestran el tono irónico de la patraña: «Ya no hay sentimiento individual: no hay hombres sentimentales. ¡Atención! Reíd. ¿Hay algo que no merezca un comentario risueño?». La indicación «La patraña va a comenzar» abre el escenario único de la obra, y tiene su paralelo en la frase que lo cierra, pronunciada después de bajar el telón: «Y así termina la patraña» que por ello la denomino epílogo, aunque no añada ningún resumen o moraleja de la obra.

Además de ser una representación enmarcada, con dos procesos de enunciación distintos, el de los personajes entre sí, dentro del cuadro único, y el constituido por la voz que se dirige a un público, en el prólogo y en el epílogo, la reiteración del contenido en las distintas fases de la obra recuerda de algún modo la estructura abismal, ya que va planteando el mismo problema en los distintos enmarques, hasta llegar al núcleo, en la escena cuarta. Gráficamente podría esquematizarse así[11]:

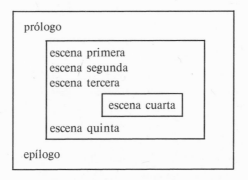

[11]   La expresión «mise en abyme» fue introducida por Gide en la crítica literaria. Dallembach, L., en *Le récit spéculaire* (Seuil, Coll. Poétique, 1977) hace un estudio de la «mise en abyme» diacrónica y sincrónicamente. Una parte de este trabajo está publicada en *Poétique* 27 con el título de «Intertexte y autotexte».
   Así como en el lenguaje de blasón se habla de la reproducción dentro de un escudo de la figura general, la «mise en abyme» aplicada especialmente a la narrativa, enmarca el tema o episodio en otro marco más reducido (o más amplio), no de modo visual, sino sucesivo, y esta repetición de distintas dimensiones, puede ser sólo temática, formal o de ambas cosas. Ricardou *(Pour une théorie du nouveau roman)* habla de intertextualidad, sea externa o de relación de un texto a otro, o interna o relación del texto consigo mismo. Dallenbach prefiere llamar autotexto a la reduplicación interna que desdobla todo o parte del relato, bien bajo su dimensión literal (la del texto) o referencial (la de la ficción).

El primer marco se abre con el prólogo, que presenta la situación inicial: «Se ha trabajado centenariamente, escrupulosamente, científicamente, para ir creando la psicología comunista y matar, para siempre, el sentimiento de la individualidad» (p. 1.042).

Las tres primeras escenas presentan gradualmente, como problema, la falta de sentimiento individual. Comienza Agatocles, en la primera escena, reaccionando ante las acciones de los gorriones: «No os comprendo, no os comprendo, pequeños gorriones, pero adivino que lo que hacéis está bien, y es cosa, grata, y acaso lo que debieran hacer los hombres» (1.044). Cornucopia, en la escena segunda, confiesa su irresistible atracción hacia Ulises: «La presencia del compañero Ulises y sus palabras profundas me producen sensaciones que no podría explicar» (1.045). La misma reacción aparece en Parménides, que dice a Columnaria en la escena tercera: «Yo os debo decir que cuando estáis separada de mí pienso en vos de continuo», a lo que corresponde Columnaria: «Si no es para vos, ¿para qué vivir?» (1.047-8).

Estas tres escenas actúan como segundo marco del núcleo de la obra, en la escena cuarta. Las dos primeras no tienen más función que la de ir introduciendo la problemática, que se concreta en los amores de Parménides y Columnaria, expresados con temor antes de la reunión, y muy libremente después, satisfechos de la revelación de Ulises sobre el fin de sus vidas (escenas 3 y 5).

Las cinco escenas pueden reducirse a dos situaciones, entre las que media el resorte dramático que hace pasar de la primera a la segunda situación[12].

La triplicación de las primeras escenas pretende ir poniendo de manifiesto la actitud de rebelión entre los habitantes de aquel estado comunista por la negación de los sentimientos individuales. El resorte dramático que provoca el cambio y lleva a la situación final de contrarrevolución es la revelación de Ulises: «He ahí una cosa que no ha podido destruir el Estado socialista: el amor» (p. 1.066).

---

[12]   Souriau estudia las situaciones dramáticas, que considera como un sistema de fuerzas encarnadas por los personajes. El cambio de situación viene provocado por el resorte dramático, que constituye el principio mismo del drama, ya que actúa de nudo de cada articulación y por tanto hace avanzar la acción. Cfr. Souriau, E., *Les 200.000 situations dramatiques,* Flammarion, París, 1950.

Una vez presentada la estructura de la obra, voy a detenerme en el análisis del contenido a partir de su lenguaje.

Tradicionalmente el estudio de la dramática se inspiraba en las teorías de Aristóteles sobre la tragedia, en la que distinguía cuatro componentes verbales (fábula, caracteres, pensamiento y dicción) y dos no verbales (música y espectáculo). Prescindiendo de estos últimos, se analizaba la fábula o estructuración de los hechos, los caracteres de los sujetos de la acción, el pensamiento de tales sujetos y su manifestación en palabras o dicción. De modo intuitivo, se centraba el interés, dentro de la acción, en el dramatismo o choque de pasiones, y en cuanto a los caracteres, se analizaban los personajes como personas psicológicas. La concreción del tema, a través de sus relaciones en la obra, y las particularidades del lenguaje, o estilo, completaban el estudio de la obra dramática.

La distinción entre componentes verbales y componentes no verbales, dentro de la tragedia, ampliada a cualquier obra teatral, ha sido reformulada modernamente desde varias perspectivas críticas. Para la orientación semiológica, todo lo dramático, como todo lo literario, es ciertamente una creación de lenguaje, pero se especifica de los demás géneros, porque se escribe para la representación, donde han de intervenir múltiples sistemas de signos además del lingüístico. Como el autor, para presentar los componentes no verbales, solamente dispone del lenguaje, ha de construir en cada obra dramática dos tipos de textos: *texto principal,* que comprende las palabras pronunciadas por los personajes, y *texto secundario,* donde se anotan las indicaciones escénicas, que, por tanto, desaparece con la representación. Y cuando la obra dramática se pone en escena, el texto principal sólo constituye un elemento del universo representado en el espectáculo, que comparte el proceso teatral con los demás.

El texto dramático designa un conjunto de realidades objetivas, que se muestran en el teatro de tres formas: 1) realidades perceptibles directamente (las expresadas en el texto secundario); 2) realidades perceptibles directamente y por medio del lenguaje; 3) realidades perceptibles sólo por lenguaje (los tipos segundo y tercero corresponden especialmente al texto principal)[13]. El enfoque semiológico integra, por tanto, dentro del estudio de la obra dramática, todos los signos lingüísticos del texto, ya correspondan a los diálogos de los personajes, o se refieran a los elementos de la escenificación.

A continuación realizaré el análisis del texto *La revolución sentimental* a partir de los tres niveles indicados.

1) *Realidades perceptibles directamente*

Estas realidades objetivas se muestran al espectador de dos modos: a) mediante los actores (entonación, expresión corporal y apariencia externa); b) mediante la decoración y ambientación del escenario (objetos, luces, sonidos)[14].

a) Respecto a los actores:

Las indicaciones sobre la entonación se refieren a un descenso o a una elevación de la voz.

El descenso de voz en algunos personajes supone un aporte en el diálogo principal para expresar sentimientos íntimos. Los tres amantes inconscientes, después de haber tenido la experiencia de lo dulce al probar el azúcar, hacen ante sus personas amadas esta exclamación:

Parménides.–(Por lo bajo.) ¡Cuán dulce sois, Columnaria!
Galatea.–(Por lo bajo.) ¡Cuán dulce sois, Antinous!
Calixto.–(Por lo bajo.) ¡Cuán dulce sois, Fraternidad! (p. 1.052).

---

[13] El filósofo polaco Roman Ingarden ha contribuido a poner las bases de la semiología teatral con su trabajo «les fonctions du langage au théatre» *(Poétique 8)*, donde establece las tres categorías de realidades que hemos citado. Anteriormente, en su obra *Das literarische Kunstwerk,* (Halle, 1931) había establecido la distinción entre texto principal y texto secundario, que hemos adoptado también. Su afirmación de que el teatro es un caso límite de la obra literaria, por utilizar además del lenguaje, otros medios de representación, sitúa su estudio dentro de una disciplina amplia, la semiología, que interpreta los distintos sistemas de signos.

[14] T. Kowzan, en su artículo «El signo en el teatro», en *El teatro y su crisis actual* (varios autores) Monte Avila, Caracas, 1968), distingue trece sistemas de signos: *referidos al actor:* texto pronunciado (palabra y tono); expresión corporal (mímica, gesto y movimiento); apariencias externas del actor (maquillaje, peinado, traje); *fuera del actor:* aspectos del espacio escénico (accesorios, decorado, iluminación); efectos sonoros no articulados (música, sonido).

La misma reacción aparece cuando Ulises les explica el significado del beso:

Parménides.–*(Por lo bajo a Columnaria.)* ¡Tenía que llamarse así! *(Antinous y Calixto hablan al oído de sus amadas* (p. 1.061).

Frente a ellos, Cornucopia exterioriza sus sentimientos a Ulises:

Cornucopia.–*(Con voz apasionada.)* ¡Cuán dulce sois, sabio Ulises! *(Todos se ríen).*

La función expresiva de estos signos paralingüísticos[15], contribuye a la caracterización de los personajes. En efecto, se van perfilando dos tipos de reacciones: por una parte, las tres parejas de enamorados inconscientes no exteriorizan públicamente sus sentimientos, sino solamente a la persona amada. De ellas, la que tiene funcionalidad en la obra porque toma la iniciativa de los actos, está formada por Parménides y Columnaria. Las otras dos son simplemente eco. Por otra parte, Cornucopia, amante inconsciente de Ulises, prefiere hacer públicos sus sentimientos personales.

Las acotaciones de tono que se refieren a elevación de voz aparecen después que Ulises ha presentado la música como «lo más dulce entre lo dulce». La machicha *La gatita blanca* enardece a los oyentes, como indica la acotación:

«Todos intentan tararear y lo hacen bárbaramente» (p. 1.060).

La machicha se hace símbolo de la contrarrevolución, a propuesta del portero Agatocles:

Ulises.–(...) Ahora bien: después de lo que hemos hablado, ¿creéis que se impone una contrarrevolución? *(Todos se levantan y gritan).*

---

[15]   Poyatos define el paralenguaje «como cualidades de la voz, modificadores y sonidos producidos u originados en las zonas comprendidas entre los labios, las cavidades supraglotales, la cavidad laríngea y las cavidades infraglotales, que consciente o inconscientemente usa el hombre simultáneamente con la palabra, alternando con ella o sustituyéndola, apoyando o contradiciendo el mensaje verbal o el kinésico» Cfr. «Del paralenguaje a la comunicación total» en *Doce ensayos sobre el lenguaje,* Publicaciones de la Fundación Juan March, Madrid, 1974, pp. 159-171), p. 161.

Todos.–¡Contrarrevolución!

Agatocles.–Propongo que la llevemos a cabo diciendo aquel dulce trozo que antes manó de vuestra piedra magnetizada. *(Tararea la machicha.)* ¡Esto nos enardecerá y dará ánimos!

En los momentos culminantes es Agatocles quien en adelante lleva la iniciativa de tararear la machicha. Por ejemplo, después de que todos han probado la bebida ofrecida por Ulises, sólo Agatocles exclama:

«Agatocles.–Siento impulsos irresistibles de repetir el trozo musical *(Tararea la machicha. Otros le imitan.)* p. 1.068.

Nuevamente enardecido por la música y el vino, incita a los demás a la rebelión:

Agatocles.–¡Partamos ahora mismo a la contrarrevolución! El líquido me comunica fuerzas increíbles! *(Tararea la machicha.)* p. 1.070.

Cuando termina la reunión:

(Marchan. Van muchos canturreando la machicha.) p. 1.070.

Los dos rasgos paralingüísticos estudiados, de descenso o elevación de voz, contribuyen a la función expresiva del lenguaje al contraponer sentimientos distintos: el primero era amoroso, individual, que se manifestaba en voz baja; el segundo es social, de contrarrevolución, en tono más fuerte que el normal; los personajes que protagonizaban ambos sentimientos eran los enamorados en el primer caso, mientras que en el segundo es un empleado del club, el portero, quien insta a los demás a rebelarse.

La expresión corporal: Los datos de las acotaciones sobre mímica, gestos o movimientos de los personajes son muy escasos y pueden reducirse a tres: 1) inclinaciones de cabeza; 2) gestos con las manos; 3) movimientos del cuerpo[16].

---

[16] La expresión corporal (mímica, gestos y movimientos) pertenece al ámbito de investigación de la kinésica y la proxémica. La primera estudia los movimientos y posiciones corporales de base psicomuscular que poseen valor expresivo en la comunicación interpersonal. La proxémica analiza cómo usa el espacio el hombre dentro de

Las inclinaciones de cabeza tienen distintos significados. A veces se indican como señal de saludo («Salúdanse con inclinaciones sobrias», p. 1.046); en otros casos significan asentimiento («Todos sacuden la cabeza en señal de asentimiento» p. 1.050); por último, aparece como signo de rubor o vergüenza. («Columnaria, Fraternidad y Galatea inclinan la cabeza, profundamente ruborizadas» p. 1.061).

El gesto de cogerse las manos es indicado en la acotación como expresión de cariño en las parejas de enamorados inconscientes. Cornucopia coge las manos a Ulises («¡Haló, sabio Ulises, hombre extraño y atractivo! *(Le coge las manos)*» p. 1.049), lo mismo que Parménides a Columnaria *(«Parménides y Columnaria lo escuchan con las manos asidas»* p. 1.071).

El uso del espacio como reflejo de las relaciones personales se manifiesta al situarse los distintos personajes para la reunión con Ulises. *(«Siéntanse todos/. Parménides y Columnaria juntos».* Cornucopia *«Se sienta muy cerca de Ulises»* p. 1.049).

Las otras dos parejas de amantes inconscientes muestran su atracción personal en el diálogo, que contrasta con la actitud indiferente de los porteros del Club, Sarpedón y Agatocles:

Calixto.–Yo muy cerca de vos, compañera Fraternidad.
Fraternidad.–Ello me hace gran agrado, y bien podéis creérmelo, compañero Calixto.
Antinous.–Permitidme, compañera Galatea, que tome mi asiento al lado del que tomáis. Si me hallo distante de vos, no sé lo que me pasa.
Galatea.–Otro tanto os iba yo a decir, compañero Antinous.
Sarpedón.–¿Al lado de quién me siento yo?
Agatocles.–Sentaos donde os acomode (p. 1.049).

Las citadas indicaciones sobre kinésica y proxémica de los personajes tienen gran valor expresivo en la comunicación interperso-

---

cada cultura, de acuerdo con sus convenciones particulares, además de las de carácter universal. Este uso del espacio se refleja en las relaciones personales, en las que suelen distinguirse cuatro distancias íntima, personal, social y pública. Cfr. Poyatos, F., op. cit., pp. 165 y ss.

nal, ya que van convirtiendo las parejas de amantes inconscientes en conscientes, como se pretende probar en la obra.

La apariencia externa: Como corresponde a la «organización comunista del género humano» en la que no se admite «el sentimiento de la individualidad», los personajes visten de modo uniforme, con blusa floja y pantalón bombacho, de color gris, con media de lana y zapato bajo color marrón. Rapados de cabeza, con dos aladares a los lados del rostro, como antiguos siervos. Los hombres llevan el rostro rasurado. La sobriedad de la acotación, respecto al vestido y peinado, está en relación con la austeridad de vida de aquel estado. La función del traje tiene gran importancia, porque no sólo es signo de objeto, sino signo de signo: atestigua la pertenencia de los personajes a un estado en el que domina la austeridad, la uniformidad, etc.[17].

b) Decoración y ambientación del escenario: Comienza la obra con una acotación que presenta el escenario de los hechos:

> Interior del Sentimental Club. Una estancia austera, de muebles simplísimos, cúbicos. Las paredes, revestidas de gris. Al fondo, una gran puerta, desde cuyo umbral se ve asomar hacia afuera, en el espacio, un a modo de puente levadizo: es la plataforma donde descienden los personajes, los cuales llegan en aeroplano. Se ven por el hueco de la puerta los rascacielos, en perspectiva, de una ciudad futura (p. 1.043).

Los objetos y detalles de la escena, lo mismo que el vestido de los personajes, no sólo sirven para determinar las circunstancias de la acción, sino que tienen un valor funcional de introducirnos en la

---

17 Bogatyrev, al estudiar los signos del teatro, establece la distinción entre signos de signos y signos de objetos. Afirma que el vestuario, decoración, etc., además de situar al espectador en las circunstancias de la obra, son signos de signos, puesto que contribuyen a la caracterización de los personajes e incluso participan en la acción dramática. Así el espectador no sólo contempla los objetos reales del escenario como tales objetos, sino como signos de signos. (Un anillo de brillantes se interpreta más como signo de la riqueza del usuario que como signo del objeto, ya que no interesa que los brillantes sean verdaderos o falsos). Cfr. Bogatyrev, P., «Les signes du théâtre» *Poétique*, 8, 514-530.

acción dramática, ya que muestran una determinada situación ante la que se rebelarán todos sus participantes. Como se indica en el prólogo: «Todo, los hombres y la tierra, ha evolucionado hacia la geometría, hacia lo gris, hacia lo mecánico, hacia la comunidad universal. El hombre es ya una máquina casi perfecta, sin iniciativa propia, ajustada y coordinada, por modo irreprochable, dentro de un mecanismo vastísimo que se denomina organización comunista del género humano» (p. 1.042).

Los únicos objetos que aparecen en escena, además del mobiliario (mesas y sillas), componen el paquete que trae Ulises, de donde va sacando lo que necesita para probar sus afirmaciones: 1) piedras de azúcar y de sal; 2) piedra con grabación musical; 3) una manzana; 4) un poema escrito en un papel; 5) un figurín con modelos antiguos; 6) botellas con licores[18].

Los signos lingüísticos con que se indican estos objetos en las acotaciones tienen dos valores: 1) son signos de objetos; en efecto, Ulises come una manzana verdadera; 2) son signos de signos, en cuanto representativos de un mundo de civilización que Ulises pretende desvelar ante los moradores de aquel estado.

Apenas hay referencias a luces y sonidos en las acotaciones ni en el diálogo. Hay tres tipos de sonidos, expresivos de tres situaciones contrapuestas: 1) la del estado comunista, en el que todo está mecánicamente regulado; viene indicada por el sonsonante cotidiano que les indica las obligaciones; 2) la de la vida natural y libre, concretada en el piar de unos gorriones sobre el tejado; 3) la de la civilización antigua descubierta por Ulises, donde se solazaban con la música, que Ulises les hace percibir por medio de unas grabaciones[19].

---

[18]   Aunque en el diálogo se hace referencia a estas seis clases de objetos, suelen estar introducidos por las indicaciones escénicas: «Lleva consigo un bulto de regulares dimensiones», p. 1.048; «El bulto con que vino lo ha depositado sobre la mesa», 1.049; «Ulises desenvuelve el paquete. Descubre unas botellas y unos trocitos minerales», 1.051; «Escoge un mineral blanco y se lo ofrece a Parménides», 1.051; «Saca una manzana de un papel y comienza a morderla», 1.058; «Coloca en el centro de la mesa un pedacito de mineral y lo roza con un eslabón», 1.060; «Lee», 1.064; «Despliega un gran figurín de una dama ataviada con un extraordinario miriñaque» 1.067.

[19]   Las acotaciones referentes a estos tres tipos de sonidos son: 1) «Se oye un sonsonante lejano, un coro recitado de salmodia: «Gloria a Ti, Tierra, madre del

También estos sonidos participan en la acción dramática, ya que presentan el choque de situaciones que va a originar la contrarrevolución del «Sentimental Club», al comprobar que si los gorriones viven en parejas como los vivientes, y los hombres antiguos, que además perfeccionaban su sentimiento con la música, ellos no tienen por qué estar sometidos a una organización en la que no es posible mostrar los sentimientos, y sólo son considerados como piezas de una gran maquinaria universal.

2) *Realidades perceptibles directamente y por medio del lenguaje*

Hay que tener en cuenta que la dramática difiere de la narrativa, según la teoría de Aristóteles, en el modo de imitación, ya que presenta a los personajes en acción, mientras que el relato muestra los hechos por medio de un narrador. Las realidades que se viven en escena especifican, por tanto, a la obra dramática como tal, además de las partes no verbales, ya que en las partes verbales coinciden con la narrativa.

En *La revolución sentimental* son muy pocas las realidades vividas en escena, por lo que la obra carece de dramaticidad. Puede comprobarse al repasar el argumento:

En las tres primeras escenas, donde se plantea la falta de libertad y de sentimiento en la vida humana, los personajes deben hacer referencia a hechos anteriores para explicar las causas de tal situación y aludir a la futura reunión con Ulises para solucionarlas. En escena sólo se vive esa inquietud y rebeldía ante una situación contada.

La escena cuarta presenta la reunión, donde, una vez conseguida la unificación de intenciones, Ulises desvela el pasado a los asistentes. Cada tema de disertación tiene dos perspectivas: la *histórica,* contada en pasado; la *actual,* en el presente del discurso, para confrontar las costumbres antiguas con las vigentes. Por ejemplo:

---

hombre; gloria a la materia infinita, a la fuerza infinita que la mueve; gloria a Ti, gran Fetiche, único Fetiche!», p. 1.044; 2) «Unos gorriones pían en el tejado», 1.043; 3) «Comienza a sonar el segundo minueto de la sonata décima de Mozart», 1.060; «Comienza la machicha de *La gatita blanca»,* 1.060; «Comienza a oírse, en cuarteto de violines, el segundo minueto de la sonata décima de Mozart», 1.071.

Ulises.–Pues, bueno, ¿no dicen que los hijos de la Tierra han vivido siempre como ahora? Eso es una grandísima farsa. Así, así, una grandísima farsa. La vida estaba llena de variedad. A cada cuatro pasos existían trajes diversos, rostros diversos, lenguajes diversos. De ahí el que algunos se entretuvieran en pasar la vida escribiendo lo que veían o lo que pensaban, haciendo colecciones, que se llamaban libros, todos los cuales fueron secuestrados por el Directorio. Vosotros no sabéis lo que es leer y escribir. Vuestra educación ha sido oral, acústica y óptica. Con el cinematógrafo escolar y por medio de imágenes os enseñaron las cosas cuando niños, y os siguen instruyendo de personas mayores (p. 1.053).

La información suministrada por Ulises no sólo se refiere al pasado de la humanidad, sino a la propia vida de los personajes fuera de la escena. De igual modo se hace referencia a la variedad de razas, climas, alimentos, vestidos, juegos, etc., en contraste con la uniformidad de aquel estado socialista, del que todos ellos forman parte.

Termina la patraña con la escena quinta, que presenta la aclaración amorosa de Parménides a Columnaria mediante la recitación de unos versos con fondo de música de Mozart.

Las realidades vividas en escena pueden reducirse a lo siguiente:

Dentro de una organización comunista del género humano, donde todo está mecanizado, como informa el prólogo, va a desarrollarse la patraña en tres fases:

1) La llegada de los socios al Sentimental Club (personificada en cuatro parejas de amantes inconscientes, todos ellos perplejos por la prohibición que intenta ahogar sus sentimientos individuales) para asistir a una reunión «antilegal y subversiva», convocada por Ulises para aclarar la verdadera finalidad de la vida humana.

2) La reunión, con dos fases: a) la obtención de unificación de intenciones (¿Cuál es el fin de nuestra vida?); b) la demostración de la inautenticidad de aquel estado, con la revelación de la verdad de la historia humana.

3) La conclusión de la asamblea, con el propósito de todos los

asistentes de rebelarse contra aquella situación y hacer una revolución sentimental. Los detalles concretos que se viven en escena se refieren a manifestaciones de afecto entre los enamorados, que de inconscientes se hacen conscientes al ir conociendo el significado de cada una de ellas por las revelaciones de Ulises.

El resorte dramático que origina la revolución sentimental, es decir, el cambio de situación, es una *narración* de la vida de los antepasados. Por tanto, en la patraña apenas hay acción, no hay choque de pasiones, ni tensión dramática. No existen rasgos específicos de dramaticidad, precisamente, uno de los defectos más subrayados por Pérez de Ayala en el teatro de Benavente.

En cuanto a los caracteres, el número de réplicas de cada personaje puede orientar sobre la importancia de su papel. Ulises aparece como protagonista, con 87 réplicas, al que sigue Cornucopia, con 49. La segunda pareja, en importancia, es la formada por Parménides y Columnaria (46 y 20 réplicas respectivamente). A continuación están los porteros, Agatocles y Sarpedón (30 y 25 réplicas). Las otras dos parejas de amantes inconscientes sólo aparecen en la reunión de la escena cuarta con unas diez intervenciones cada uno, y no tienen más función que corear las actuaciones de Parménides y Columnaria, por lo que podrían suprimirse sin alterarse la obra.

Al separar de las citadas actuaciones de los personajes las que son vividas, dramáticas, de las puramente narrativas, la jerarquización sería distinta. Ulises es el personaje más discurseador; su función es informar del pasado para provocar la contrarrevolución. Contrarresta este papel al actualizar, dentro de su situación de discurso, las referencias a hechos pasados y contrastarlas con las entonces vigentes. Los demás personajes, aunque hacen comentarios sobre hechos ocurridos fuera de escena, generalmente viven sus problemas, pero de un modo muy simple y superficial. Los amantes sólo expresan sus sentimientos a las amadas; los porteros lamentan su falta de libertad, pero ninguno busca la solución en sus propios medios sino en las palabras de Ulises.

También respecto a los caracteres puede aplicarse a Pérez de Ayala los calificativos que dedica a los personajes de Benavente, al afirmar que se pasan el tiempo conversando: «Los parlamentos son elocuentes, ora suasorios ora rutilantes; pero su lugar adecuado no es el tablado histriónico, antes bien, el púlpito, el confesonario o el artículo de fondo» (T. III, p. 108).

3) *Realidades perceptibles sólo por lenguaje*

Constituyen la parte más amplia del texto principal. Ya indicadas al explicar el desarrollo de la obra, voy a enumerar la información suministrada por este medio, esto es, por relato:

En la escena primera Agatocles informa que «El Comité de la zona B, treinta y dos grados cuarenta minutos de latitud», para siete lunas le ha asignado el trabajo de portero. También Agatocles, en la escena segunda, al recriminar a Cornucopia por su afición a Ulises, aclara que «esos pensamientos son los que el estado terráqueo califica de proclividades vitandas, de afectillos, y castiga severamente como delitos religiosos contra el gran Fetiche». Y asimismo que «Ulises, con riesgo de la vida y en contra de los decretos del Estado, se dedica a averiguar las cosas, hechos y dichos de las edades antiguas y olvidadas». Por otra parte, Cornucopia informa a Agatocles que ha sido honrada una vez «por los miembros del Directorio para ejercer funciones en el departamento de la procreación específica», mientras que Agatocles confiesa: «el Directorio no ha querido nunca emplear mi trabajo en el departamento de la propagación».

En la escena tres, Parménides habla de los aisladores inventados por Ulises para evitar el espionaje del Comité. Y en su diálogo con Columnaria informa sobre las ordenanzas de aquel Estado, por ejemplo, anteponer el apelativo de «compañero» al dirigirse a una persona; electrocutar a todos aquellos que cometan el crimen de proclividades vitandas, etc.

La información central de la obra es la suministrada por Ulises en la escena cuarta sobre la vida de los antepasados, que ocupa dos tercios del texto. Hay que contar además todo el prólogo, donde anticipa el objeto de la patraña. Puesto que lo fundamental de la obra está contado y no vivido, puede afirmarse que tiene más de relato que de drama.

Respecto a los personajes, sólo por lenguaje hemos recibido del autor, en el reparto inicial, su forma y su función. Agrupados en tres especies: *Virilis secus,* de género masculino; *Femenina positio,* que adoptan posición pasiva de mujer, y *Neutrum,* ni lo uno ni lo otro, tienen características individuales: Agatocles y Sarpedón, porteros del Sentimental Club; Parménides, Calixto y Antinous, amantes inconscientes, cuyas respectivas amadas son Columnaria, Fraternidad y Galatea, sin ningún adjetivo, lo que resalta su pasividad. Solamente Cornucopia, «Matrona, amante inconsciente de Ulises», toma alguna iniciativa. El personaje más calificado es Ulises, por rasgos de carácter y por su función: «hombre inquisitivo y mañero, promotor de la revolución sentimental». Del *Neutrum* sólo se dice que está representado por un gramófono.

De todos los parlamentos de los personajes, sin duda el más retórico es el prólogo recitado por el gramófono, conjunto de fisuras recurrentes que, en gran manera, recuerdan el Prólogo de *Los intereses creados,* de Benavente:

> Respetable público, matronas, doncellas, claros varones: Escuchad breves momentos esta voz apática que se articula en mi glotis mecánica, sin pulmones ni cuerdas laríngeas. Os anuncio sucesos no vistos todavía, aventuras no sospechadas. El velo de lo porvenir se va a descorrer por un instante ante vuestra pupila atónita. Estremeceos, matronas, doncellas, claros varones (p. 1.041).

Los procedimientos de repetición potencian, más con valor ornamental que significativo, la función apelativa («Respetable público, matronas, doncellas, claros varones / Estremecéos, matronas, doncellas, claros varones»), la función expresiva («mi glotis mecánica / sin pulmones ni cuerdas laríngeas») y la función simbólica («sucesos no vistos / aventuras no sospechadas»). En cada uno de los ejemplos citados, existe un paralelismo de analogía, ya que la segunda frase tiene el mismo referente que la primera. Todo el prólogo abunda en esta clase de construcciones paralelas, con las que se busca el ritmo del período; para comprobación citamos otros ejemplos poniendo en líneas paralelas las frases también paralelas:

> Es inevitable que
> con el pensamiento queramos anticipar lo venidero y
> con la imaginación edificar el porvenir (p. 1.041)

(...)
Todo, los hombres y la tierra, ha evolucionado
    hacia la geometría
    hacia lo gris,
    hacia lo mecánico,
    hacia la comunidad universal.
(...)
Se ha trabajado
    centenariamente,
    escrupulosamente,
    científicamente,
para ir creando la psicología comunista (p. 1.042), etc.[20].

También Ulises resulta el más calificado por los demás. Para Cornucopia es «hombre extraño y atractivo», «hombre extraño y perturbador», «gentil sujeto»; todos lo consideran como sabio (la expresión «sabio Ulises» aparece diez veces). Lo que para los personajes es sabiduría, para el autor es sagacidad y astucia, puesto que lo presenta como hombre «inquisitivo y mañero»[21]. El propio Ulises

---

[20] También el prólogo de *Los intereses creados* está construido con un despliegue de figuras retóricas a base de procedimientos de repetición: «He aquí el tinglado de la antigua farsa (...) la que alivió, (...) la que embobó, (...) la que juntó. (...) Subió la farsa a palacios (...) del pueblo recogió burlas y malicias (...) ilustró después su plebeyo origen», etc., etc.
Existen otras muchas analogías. El prólogo contribuye a situar las dos obras fuera de un tiempo y un espacio históricos en un pasado o futuro lejanos. El recurso primitivo del prólogo para explicar a los oyentes el contenido de la obra, en ambas es innecesario, ya que está muy claro su desarrollo. Más parece un adorno retórico y poético. También los personajes de las dos obras tienen cierta afinidad, por lo irreales; en una, son máscaras de la comedia dell'arte; en la otra, son casi robots de un mundo futuro. Los dos escritores insisten en su carácter irreal, una como farsa guiñolesca, y la otra como patraña. Benavente recurre a los orígenes del teatro para explicar este tipo de comedia; Pérez de Ayala utiliza razones de tipo filosófico; por último, ambas obras tienen una moraleja semejante, ya patente desde el prólogo: el triunfo del amor en *Los intereses creados;* el triunfo del sentimiento en *La revolución sentimental.* Los dos terminan con una invitación a la risa, a la diversión. «Reíd. ¿Hay algo que no merezca un comentario risueño?», dice Pérez de Ayala. Y Benavente «Estos viejos polichinelas pretenden hoy divertiros con sus niñerías».
[21] El propio Ulises reconoce las limitaciones a su sabiduría, cuando, preguntado sobre las cualidades que debía poseer el rey en los pueblos antiguos, contesta: «No lo he podido descubrir. Estudiando documentos de tales épocas sólo he venido a averiguar que el tal rey unas veces era mucho más gordo y otras tenía más barba que sus súbditos. Y nada más. A uno le llamaban Carlos el Gordo. A otro, Jaime el Barbudo», p. 1.057.

confirma sus cualidades indagatorias al explicar a los demás cómo ha llegado a conocer las verdades y descubrimientos que les va a revelar.

Otro rasgo que define a Ulises como protagonista es el amplio número de situaciones deícticas en que interviene. Cuando en la escena 4.ª dedica tanto tiempo a desvelar el pasado a los asistentes a la reunión, continuamente vuelve al presente para hablar con unos y otros, siempre llevando la batuta de la situación.

Por último, hay que destacar que algunos personajes usan un tipo de jerga, que, como indica la acotación primera «tiene tanto de español como de jerga galicana». Caracteriza especialmente a Cornucopia, Agatocles y Ulises, que utilizan bastante la voz pasiva y algunos galicismos (ejemplos: «¿por dónde sois entrada?», «Fuimos aguardando», «Soy descendida», «¿Es venido Ulises?», etc., y términos como *remarcable, charmante,* etc.).

CONCLUSION

El estudio del texto principal y del texto secundario, en la patraña *La revolución sentimental,* ha contribuido a precisar los componentes de la obra, tanto verbales como no verbales.

En cuanto a los verbales, ha quedado claro que apenas existe acción, puesto que ésta se reduce al deseo de los personajes de cambiar la situación en que viven, sin poner medios por su parte. Solamente Ulises pasa a la acción, pero fuera de la escena, y en ella se limita a contar a los demás las averiguaciones realizadas.

Como consecuencia de la falta de acción, no existen propiamente «actores» dramáticos; los personajes femeninos tienen como rasgo común la pasividad, excepto Cornucopia que manifiesta sus sentimientos públicamente. Entre los del género masculino, tienen alguna actividad, además de Ulises, que convoca la asamblea y aporta el conocimiento del pasado, Parménides, con su profundo sentimiento amoroso, y Agatocles, que da el impulso definitivo a la acción enardeciendo a todos para la contrarrevolución. Los otros cinco personajes podrían suprimirse sin alterarse el sentido de la obra. Sin embargo, parece que tienen una función coral, de testimonio o asentimiento, muy importante, en cuanto representativos del pueblo que encarnan, por un lado Sarpedón, eco de Agatocles, de la clase trabajadora, y por otro, las dos parejas de amantes inconscientes, símbolo de los sentimientos humanos.

El tema se reitera a lo largo de la obra, lo que le da cierto carácter moralizante o aleccionador. Después de repetir de distintos modos «Ya no hay sentimiento individual: no hay hombres sentimentales», los personajes van probando con sus actitudes la tesis contraria, subrayada por la consabida afirmación de Ulises: «He ahí una cosa que no ha podido destruir el estado socialista: el amor» (p. 1.066).

Respecto al estilo, las cualidades literarias del lenguaje de Pérez de Ayala son notorias. En el prólogo existe la misma abundancia de verbo y la elegancia de giro que el propio Pérez de Ayala descubría en Benavente.

Los componentes no verbales de la obra, música y espectáculo, se indican muy sobriamente en el texto secundario. Sin embargo, ya hemos destacado algunas acotaciones que complementan las partes verbales, por ejemplo, los caracteres. Los mismos signos paralingüísticos, kinésicos y proxémicos han servido para caracterizar conjuntamente a las tres parejas de enamorados. Además de la exaltación del sentimiento individual, en los porteros del club se manifiesta una exaltación de la libertad, exteriorizada por la elevación del tono de voz, etc., etc.

En conclusión, puede decirse que *La revolución sentimental* cae en muchos defectos del teatro de Benavente: carácter retórico de la expresión, personajes conversadores y no actores, falta de realidad (es obra de símbolos), carencia de acción dramática. También Pérez de Ayala rebaja la calidad artística de la obra al predicar sus ideas a través de los discursos de Ulises, ideas que según afirmará al analizar a Benavente, en parte son estériles, porque el personaje predica de palabra y no de obra. En efecto, Ulises es el único que no hace manifestación del sentimiento individual. Como el artista que manipula sus marionetas, así dirige a los componentes del Club este hombre «mañero e inquisitivo», quedando por encima de sus criaturas. Estos personajes marionetas vinculan aún más la patraña a *Los intereses creados,* estrenada en 1907, dos años antes, vinculación ya señalada en el estudio del prólogo, y que disminuye la originalidad.

A pesar de sus defectos y virtudes, hay que decir en defensa de Pérez de Ayala, que como Benavente, ha tenido que respirar el aire de su tiempo, y ha pagado tributo a un concepto de teatro literario entonces de gran aceptación.

Además, esta obrita de Pérez de Ayala es simplemente una patraña de carácter fabuloso, que no tiene más pretensiones que hacer reír, y a la vez hacer pensar. Es una pequeña ofrenda de juventud al género teatral por parte de un escritor, después gran maestro de la novela.

NOTAS SOBRE EL CREDO CRITICO-ESTETICO DE RAMON PEREZ DE AYALA

José M.ª Roca Franquesa

PRELIMINARES

Es achaque común de todo escritor que cultive diversos géneros literarios, que tenga una obra sobresaliente en uno de ellos, que la crítica le minusvalore en los restantes: Cervantes, Lope de Vega, Larra, Clarín, Unamuno, etc., son buen ejemplo; por otra parte, la valoración del escritor suele variar con el tiempo. Si no como poeta, Cervantes ha sido injustamente preterido como dramaturgo –aspecto en el que se está revalorizando en nuestros días–, al ser proclamado nuestro primer novelista; en su tiempo, Clarín fue considerado notable crítico, en detrimento injusto de su labor de novelista y cuentista; y hoy, es opinión unánime de la crítica, considerar muy superior a éste sobre aquél, hasta el punto de proclamar a *La Regenta* la mejor novela del siglo XIX. Discusión bizantina se nos antoja la de si el Unamuno excelente es el novelista, el poeta, el dramaturgo o el ensayista; los ejemplos llenarían muchísimas páginas, ya que un escritor *vale* por su obra total, y todo cuanto sale de su pluma, sea de mayor o menor calidad estética, contribuye a perfilar su personalidad.

Pérez de Ayala no es una excepción y, así, al enfrentarse con su obra se hace imprescindible aludir a algunas cuestiones ampliamente debatidas por la crítica.

1. Pérez de Ayala no fue en su tiempo ni es hoy en día un escritor popular, y constituye –como dice Andrés Amorós– «un caso verdaderamente singular en nuestra literatura contemporánea»:

«Alabado en su tiempo, por figuras del máximo prestigio, Galdós, Ortega, Curtius, Madariaga, Antonio Machado..., después fue cayendo en progresivo silencio. Consagrado oficialmente, pero cada vez menos leído, pasó poco a poco a ocupar la situación –tan frecuente, por desgracia, en nuestro ámbito cultural– del clásico semiolvidado... Todo esto es un hecho del que conviene partir. Al crítico le corresponderá, únicamente, tratar de comprender por qué ha sucedido así, cuáles son algunas de las causas que pueden explicar este proceso.»

Entre las causas –Amorós señala algunas–, no cabe duda que hay que contar con el estilo; su novela no es novela al uso del momento en que se escribe, y si su serie de las cuatro novelas autobiográficas obtuvo cierto éxito se debió en buena parte a circunstancias extraliterarias[1]. Muestra Pérez de Ayala cierta suficiencia

---

[1] Es fenómeno apuntado ya por Andrés Amorós. Al publicar la primera novela, *Tinieblas en las cumbres* –y prescindamos ahora de lo endeble y episódico del tema–, se benefició del juicio de la crítica que la calificó de «escandalosa», y en buena parte, también, porque coincidía con la llamada «novela erótica» (Trigo, Zamacois, Insúa, y otros de menor categoría). El mismo autor buscó «valedores» para que suavizaran el tono lupanario de la obra. No es para echar en «saco roto» el hecho de que se encubriera con el seudónimo de Plotino Cuevas, ni de que éste, por escrúpulos de conciencia, acudiera a un padre de la Compañía para entregarle el manuscrito de la obra, «el más repugnante engendro que haya concebido nunca la mente humana... Cuartillas que en mal hora pensé y en peores instantes desarrollé al correr de la pluma; Yo no muero tranquilo si usted no me promete que las ha de publicar con un prefacio aclaratorio, a fin de que la mocedad se mire en este espejo, conciba horror y huya de la mala senda... Véase a qué repudridos estercoleros me condujo el apartamiento de la material tutela que la religión ejerce sobre los hombres». Y aunque intente velarse en un tono irónico y desenfadado, se echa de ver cierta pedantería en lo que se consigna a continuación. Aceptada la petición por el reverendo Padre, recomienda Plotino Cuevas: «–Suplícole, entonces, que corrija usted algún descuido de estilo, que los habrá, porque, como le digo, escribí la obreja con harto poco sosiego. Entienda, asimismo, que si he puesto en ocasiones sobrado caudal de citas inglesas, latinas y hasta griegas, no es porque yo haya sido pedante, sino por cierto inmoderado afán, que siempre sentí, de mofarme un tanto de mis presentes lectores». Para nosotros, lo irónico, la intencionalidad ambigua del texto no puede engañar a quien ignore «actuaciones» públicas del autor en los años de la publicación de la obra.
   La consagración popular la alcanzó con la publicación de *A. M. D. G.* novela que tuvo la virtud o la desgracia de constituirse en caballo de batalla de derechas y de izquierdas. Desde el punto de vista literario, creo sinceramente, que es una novela muy endeble; facilona como toda obra «comprometida», en término de moda; en cuanto a *Troteras y danzaderas,* se valoró por lo que tenía de novela de clave, y se omitió lo que la obra tiene de crítica literaria y de novela de reflejo de una juventud

rayana en el engolamiento, prurito de poner de relieve cuanto sabe, que no es poco, displicencia que le hace tratar con poca simpatía a sus personajes; diríase que se coloca un tanto más allá del bien y del mal, y en este aspecto, el mejor juicio que se ha formulado sigue siendo el de Antonio Machado:

> «Lo recuerdo... Un pintor me lo retrata,
> no en el lino, en el tiempo. Rostro enjuto,
> sobre el rojo manchón de la corbata,
> bajo el amplio sombrero; resoluto
>
> el ademán, y el gesto petulante
> –un sí es no es– de mayorazgo en corte;
> de *bachelor* en Oxford, o estudiante
> en Salamanca, señoril el porte»[2].

---

desesperanzada; para nosotros es la más lograda de las cuatro «autobiográficas». Juzgamos interesante el juicio de «Andrenio»:

«Hay en *Troteras y danzaderas* un pasaje, que si para la acción no tiene gran importancia, sobresale por su perfección y acabamiento literario. Es la escena en que Alberto lee a Verónica –una de las *danzaderas*–, el *Otelo*. Es a modo de un experimento sicológico, en que el alma de la mujer, limpia de toda cultura literaria y artística, va experimentando reacciones naturales y espontáneas ante cada uno de los personajes y motivos espirituales que componen el drama shakesperiano. Verónica les da a todos la razón sucesivamente, como si su espíritu fuese materia plástica, blanda y dócil, dispuesta a recibir todas las impresiones, a admitir la huella de cada una y a responder acorde. Yo no sé si es natural en un espíritu ayuno de preocupaciones literarias y no adulteradas por ninguna clase de estudio esta receptividad tan obediente; si el opinar será enteramente facultad de la cultura. Es un punto experimental que habrá que probar con muchas Verónicas; pero el efecto es artístico y muy acabadas estas páginas que permiten hasta considerar que los extremos se tocan, desde el simple que deja aposentarse en su interior todos los motivos y estados de ánimo, hasta el superhombre que llega a la suma comprensión y se hace cargo de todo, que es en lo que dicen que consiste el sexto sentido. Así, a priori, hay que desconfiar un tanto de que haya espíritus en estado de naturaleza. Las representaciones y los sentimientos que componen cada fase de la cultura parece que están disueltos en el ambiente social y que al comercio humano llega siempre algún eco o reflejo de ellos». (*Novelas y novelistas*: «Las novelas de Pérez de Ayala», pp. 281-292. Madrid, MCMXVIII.

[2] El soneto de Antonio Machado se completa con estos tercetos:

«Gran poeta, el pacífico sendero
cantó que lleva a la asturiana aldea;
el mar polisonoro y sol de Homero
le dieron ancho ritmo, clara idea;
su innúmero camino el mar ibero,
su propio navegar, propia Odisea».

En la misma línea del reconocimiento del poco éxito, de la no popularidad de Pérez de Ayala, había abundado César Barja:

> «No es Ayala, no obstante ser ya bien conocido su nombre, lo que se dice un escritor popular, ni como poeta, ni como novelista, ni como ensayista. Verdad que tampoco es un escritor impopular o antipopular, en el sentido en que lo son los escritores de la así llamada vanguardia literaria.»

2. Pérez de Ayala se nos muestra como un escritor polifacético, ya que aborda todos o la mayoría de los géneros literarios: novela, teatro, poesía y ensayo en toda su amplia temática: literario, estético, ético, religioso, histórico, filosófico, social, político, sociológico. ¿Cuál es el más logrado? Resulta difícil aunar opiniones sobre el particular. Para Gómez de Baquero, Ayala «es, ante todo, un ensayista», y Martínez Cachero escribe: «Creo que la imagen pri-

---

La animosidad que cierta crítica profesó a Pérez de Ayala se echa de ver en alusiones –entre irónicas y despectivas– sobre cuestiones que nada tienen que ver con el escritor; así, José Luis Vázquez Dodero, escribe: «Pérez de Ayala se apellidaba en realidad Pérez Fernández, pero don Ramón cambió el apellido materno por el de su abuela paterna, doña Paula de Ayala y del Castillo, que quizá fuese de linaje solariego». Vázquez-Dodero se apoya en Miguel Pérez Ferrero, y añade por su cuenta: «Ocurre a menudo que los hombres no acordamos nuestra conducta con nuestras ideas, y por eso resulta curioso que uno de los padres de la segunda República española, tuviese ciertos pujos nobiliarios en abierta contradicción e inconsecuencia con su actitud política. Su espíritu, como el de Marañón y el de Ortega, era eminentemente aristocrático. Por cierto, que en alguna parte he leído que Pérez de Ayala fue hombre elegante. Ya que he tocado este punto añadiré que una cosa es ser elegante y otra ir bien vestido. Los tres padres de la República vestían bien, pero el único que sabía hacerlo como Dios manda era don Gregorio Marañón. A su lado, la indumentaria tenía ribetes horteriles. Y cuando apareció su retrato de calzón corto emperejilado con una casaca de embajador de España en la corte de su Graciosa Majestad británica, la rechifla no fue exclusivamente derechista». El tono agresivo, personal, sobre todo por no *venir a cuento*, es notorio; y conste que he silenciado alguna frase, y de poco puede servir el complemento del juicio anterior: «Tampoco dudo de que hiciese buen papel, social al menos, en el desempeño de ese encumbrado y comprometido cargo. Su cortesía, su sagacidad, su conocimiento del inglés y su espléndida cultura literaria conspiraban al éxito de un esclarecido humanista puesto al frente de una embaja de alto bordo». (Vid. *Ramón Pérez de Ayala: Las terceras de «ABC»*. Edit. Prensa Española. Madrid, 1976, pp. 8-9) Andrés Amorós transcribe un texto de Luis Calvo, que dice: «Señorito despabilado que había venido de Londres luciendo unos terribles chalecos de fantasía, unos abrigos de lord, unos sombreros fastuosos que chocaban con la miseria de la poetambre madrileña; que fumaba cigarrillos egipcios y habanos de rentista». Dígase lo que se quiera, estos juicios no pertenecen al campo de la crítica literaria, y sí al de la chismografía.

mera ofrecida por nuestro escritor es la de un ensayista que impregna de ensayismo sus novelas ...y hasta alguno de sus poemas»[3].

«Puede especularse acerca de cuál de estas tres personalidades literarias del autor sea la dominante; la decisión dependerá en gran parte de la idea que tengamos de lo que un poeta, un novelista o un ensayista son, o deben ser. De todos tres, ateniéndonos a las ideas más de uso común, posee el autor características fundamentales y bien equilibradas, de tal modo, que sólo apurando mucho la idea de cada una de las tres personalidades, y correspondiente género literario, podría afirmarse el predominio de una u otra, a expensas y en detrimento de las otras dos.»[4].

---

[3] A este propósito escribe César Barja: «Joven aún, a los cincuenta años, cuenta don Ramón Pérez de Ayala con una serie de brillantes éxitos literarios. Cuenta también con una obra ya extensa y menos que la de otros escritores contemporáneos suyos. Como varios de ellos ha cultivado Ayala el periodismo, y a eso se debe en parte, sin duda, que su producción literaria no sea mayor. Pero tanto o más débese a la calidad del producto, que exige una elaboración lenta. Escritor exigente consigo mismo, no se contenta con una producción fácil; cuida con esmero de la calidad de su literatura y, ciertamente, hasta ahora, con excelente fortuna. Ya sus obras primeras acusaban una personalidad original, pero esto se marca aún más en las posteriores, y más en las últimas. Esta nota de progreso, de avance constante, va destacando cada día más la figura del autor, que aparece ya hoy en primera fila entre la media docena de escritores que dan tono a la literatura española contemporánea.
En la novela, género que comprende más de las dos terceras partes de su total, él es, con Baroja, una de las dos cumbres de esa literatura. Ni demasiado viejo, ni demasiado joven, ni retaguardista ni vanguardista, parece, para los que desde lejos le vemos, mantener la distancia entre ambos extremos, en una posición de suficiente, segura y envidiable independencia. Está, es claro, con los intelectuales; a veces, sin embargo, más que asentir a la crítica de los intelectuales, o de algunos de ellos, vuélvese contra ellos, y contra ellos defiende al pueblo en algún escrito de sólido sentido histórico. Pero, repetimos, no es un escritor popular. Esto no tiene mayor cosa que ver con el número de lectores de sus libros, que es crecido... tiene que ver con la persona y arte del escritor, y es, en último término, una cuestión de temperamento». (Vid. César Barja: Ramón Pérez de Ayala, en «Libros y autores contemporáneos, pp. 439-466. Madrid, V. Suárez, 1935.
[4] Vid. César Barja, op. cit., p. 440. Y en la página siguiente, añade: «Para quien crea demasiado en la realidad de los géneros literarios y crea, sobre todo, que sólo encajando rigurosa y estrechamente en uno de ellos pueda un escritor tener verdadera personalidad literaria, aparecerá acaso como una desventaja este carácter un tanto indeciso de escritores y de obras en quienes, como en el caso de Ayala ocurre, se confunden aspectos o modos de una personalidad con los de otra, de un género con los de otro. Se echa entonces de ver lo que a un escritor le falta, si es que algo le falta, y no se echa de ver, por el contrario, lo que le sobra, si es que algo le sobre. Y una de dos: o el escritor lo es del tipo mediocre, y seguro es entonces que algo le falta; o lo es del tipo superior, original, y seguro es entonces que algo le sobre».

Por otra parte, en cualquiera de los géneros que cultive, Pérez de Ayala, como Valera, como Unamuno, es siempre el mismo, es decir, es siempre Pérez de Ayala, por lo menos hasta alrededor de cumplir los sesenta años. Si admiramos al Valera epistológrafo, no es menor la estima que sentimos por el Pérez de Ayala ensayista, aunque no suscribimos algunos de sus juicios.

3. Sólida formación clásica, aparte del conocimiento de varias lenguas modernas, lo que le lleva, a veces, rozar la pedantería y a que predomine en él la mente sobre el corazón; excesivo intelectualismo que explica su estilo y hasta la temática de algunas novelas, poco asequibles para el lector medio:

«En Pérez de Ayala –escribe Torrente Ballester– es evidente el predominio de la inteligencia sobre la intuición y sobre la imaginación. Su capacidad amorosa es siempre de la especie *amor intelectualis*. Su visión del hombre-personaje no se produce en bloque, oscura y profunda, sino por partes, analítica y perfectamente clara. Construye los personajes por agregación de elementos en torno a una idea primordial, no a una intuición. Pretende crear deliberadamente arquetipos, revistiéndolos luego de una humanidad concreta y empírica.

No creemos que este procedimiento sea ilegítimo. Se puede hacer literatura, incluso poesía, sobre bases preferentemente intelectuales. Lo que no se puede es juzgarla con cánones obtenidos de la otra clase de poesía. Pero es el caso que no existe todavía una estética de la poesía intelectual. Más aún: el propio Pérez de Ayala, cuando se ha entregado a la crítica lo ha hecho desde puntos de vista tradicionales. Sus estudios sobre el teatro de Benavente abundan en reproches de este matiz, y muchas de las censuras que dirige al teatro benaventino son reversibles, son fácilmente aplicables a la producción novelesca de Pérez de Ayala.»[5].

---

[5] Vid. *Panorama de la literatura española contemporánea,* p. 331. Ediciones Guadarrama. Madrid, 1965.
Y Andrés Amorós –*La novela intelectual de Pérez de Ayala*–; pp. 15-16, escribe: «Toda la crítica ha alabado siempre el lenguaje de Pérez de Ayala como uno de sus

Por esta sólida formación clásica, Pérez de Ayala esboza un credo estético fijo y a tenor de este credo juzga la producción literaria, viniendo a proceder de manera inversa a Aristóteles; éste formula leyes extraídas del análisis de las grandes tragedias, mientras que Pérez de Ayala –tal vez estemos equivocados– establece el credo y luego encaja las obras, aunque proclame lo contrario en *Más divagaciones literarias:*

«Estoy convencido de que la obra de arte es producto de un acto creador en que el juicio opera por intuición inmediata y no por *inferencia* reflexiva ni deducción lógica; operaciones estas últimas que son peculiares de la ciencia. Homero –o quienes fuesen–, al crear *La Ylíada* y *La Odisea,* no formuló las leyes de la epopeya, género literario que lleva en sí ciertas leyes inmanentes, fatales. Quien formuló las leyes de la epopeya, estudiando, observando, infiriendo, deduciendo, sobre la *Ylíada* y la *Odisea* fue Aristóteles. Lo primero fue actividad estética, lo segundo, actividad científica. Las leyes y reglas aristotélicas jamás servirán para

---

máximos valores: lenguaje culto, de amplia base clásica y castiza, moldeado como una auténtica obra de arte; Escribió como nadie, resume gráficamente Torrente Ballester. No vamos a negar este mérito, pero, de hecho, el lenguaje demasiado perfecto ha sido otra de las causas que han alejado progresivamente al lector medio de las novelas de Pérez de Ayala. Téngase en cuenta que no hacemos ahora juicios de valor, sino que nos limitamos a enunciar un hecho, que no deja de tener cierto sentido. La Prosa de elevada categoría artística constituye un valor, pero si olvidamos su función de vehículo, puede llegar a constituirse en objeto que reclama por sí sólo la atención del lector; en este caso, más que ayudar, lo que hace es entorpecer la comunicación entre autor y lector. No otro es el caso –me parece– de Gabriel Miró, como sagazmente vio Ortega: la perfección *impecable* e *implacable*. El exceso de perfección es perjudicial siempre, pero sobre todo en la novela. Todo esto produce como consecuencia sociológica la coexistencia de algunos lectores fervorosos con la indiferencia de los más. Se ha podido pensar, con cierta crueldad, que, en los últimos años de su vida, Ayala era, literariamente hablando, una momia viva. Como su amigo Azorín, pero con más interés, porque se adivinaba que su silencio era voluntario, y que detrás de él existían muchos misterios».

¿No podría aplicarse Pérez de Ayala, en más de una ocasión, la censura que dirige a Benavente: «Cuando el autor por ineptitud, por pereza o por prisa –que es una modalidad de la pereza, en el orden de la producción–, urde sus obras con episodios contrapuestos, o estira con parlamentos ociosos un asunto escaso, la perfección y equilibrio de la obra se malogran; y no sólo eso, sino que tales vicios estragan y corrompen la sanidad del arte dramático, porque estropean por igual a la obra, al actor y al público»?. ¡

crear una nueva epopeya, pero sí para juzgar toda nueva epopeya literaria que se produzca.»

Torrente Ballester, como hemos visto, señala que las censuras de Pérez de Ayala al teatro de Benavente, «son fácilmente aplicables a la producción novelesca de Pérez de Ayala»; en efecto, aparte de censurarle que en su obra hay más mente, más inteligencia que sentimiento, y que abusa de la profusión de episodios extrateatrales, dice:

«El teatro del señor Benavente es, en el concepto, justamente lo antiteatral, lo opuesto al arte dramático. Es un teatro de términos medios, sin acción y sin pasión, y por ende, sin motivaciones ni caracteres, y lo que es peor, sin realidad verdadera. Es un teatro meramente oral, que para su acabada realización escénica no necesita de actores propiamente dichos; basta con una tropa o pandilla de aficionados. Y como quiera que durante los últimos años ha imperado el teatro del señor Benavente, con sus secuelas y derivaciones, han ido acabándose y atrofiándose los actores, como un órgano sin función, y correlativamente ha desaparecido de un golpe para el público español todo el teatro clásico, nacional y extranjero, porque ya no hay actores que sepan y puedan interpretarlo, y faltando la norma perenne de los clásicos, que es el único término de comparación, el arte dramático y el gusto y discernimiento del público, se van corrompiendo y estragando cada vez más.

Todo esto es lo que encierra mi afirmación de que la dramaturgia del señor Benavente es un valor negativo.»[6].

---

[6] «Todos, con rara unanimidad entre españoles, nos escandalizamos al contemplar el estado de pobreza, confusión y anarquía que ha reinado en los escenarios madrileños durante la última temporada. No ha habido obras que levanten un palmo sobre lo vulgar. ¿Por qué? Apenas si hay media docena de actores diseminados aquí y acullá por todos los teatros de España; actores que, en justicia, merezcan este nombre. ¿Por qué? Para hallar la causa es menester, en el tiempo, cerca de veinte años, cuando el señor Benavente, con talento y habilidad que nadie osará discutirle, comenzaba a imponer una manera de teatro imitada de las categorías inferiores y más efímeras del teatro extranjero. Suponíase entonces que el señor Benavente traía la

Antes de entrar en la obra de Pérez de Ayala como crítico –ensayo y periodismo–, permítansenos unas palabras sobre una cuestión aludida reiteradamente, pero sólo aludida. Nos referimos a su labor como dramaturgo. El interés que mostró por el teatro fue constante a lo largo de su vida, y a todo cuanto en mayor o menor grado pueda relacionarse con este género, dedicó la máxima atención, hasta el punto que ordenando sus juicios dispersos tendríamos una vasta preceptiva dramática. Si Benavente repitió hasta la saciedad que su máxima aspiración fue la de ser actor, la de Pérez de Ayala fue, sin duda, la de ser dramaturgo. Por los mentideros madrileños corrió la especie de que la enemistad entre ambos se debió a creer el novelista asturiano, que Benavente no había abogado para que le fuera admitida una comedia por el empresario Tirso Escudero; el mismo Ayala desmintió –¿cómo no?– tales dimes y diretes, negándoles todo fundamento. Sea lo que fuere de todo esto, lo indudable es el interés que Pérez de Ayala sintió siempre por el teatro y que se echa de ver, no sólo en su obra crítica, sino en la novela y hasta en la poesía: «Cualquier lector atento descubrirá en las novelas de Pérez de Ayala una peculiar textura teatral, perceptible en temas, situaciones, diálogos y modalidades descriptivas. Los valores que afectan a la pureza novelesca no quedan mermados, sin embargo, con esta carga de elementos teatrales». Hemos aludido a *Troteras y danzaderas*, y B. Levy en *Pérez de Ayala's Belarmino y Apolonio* (The Spanish Review, 1936. III, pp. 74-81), ve en la obra, un inteligente intento de explicar las figuras de los dos zapateros como una parodia de lo que ha combatido siempre: los malos dramas y la falsedad de las afectaciones poéticas modernistas.

Que Pérez de Ayala *intentó* el teatro, no nos cabe duda; al parecer por lo menos una de sus obras se representó en Oviedo; y García Mercadal escribe: «Entre sus papeles abandonados algo se ha hallado de esos primerizos intentos, pero sin que de ello nada quepa

---

revolución al teatro español. Lo que traía era la anarquía. La revolución engendra un orden nuevo, que, al fin y a la postre, ensambla con la tradición y la continúa. La anarquía rompe con la tradición, es el reinado de lo arbitrario y cada vez engendra más anarquía. Y así estamos donde estamos». *(Las Máscaras.* I. pp. 106-107. Crítica de «El mal que nos hacen».)

deducir. Lo que sí podríamos preguntarnos, aunque ya no pueda respondernos, ¿qué se hizo de un drama titulado *Un alto en la vida errante* que Ayala escribiera en colaboración con Antonio de Hoyos, en el que, a los que lo conocieron parecióles descubrir algo como la intensidad y fuerza de visión realista de *L'alegría que passa,* de Santiago Rusiñol? No puedo juzgar *Un alto en la vida errante,* pero sí que este título es tanto o más apropiado que el que el dramaturgo catalán dió a su obra. Si ambas pueden relacionarse, como afirman los que las conocieron, la de Pérez de Ayala –ya que la de Rusiñol es harto conocida–, tiene un fondo amargo y desesperanzado en la línea noventayochista de denuncia de la bancarrota de la ilusión, del tedio provinciano, o, mejor, lugareño, a causa del materialismo dominante, cicatería y avaricia, que lleva a un discurrir puramente vegetativo; medio que ahoga a cuantos quieren *soñar,* quieren creer o creen, que sobre la mezquina realidad está la fantasía. La alegría, simbolizada en la llegada a un pueblo, dormido y bostezante, donde los noviazgos y matrimonios se acuerdan con el mismo espíritu con que se tratan la compra venta de ganado o de campos de labranza, de una tropilla de titiriteros, compuesta de tres personajes: el Clown, derrotado bohemio de buenos sentimientos; Cop-de-puny (Puñetazo), personificación de la fuerza bruta, y Zaira, bailarina y cantante, bohemia, tipo exótico y de buen corazón, pero sin posibilidad de ponerlo de manifiesto, por la brutalidad con que la trata Cop-de-puny; espíritu fatalista, símbolo de la poesía y de la ilusión, despierta el amor de Joanet, hijo del alcalde de la villa, mientras todos los convecinos abuchean y expulsan a los titiriteros. Rusiñol titula la obra –que adorna con unos números musicales, «cuadro lírico», lo que nos advierte que no se llegará a la tragedia, para lo cual *rebaja* el carácter de Joanet, cabeza a pájaros por empacho de lecturas románticas mal digeridas. La obra se reduce al esbozo del tedio y de la abulia, que Pérez de Ayala, naturalmente con mucha mayor amplitud y variedad de matices, abordó también en las novelas de la primera época.

L'alegría que passa, con música de Enrique Morera, aunque escrita en 1890, no se representó hasta 1901. Pérez de Ayala pudo conocerla en la traducción que hizo su amigo Gregorio Martínez Sierra, que también adaptó, con el título de *Las golondrinas,* otra obra de Rusiñol, *Cigales i formigues (Cigarras y hormigas).*

Al margen del tema quiero aludir a una comedia de los hermanos Quintero, *El amor que pasa,* más compleja que la de Rusiñol, aunque también incidente en el tedio provinciano, en el ver esfumarse la ilusión de un momento. A Torrente Ballester debemos el análisis más agudo de esta comedia, que por la idiosincrasia de los autores no se resuelve en tragedia, sino en melancolía: «Socorrito, la protagonista, además de chica encantadora y sexualmente atractiva, es una mujer importante»; Alvaro, el protagonista masculino, que se define como «hombre sin raíces», no es más que «un mariposón cuya fortuna le permite viajar sin detenerse en ningún paisaje y en ninguna mujer más que el tiempo indispensable para catar el aroma y salir pitando»[7], y comprende que «el amor de Socorrito le empujaría a una tensión nerviosa que su alma es incapaz de soportar... por eso escapa de ella a uña de caballo, sin otra esperanza que vagas promesas postales».

Pérez de Ayala crítico teatral: Las Máscaras.–Benavente

En la crítica teatral de Pérez de Ayala ocupa lugar destacado la que dedica a la obra de Benavente, tanto si nos atenemos a la virulencia de los juicios cuanto a la *polvareda* que levantaron en su momento.

Pese a sus protestas de ecuanimidad, de respeto, hasta de admiración por don Jacinto, toda vez que proclama que deja a salvo la

---

[7]   Vid. Gonzalo Torrente Ballester, *Teatro español contemporáneo.* 2.ª edición. Edic. Guadarrama. Madrid, 1968, pp. 264-279. «Los Quintero –dice–, escritores realistas, jamás se distinguieron por su mirar zahorí, por su comprensión interior de la realidad histórica, de la social, de la humana. En principio, el mundo les parecía bien, España era el mejor país del mundo, y Andalucía la Baja, una sucursal del paraíso. Como no sospechaban la que se venía encima, como eran conservadores y conformistas, todo lo más que pedían a la realidad, en materia social, era que los miserables tuviesen un poco más de dinero, mas no tanto que llegasen a ensoberbecerse». (p. 266). Por su parte, Pérez de Ayala en la crítica de *El collar de estrellas,* argumenta en contra de la palabrería filantrópica del protagonista, ante la lucha de clases «que engendra crueldad y sinnúmero de delitos», que «el remedio saludable no parece que sea predicar resignación a los de abajo y desprendimiento a los de arriba, sino extirpar las diferencias de clase, poco a poco, como se pueda. Y entonces se verá cómo el amor brota lozanamente sin que lo prediquen». Ni los Quintero *vieron* el remedio acertado, ni en los personajes de *El collar de estrellas* es consecuente la teoría con la práctica; no obstante, para nuestro crítico, en los comediógrafos andaluces todo es acertado o casi acertado, y en Benavente todo es... lo que vamos comentando.

persona y que lo enjuiciado es sólo su dramaturgia, creemos que la aludida virulencia se debió, en buena parte, a razones extraliterarias, de las que tal vez, no tuviera plena conciencia. Bien que el crítico parta de un credo estético meditado; es hasta imprescindible que así sea, pero a condición que se sirva siempre de él con ecuanimidad; lo que ya es menos justo es que se retuerzan los argumentos y principios para valorar unas obras en detrimento de otras; y de esto no podemos eximir a Pérez de Ayala, que adolece de extremoso y de subjetivo. ¿Hasta qué punto es justificable que se contrapongan dos tipos, dos técnicas, hasta dos temáticas, para concluir que en el dramaturgo *A* es todo perfecto, es decir, modelo en todos los órdenes y en el *B* todo es negativo, falso, antiteatral ,y discursivo? Toda comparación es odiosa, y para enaltecer a un escritor no es razón decorosa la de rebajar a otro.

Prueba de que la crítica vio que los juicios de Pérez de Ayala tenían, como vulgarmente se dice, *gato encerrado,* exceso de subjetivismo, es que se lanzó a la búsqueda de *este gato.* Pero procedemos por orden. En el «Preámbulo» de *Las Máscaras,* tras aludir al carácter unitario de la serie de artículos que contienen, «que se acomodan a la exigencia de la unidad, condición primera para que un volumen, esto es, un mero agregado de páginas impresas, se trasmute en esa realidad superior del espíritu: un libro», nos advierte de lo meditado y de la originalidad de la obra, «que no supone que mis ideas no se le hayan ocurrido a otros antes que a mí, como es probable que suceda con la mayor parte de ellas, sino que han tenido origen en la espontaneidad de mi espíritu, y que luego han adquirido expresión concreta mediante el esfuerzo metódico de mi inteligencia».

Como prueba de la persistencia y ecuanimidad de su credo estético, alude a las *críticas* de los estrenos de *Casandra,* de Pérez Galdós y de *El collar de estrellas,* de Benavente, distantes en cinco años:

> «*Casandra* es la primera crítica teatral que yo he escrito en mi vida... Mi segunda crítica de teatros, por orden cronológico, fue sobre *El collar de estrellas,* de don Jacinto Benavente... De una a otra corrió un intervalo de cinco años.

Cuando apareció en la revista *España* mi crítica sobre *El collar de estrellas,* algún escritor malicioso la atribuyó a animadversión que yo sentía contra el Sr. Benavente, por no sé qué fútiles motivos del momento. El lector cotejará mis dos primeras críticas, en donde hallará las mismas ideas esenciales, sintéticamente apuntadas en la una, ya que a la sazón eran ideas nacientes, más afirmativas y desarrolladas en la otra, como ideas maduras y firmes que son. La coincidencia no obedece a que en el punto de escribir sobre *El collar de estrellas* tuviera presente aquel breve ensayo sobre *Casandra,* sino que en el entretiempo había consagrado no pocos afanes y diligencia a ahondar en el problema del arte dramático, habiendo logrado coordinar un esbozo de teoría, basada en la interpretación y análisis del *Otelo* de Shakespeare, la cual forma parte de mi novela *Troteras y danzaderas,* publicada dos años antes del estreno de *El collar de estrellas.*»[8].

A través de la crítica puede reconstruirse en buena parte el proceso de las relaciones Pérez de Ayala-Benavente. En la novela de clave *Troteras y danzaderas,* aparece el dramaturgo bajo el nombre de Bobadilla, y de cuanto se dice de tal personaje, caracterizado con los rasgos más significativos, tanto en lo físico cuanto en lo intelectual, podemos colegir que no le simpatiza: largos bigotes, aire mefis-

---

[8] El análisis de un temperamento a través de las emociones que en él suscita una obra dramática puede observarse en el lector, en el espectador y en el actor. La autosugestión *para vivir* más o menos transitoriamente hechos y situaciones de personajes de ficción, ha constituido tema bastante reiterado a lo largo de la literatura, y sin salirnos de la nuestra se nos ofrece –en algún caso hasta con desenlace trágico– en la trilogía de personajes señalados. Esta autosugestión puede ser de efecto emocional breve, poco más del tiempo que dure la lectura o la representación a la que se asiste. Pero en otros casos puede llegar a conformar la sicología del personaje, hasta el punto de crear en él una segunda naturaleza, que pasa a ser la normal. No es preciso recurrir al ejemplo de don Quijote. Ya hemos aludido a las diversas emociones que va experimentando Verónica ante la lectura de *Otelo,* por Alberto Díaz de Guzmán. Nuestro teatro del Siglo de Oro presenta varios casos de identificación del personaje real –actor–, en el de ficción; valga un ejemplo de desenlace trágico: *Lo fingido verdadero,* de Lope de Vega, más que imitada por Rotrou en su *Saint Genest.* Para el episodio aludido de *Troteras y danzaderas* tal vez tuvo presente el admirable análisis sicológico de Ana Ozores, al presenciar la representación de *Don Juan Tenorio,* (Cap. XVI de *La Regenta).*

tofélico, causticidad, agudeza, ingenio, pesimismo. Pero es a partir de las críticas que recoge en *Las Máscaras* cuando se acentúa el excesivo rigor, que provocará la reacción, incluso de amigos; señalemos, entre otros, el artículo de Manuel Machado, crítico de «El Liberal», con el título de *La moral de la crítica:*

> «¿Crees tú que está bien considerar a Benavente como valor negativo para que nos quedemos por toda positividad con Arniches y los Quintero, ya que Galdós lógicamente ha de producir muy poco? ¿Te parece justo emplear la severidad sino la saña incisiva de tu ingenio agudísimo, de tu talento fuerte, creador, por otra parte, de maravillas positivas, en desviar el juicio del público y el aplauso unánime de todos de la primera figura de nuestro teatro hasta motejar de flujo amorfo, el admirable lenguaje, cuajado de hondas verdades y de toda manera de gracia que tú mismo reconoces en otro párrafo de tu artículo? ¿No crees tú, Ramón, que hay una alta moral de la crítica que debe primar a nuestras más puras y vehementes simpatías artísticas? El ataque virulento, acre, sañoso, lanzado en una ligera crónica, desde un gran rotativo de público universal, contra uno de nuestros más grandes prestigiosos literarios –y nos sobran tan pocos– no es proporcionado, no es oportuno, no es bueno y, sobre todo, no es justo.»

En la réplica, Pérez de Ayala se reafirma en sus juicios en nombre, dice, de la verdad intelectual y de la verdad moral:

> «Hay un punto en tu amonestación particularmente grave: el de la moralidad de la crítica... Hay que distinguir dos órdenes de verdades: la verdad intelectual y la verdad moral. Lo contrario de aquélla es el error o la equivocación. Lo contrario de la verdad moral es la mentira o la insinceridad.
>
> Incurrir en errores o equivocaciones no es hacerse reo de inmoralidad crítica. Bien al contrario, es verosímil adolecer de inmoralidad crítica aun acertando por chispa con la verdad intelectual... Me interesa fijar que no puede haber

otra moralidad crítica que la sinceridad; suponiendo desde luego que quien ejerce la crítica es persona suficientemente preparada, reflexiva y honrada en su conducta.

En este caso concreto de la crítica moralista, aunque no soy amigo de alardes, me atrevo a pensar que me acompaña la verdad intelectual, y está cierto que ni ahora ni nunca me ha desamparado la verdad moral.»

No es este lugar a propósito para terciar en la polémica; con los dos textos transcritos y la lectura de la comedia de Benavente, *El mal que nos hacen,* que cualquier lector juzgue; pero hay que decir, que la comedia mencionada, tan acremente juzgada por Pérez de Ayala, fue la gota de agua que provocó el artículo de Manuel Machado ante las reiteradas censuras del novelista asturiano.

Pero la crítica de Pérez de Ayala no se limita a enjuiciar al Benavente dramaturgo; y en este aspecto es significativa la carta que escribe a Unamuno, en 15 de setiembre de 1915, y que contiene frases que no acertamos a comprender. Tras aludir al conflicto bélico europeo, dice: «No está bien que a Benavente se le ataque. Pero sería necesario que con seriedad, con autoridad, sin animosidad, enfrentándose con él se le dijera: tu *Sobremesa* de El Escorial, y todas tus sobremesas son mentira y vanidad. Estás perdiendo tu alma y muchas almas»[9].

La militancia o simpatía por uno de los bandos beligerantes: Benavente germanófilo y Pérez de Ayala aliadófilo, contribuyó también a la enemistad entre ambos; y en este sentido juzgo de interés el siguiente texto:

«Entonces se inició una dura y persistente campaña contra Benavente, acaudillada precisamente por muchos de los que al principiar su carrera fueron sus principales jalea-

---

[9] Sería interesante el parangón de la ideología dramática de Benavente y Pérez de Ayala, centrado exclusivamente en *Sobremesas* y *Las Máscaras,* y que podría completarse con el análisis de la posición que cada uno adopta ante el conflicto europeo de 1914. Uno de los juicios más duros a la vez que lacónicos, sobre Unamuno, lo formuló Benavente en su libro *¡Palabras, palabras...!:* «Si la historia de la literatura española se escribiera a gusto de don Miguel de Unamuno, sería lo más fácil de aprender: Antes de él, nadie; después de él, nada».

dores, y cuya verdadera causa para nada se relacionaba con la literatura. Había estallado la guerra europea; la propaganda de las naciones beligerantes no se paraba en barra; ¡hasta se retiró a los neutrales el repertorio wagneriano por las casas editoriales italianas, abastecedoras de los teatros de ópera, luego que Italia entró en la contienda! Los que a sí mismos se llamaban intelectuales, en España, cediendo una vez más a la sugestión de los elementos avanzados izquierdistas, no sólo tomaron resueltamente partido por los países aliados contra los Imperios centrales sino que excomulgaron a cuantos pensasen de otro modo y llevaron su entusiasmo hasta pretender lanzar a nuestro país en la contienda, a su lado. Hay que decir, porque es verdad, que la opinión general no estaba con ellos, aunque sí, como otras veces, su parte más vocinglera, que constantemente ha pretendido suplir con voces las razones... Entre los hostilizadores de Benavente figuraron entonces muchos de los que en 1905 se agruparon en aquella algarada contra la adjudicación del Premio Nobel a Echegaray... Pero como Benavente con su espinoso carácter y su singular independencia había venido aislándose progresivamente de sus antiguos turiferarios y, tal vez influido por su fino instinto para percibir en cada momento el verdadero fondo de los estados de opinión, no quiso compartir los entusiasmos de aquellos propagandistas, las cañas se tornaron lanzas, y censuras los elogios de antaño.»[10].

Aunque esta campaña no influyó lo más mínimo en el éxito del teatro benaventino, el dramaturgo no se mordió la lengua, y haciendo gala de su reconocida mordacidad aludió a estas –llamémosles– polémicas en varias de sus *Sobremesas,* en las que leemos múltiples juicios sobre cuestiones de teatro, nada acordes con los de Pérez de Ayala:

---

[10] Vid. Ismael Sánchez Estevan: *Jacinto Benavente y su teatro,* Estudio biográfico-crítico; pp. 145-146, Ediciones Ariel. Barcelona, 1954.

«¿Quién se atreve a decir lo que piensa, si no piensa como los unos o como los otros? ¿Quién se liberará de verse acoceado por la derecha o por la izquierda? ¿Es usted francófilo? Los del otro lado le insultarán como energúmenos. ¿Germanófilo? Quedará usted borrado de la lista de los *intelectuales*. ¡Gracias a Dios!, se dice en este caso.»

En las *Sobremesas,* miscelánea de artículos sobre los más diversos temas, se ponen de manifiesto los *alfilerazos* contra Pérez de Ayala y otros intelectuales, aunque, generalmente, sin nombrarlos; los temas fundamentales de la obra son el conflicto europeo, con la consiguiente defensa de Alemania, y las cuestiones relativas al teatro. A poco que se ahonde en la crítica literaria de este período, se echa de ver la poca ecuanimidad de todos los bandos y la frecuencia con que se cambia de ideas. En cuanto a que sean, como afirma Pérez de Ayala, *mentira* y *vanidad* –de esto último hay bastante–, no es Pérez de Ayala quien podía arrojar la primera piedra; «si no está bien que a Benavente se le ataque», ¿por qué se muestra tan inconsecuente?[11].

Anotemos las principales censuras que formula Pérez de Ayala al teatro de Benavente y que pueden reducirse a dos tipos: Aquellas de las que es responsable exclusivo y aquellas que responden a rasgos comunes de la dramaturgia europea de la época, el llamado «teatro de bulevar», sucedáneo de lo que se denominaba «alta comedia» o de «sociedad»:

---

[11] Las críticas de P. de Ayala no se limitan a la obra literaria de Benavente; pese a sus protestas de ecuanimidad y de que le reconoce agudeza, ingenio y talento, aprovecha cualquiera ocasión, sin que venga a cuento, para una *puntadita*; así, en la conferencia en homenaje a Pérez Galdós (Bilbao, 2 de mayo de 1916), sobre «El liberalismo de La loca de la casa», dice: «Hay autores que le enmiendan la plana al Creador y arreglan a su modo las leyes universales. En un examen superficial, pudiera parecer que si le hubieran encargado a un Ricardo León o a un Benavente hacer el mundo de la nada –que es como esta clase de escritores hacen sus obras, de la nada–, las cosas andarían mejor gobernadas y más en orden de lo que ahora están... No lo creáis», y exige un espíritu liberal al escritor: «Si la novela y el drama son las artes que más tienen de creación, el novelista y dramaturgo serán los que más se asemejen al Creador. Luego para ser propiamente creadores, la levadura de su genio ha de ser un generoso espíritu liberal». La conclusión lógica es obvia: Es así que Benavente no es un espíritu liberal, luego, Benavente no es un creador.

1. El teatro de Benavente adolece de lo episódico, «estirado», de excesiva palabrería, a causa de la pereza quizás, o tal vez de la prisa y la sobreproducción, por complacer a los actores en muchos casos, pero nunca por ineptitud. Siempre he dejado a salvo el talento del señor Benavente. Si lo desconociese, el inepto sería yo. Aunque este reparo es achacable, según el crítico, «a gran parte de las dramaturgias modernas francesa e italiana»; ¿cómo se puede compaginar que los defectos de este teatro se deban a la excesiva fecundidad del autor «para complacer a los actores», y en otro texto nos diga que para representarlo, «como casi todas las obras del mismo padre, bastan aficionados», y que los buenos actores han suprimido de su repertorio las obras de Benavente, y sólo de tarde en tarde representan alguna porque la estrenaron?:

> «Los actores españoles más o menos distinguidos de estos últimos tiempos –los Mendoza-Guerrero, Calvo, Tallaví, Morano, la Xirgu, Borrás, Muñoz...– o han excluido de todo punto en su repertorio las piezas del señor Benavente, o representan de tarde en tarde una o dos, cuando más, y eso, en parte por haberlas estrenado, en parte como oblación al fetiche de la fama.»[12].

---

[12] Juicio puramente gratuito, ya que no resulta difícil *tener a la vista,* la nómina de los actores que, limitándonos al período de 1915 a 1918 en el que se centran las críticas de Pérez de Ayala, son los de mayor renombre y, salvo ligeras permutaciones, los mismos que representan las de Pérez Galdós, el mayor genio de nuestro teatro a la sazón, según el crítico. Que entre las obras estrenadas por Benavente algunas fracasaron y hasta ruidosamente, lo declara repetidamente el propio don Jacinto. Sabemos bien de *pateos* a Ruiz de Alarcón, Rojas Zorrilla, Calderón de la Barca, etc., que, por cierto, no fueron malos dramaturgos. A Clarín se le pateó su drama *Teresa,* representado por María Guerrero y Fernando Díaz de Mendoza; Dicenta y Galdós, junto a éxitos apoteósicos tuvieron fracasos no menos ruidosos; *Sobrevivirse,* del primero, es la palinodia del dramaturgo agotado; y en cuanto a Pérez Galdós, baste con leer los prólogos tan doloridos como hondamente emotivos por el fracaso de sus dramas *Los condenados* y *Alma y vida:* «Esta obra –*Los condenados*–, no agradó al público. No necesito encarecer mi confusión y tristeza, casi estoy por decir mi vergüenza, ante el fracaso, pues compuse el drama con la franca ilusión de que sería bien acogido; llegué a figurarme, trabajando en él con ciego entusiasmo, que lograba expresar ideas y sentimientos muy gratos a la sociedad contemporánea en los tiempos que corren; lo terminé a conciencia, lo corregí y limé cuanto pude, y persuadido de no haber hecho un despropósito, ni mucho menos, lo entregué confiado y tranquilo a don Emilio Mario... El estreno, como brusca sacudida que nos transporta del ensueño a la realidad, me presentó todo al revés de lo que yo había pensado y sentido». En cuanto

2. Revela esterilidad de imaginación creadora a pesar de la fecundidad: *«Los intereses creados* son apreciados como la perla de la labor benaventina, y no son sino una de tantas adaptaciones modernas de la secular *commedia italiana».* Aparte de que pueden buscársele anteceden más antiguos, la fábula atelana, por ejemplo, en la repetición de tipos: fanfarrón, necio, viejo simple, enamoradizo, pedante, etc., la originalidad de una obra –y seguimos juicios del propio Pérez de Ayala, que compartimos– no está en el tema, sino en la manera de tratarlo. ¿Cómo tan amigo de lo tradicional, y conocedor profundo de nuestra literatura, insinúa la posibilidad de plagio[13]? El mismo Benavente escribió que el buceo de fuentes sería la partida de defunción de la originalidad, a la manera de como la entiende algunos. La falta de originalidad, Pérez de Ayala la extiende a la mayoría de la obra benaventina:

«La frecuencia de parecidos que se observa en la obra total del señor Benavente demuestra esterilidad de imaginación creadora. Aún sin estar al tanto de los originales en que

al prólogo de *Alma y vida* –de capital interés para conocer la ideología dramática de Pérez Galdós– se centra en la función de la crítica: «No puedo eximirme de decir a mis censores que ni en lentitudes que no existen, ni en lo melodramático, que tengo por broma, debieron buscar las razones de su displicencia; y respecto a la tan manoseada obscuridad del símbolo, tengo que distinguir, dándoles o quitándoles la razón, según como miremos el asunto. No es condición del arte la claridad, sobre todo esta claridad de clave de acertijo que algunos quieren. La transparencia no es siempre un elemento de belleza, y a veces ésta se pierde por causa de la completa diafanidad del vaso en que se la quiere encerrar». En el éxito o fracaso de una obra dramática se conjugan múltiples factores y no siempre dependen de la calidad. Nuestros más prestigiosos dramaturgos actuales cuentan con éxitos y con fracasos de público y de crítica: Mihura, Pemán, Buero Vallejo, Sastre, Paso, etc.

[13] Siempre será cuestión espinosa discurrir sobre el plagio; es una –diré– obsesión que no tuvieron los antiguos. Si el teatro valiera por el tema, por los avatares de los personajes, la tragedia griega se podría reducir a menos de una docena de obras. En cuanto al teatro del Siglo de Oro, se ha dicho que basta conocer muy pocas para conocerlo todo; cierto es que Moreto fue motejado de plagiario, y en un vejamen se dice que está «minando al enemigo», porque ha encontrado una mina en sus obras. Los novelistas italianos suministran abundantes temas a dramaturgos españoles e ingleses; Guillén de Castro, Lope, Vélez de Guevara, Ruiz de Alarcón, Rojas Zorrilla, etc., son *aprovechados* por los más notables comediógrafos del siglo de Luis XIV. Nada más fácil y de erudición a la violeta que extendernos sobre el particular. Se puede recordar aún la polvareda que provocó –se pensó en un tribunal de honor literario– *La muralla* de Joaquín Calvo Sotelo, a la que se le buscaron los antecedentes más diversos: *O locura o santidad,* de Echegaray, *La confesión,* de Dicenta, *¡Por un piojo!,* del P. Coloma, etc.

el señor Benavente se inspiró o con los cuales coincidió por acaso, es bien cierto que las comedias de este autor no producen impresión de abundancia, de exuberancia, de fantasía. Se encarecerá la fecundidad literaria del señor Benavente, computando las muchas comedias que lleva escritas; pero tomada cada comedia de por sí, el tema, asunto o maraña, es siempre minúsculo, precario, cuando no baladí.»

Un asunto o tema puede ser minúsculo, sin que por ello carezca de originalidad, de la misma manera que puede ser difuso y reiterativo y carecer de la misma. Pero tan aventurado como el juicio expuesto es el que formula mezclando dos cualidades artísticas: inventiva y originalidad: «Lo peor del teatro del señor Benavente no es la falta de inventiva sino la falta de originalidad; no la aridez de imaginación, sí la aridez de sentimientos, y de aquí, precisamente, su sentimentalismo contrahecho y gárrulo».

3. Teatro de tesis, defensa de principios ético-sociales que se resuelven no por la fuerza de la acción sino en palabras, en sermoneo, y proclividad a la presentación de obras «cuyos personajes son emperadores, reyes, príncipes, grandes duques y señores en amalgama promiscua con una taifa copiosa de tahures, criminales, ladrones, mujeres cortesanas... –*La princesa Bebé, La escuela de princesas, La noche del sábado*–. Son obras que producen inquietante impresión; pero una impresión truncada, como si les faltase algo. Les falta la música de vals. Serían excelentes libretos de opereta. En ellas no hay argumento, o si lo hay, es una mínima aprensión de argumento, diluida en la vena quebrada de lo pintoresco»[14].

---

[14] Benavente contesta a tal acusación: «De mis ciento cuarenta comedias, no llegarán a seis o siete las situadas en ambiente aristocrático. Estoy seguro que no hay más marquesas y marqueses en ellas que reyes y reinas, príncipes y princesas en las treinta y siete de Shakespeare y en las doce de Racine. No digamos de la tragedia griega... Creo que los precedentes no sean tan despreciables». *(Entrevistas.* Vol. XI de «Obras completas» de Aguilar). Galdós, tan admirado por Pérez de Ayala, hasta el punto de compararle con Shakespeare, cuenta proporcionalmente con una nómina muy superior de personajes aristócratas en su teatro. No es que la cuestión tenga el menor interés; es que no se puede considerar mérito en Galdós lo que se considera demérito en Benavente:

«En don Benito Pérez Galdós, como en Shakespeare, se ve claramente que el autor ha concebido la obra dramática como un todo, en el cual se coordinan en cada

4. Espíritu discursivo que le lleva a mostrarse inmisericorde con sus personajes: «No recordamos de ninguna agudeza del señor Benavente, que no sea alusión al sexo o menosprecio de la persona», y en la crítica de *Mefistófela,* escribe:

«El señor Benavente –me refiero al señor Benavente autor– es todo mente, intelecto, razón discursiva; es ingenioso, es agudo, es certero en la sátira negativa, la sátira que se ensaña con los defectos del prójimo, con fruición, sólo por gozarse en ellos, a diferencia de la sátira moral, que, teniendo siempre presente una norma de perfección, fustiga dolorosamente los defectos por corregirlos. El señor Benavente ha querido fabricar con la cabeza un corazón; pero el corazón que ha puesto en sus obras es frío y vano, por demasiado raciocinante, cuando es sabido que el corazón ha sido puesto en el pecho con el fin providencial de elevar hasta la inteligencia un vaho cálido y nebuloso con que la luz en extremo viva de la razón se empañe, se mitigue y no nos ciegue. Dicen que las obras del señor Benavente encierran su filosofía. Bueno: llamémosla así. Esta filosofía, harto simplista, en opinión de los hermeneutas entusiastas del señor Benavente –pues yo no tengo autoridad para tanto–, al amor por todas las cosas; filosofía, a primera vista, un tanto incongruente e incompatible con un temperamento cuya aptitud más notoria y cultivada es la malignidad satírica. Y es que el sentimiento que encierra el teatro del señor Benavente no es tanto el verdadero amor, la difusión cordial, cuanto una vaga apetencia del amor, el *volebat amare,* que dijo san Agustín: *quería amar.* Y en tal sentido, sí que tiene algo de filosofía, por lo menos en la intención, el amor intelectual que resplandece con luz aterida en el teatro del señor Benavente.»

_____

momento la acción con el lugar en que se desarrolla, el carácter con el pergenio físico del personaje, el diálogo con la actitud y la composición, la frase con el ademán, la voz con el gesto, en suma, el elemento espiritual con el elemento plástico. Sin esta condición no hay grande obra dramática.

No creemos demasiado lógica esta censura, ¿no se ha mostrado la crítica acorde en señalar el carácter intelectual de la obra literaria de Pérez de Ayala, y deber a este carácter el no haber alcanzado jamás popularidad? En cuanto a la malevolencia o desprecio con que suele presentar Benavente a sus personajes, no es el escritor asturiano quien pueda arrojar la primera piedra; son contadísimos los personajes que en su obra nos resulten simpáticos; claro que se podrá argumentar que un novelista o un dramaturgo no tiene porqué darnos personajes simpáticos o antipáticos, pero no cabe duda que el grado de cordialidad con que se nos presenten, influye en el mayor o menor interés del lector. En el artículo «Privilegio de los antiguos» resume su ideario sobre el teatro de Benavente en los siguientes términos:

> «Si se le considera aparte y al margen de la evolución universal dramática, como un teatro *sui generis,* revelador de una personalidad vacilante y pasiva, pero delicada y curiosa de todas las modas y figurines del arte; en este caso, merece el homenaje máximo, puesto que la obra ha sido realizada con el máximo talento. Pero, si desquiciando la realidad, se pregona que su teatro es ápice del teatro histórico y vértice del teatro venidero –que es lo que han querido sostener algunos insensatos, por medio de la coacción intelectual–; si la manera teatral benaventina predominase, entonces, los fueros de la verdad y el instinto de conservación dramática, nos empujarían a luchar con este teatro hasta destruirlo, puesto que en tales circunstancias absolutas, su mera existencia, existencia efímera, acarrearía el acabamiento del teatro; de ese mismo teatro y del teatro verdadero. Que es lo que nos hacemos la ilusión de haber demostrado, con literatura que, aunque abundosa, todavía parece insuficiente, dada la obtusidad de algunos lectores.»

En el fondo, coincidencia con la «crítica policíaca» preconizada por Clarín, que tan malos resultados le acarreó. El juicio transcrito es consecuencia de la finalidad que se propone al escribir *Las Máscaras:* «No es otra que contribuir, siquiera sea en corta medida, a que el teatro se oriente en un sentido de mayor seriedad.»

212

Aparte de los artículos analizados sobre el teatro de Benavente –a buen seguro con exceso, por ser los más polémicos en su día, hasta el punto de que otros de gran interés pasaron casi desapercibidos, en *Las Máscaras* se contienen una serie de ensayos que agrupamos así:

1. Críticas de obras teatrales españolas, de actualidad y clásicas.
2. Críticas de obras teatrales extranjeras.
3. Cuestiones para-teatrales: el actor, el público, etc.
4. Cuestiones al margen del teatro.

Ante la imposibilidad de aludir a todo este contenido, nos limitamos a unas breves notas.

En el primer apartado tiene especial interés la serie de ensayos que dedica al teatro de Pérez Galdós. Si se infravalora con exceso a Benavente, se sobrevalora también con exceso a los Quintero, Arniches y hasta a Valle Inclán. En cuanto al teatro modernista, ya en *Troteras y danzaderas* hace una crítica bastante dura, sea Villaespesa, sea Marquina el Teófilo Pajares; a tenor de la obra dramática de uno y otro, nos inclinamos por el primero, del que analiza dos obras: *La leona de Castilla* y *La Maja de Goya,* cuya crítica irónica justifica en el prólogo: «Entre los ensayos que ahora publico, hay dos: *Coloquio con ocasión de «La leona de Castilla»* y *La Maja de Goya,* dramas poéticos del señor Villaespesa, harto ligeros y palmariamente escritos en chanza. Los he puesto a manera de interludio y de fin de fiesta para divertir al lector del curso de tantas disquisiciones, acaso demasiadamente trascendentales, con el contraste y respiro de un tema cómico, como lo es siempre un drama poético del señor Villaespesa». Para ponerse a tono con lo que juzga de la obra, la crítica de *La Maja de Goya* está escrita en redondillas, no exentas de gracia y causticidad:

«Escribirás al principio,
un verso o dos, los postreros,
después llenas los primeros
con serrín, cascote y ripio».

«No te detengan atascos.
Huye el estudio que *abruma*.

Deja que corra la pluma.
No te calientes los cascos».

Hemos indicado que la jerarquía de valores que establece entre nuestros dramaturgos, aparte algún que otro de menor cuantía, se reduce a Pérez Galdós, a cien codos de altura sobre todos, y luego Arniches y los hermanos Alvarez Quintero;

«Creemos sinceramente que los únicos valores positivos en la literatura dramática española de nuestros días –nos referimos tan sólo a los valores en activo, a los que proveen de obras los escenarios–, son, don Benito Pérez Galdós y, en un grado más bajo de la jerarquía, los señores Alvarez Quintero y don Carlos Arniches. No aspiramos a imponer a nadie nuestra opinión. Cuantas opiniones se sustenten a este respecto, nos parecen muy respetables.

Así como la obra dramática de don Benito Pérez Galdós es obra íntegra y perfecta, en la cual la diversidad de elementos sociales, históricos, éticos y estéticos se funden con rara armonía y grandeza, en la obra de los señores Alvarez Quintero y de don Carlos Arniches, bien que no sea de tan alta complexión como la obra galdosiana, se hallan vitalmente encarnados cuando unos cuando otros, algunos de aquellos elementos, dándole, sin duda, una fuerza de continuidad y permanencia con que presumo que ha de resistir los ultrajes del tiempo. La realidad y la gracia son los elementos que, sobre todo, avaloran la obra de los señores Alvarez Quintero y de don Carlos Arniches. En cuanto a la realidad, me parece que son más densas de realidad las obras del señor Arniches que las de los señores Quintero. En cuanto a la gracia, me parece que la de los señores Quintero es de más noble alcurnia que la del señor Arniches» *(La realidad artística.–*Las Máscaras. I.)

No vamos a negar méritos al teatro de los Quintero y de Arniches; pero se nos antoja, el primero, de una problemática dulzona, conformista; cuando han abordado lo dramático, han caído frecuentemente en lo melodramático; el de Arniches –en la tragedia grotesca

214

y la tragicomedia–, ha calado más hondo en los rasgos más inhumanos, mezcla de perversidad e inconsciencia, del carácter español. En otro lugar escribimos que este teatro era parangonable a algunas películas de Charlot –*La quimera del oro, Las luces de la ciudad,*– o a la obra de Andreief, *El que recibe las bofetadas,* con ventaja para Arniches por el mejor fondo humano de los personajes.

En la *visión* del teatro de Galdós y del de Benavente, creemos que influyó bastante la comunidad de ideas entre el primero y el crítico; son constantes los elogios al liberalismo de Galdós y al espíritu contemporanizador de Benavente. Algunos elogios de personajes e ideas galdosianas son interpretadas por Pérez de Ayala de manera muy discutible; y lo decimos a propósito de la crítica de *Casandra.* ¿Por qué el crítico arremete contra la vida contemplativa? ¿Por qué calificarla de egoísta? *Casandra* es un drama de tesis y de tesis harto perceptible. La obra presenta dos modos de comprender la vida: activo y contemplativo; la crítica de Pérez de Ayala es un dechado de dialéctica, encaminado a llevar al ánimo del lector más que la idea de la obra la del crítico, «los sobrinos de doña Juana, con todos sus defectos, son la fecundidad social; doña Juana es la esterilidad social». Diríamos, que si Galdós no *toma partido* abiertamente, sí que lo toma el crítico: «La vida contemplativa es la anulación de la especie; es reducir el universo a la incógnita de salvar la propia alma individual; es tomar la existencia terrenal como tránsito efímero y senda pedregosa que conduce a la inmarcesible ventura... Claro que doña Juana se nos muestra con una perfección moral propia, si se la coteja con sus sobrinos. Pero es una perfección aparente tan sólo, y, desde luego, es una corrupción social y un morbo de tal índole que daría al traste muy presto con el organismo colectivo más recio. Imaginad una sociedad en donde todos los elementos productivos tengan los ojos en blanco por mantenerlos desleídos en el reino interior o en las sombras ultraterrenas. ¿Qué acontecería? Que la riqueza creada, sin cuyo amparo es punto menos que imposible crear otra nueva, afluiría a las manos tenebrosas de los gestores de la bienaventuranza, dejando huérfanas de toda protección a las actividades vitales, cuyo oriente es el mejoramiento humano». Creemos que el resultado de la crítica de Pérez de Ayala al teatro de Galdós y al de Benavente se debe al hecho de que son distintos y, por tanto, no puede aplicárseles el mismo credo.

Para no hacer interminables estas notas, digamos que las principales obras de Galdós que analiza Pérez de Ayala son: *La loca de la casa, Sor Simona, Santa Juana de Castilla,* aparte de otros estudios.

En cuanto a los Quintero, dedica especial atención a *Don Juan buena persona,* –tema el de don Juan que aborda en numerosos ensayos y que constituye el fondo de su, para nosotros, mejor novela, *Tigre Juan* y *El curandero de su honra.*

Las palinodias de Pérez de Ayala

Empleo el término *palinodias* con el mismo afecto que lo empleó mi maestro Dámaso Alonso al referirse a Menéndez Pelayo. ¿Palinodia como rectificación? De sabios es rectificar, reza un refrán del pueblo, y como muy bien dijo Cervantes en la segunda jornada de *El rufián dichoso,* por boca de dos personajes alegóricos, la Comedia y la Curiosidad, «los tiempos mudan las cosas – y perfeccionan las artes, – y añadir a lo inventado – no es dificultad notable».

El credo ideológico en lo político, en lo social, en lo ético-religioso, en lo histórico (sería más acertado aludir a la interpretación de nuestra historia), en lo crítico-literario, etc., de Pérez de Ayala, se *modifica* con el transcurso de los años; y hablamos de palinodias, porque el cambio es de casi ciento ochenta grados, en términos geométricos.

En 1906, el día 5 de abril, con motivo del homenaje que se tributa a Palacio Valdés en el teatro Campoamor de Oviedo, por la publicación de su novela *Tristán o el pesimismo* (por los mismos días se gestaba su presentación como miembro de la Real Academia Española, en sustitución de José María de Pereda, muerto la noche del 28 de febrero al uno de marzo del mismo año), Pérez de Ayala colabora con un artículo, *La jaula de los mirlos,* que se insertó en la *Memoria* del acto, y con un discurso que tituló *El amor* [15]. El

---

[15] Por creerlo muy poco conocido, transcribimos el artículo *La jaula de los mirlos,* tomado de la «Memoria», del aludido homenaje:

«A don Armando Palacio Valdés.–El Señor Ruiseñor (al Señor Mirlo)–: Señor

canónigo ovetense, don Maximiliano Arboleya, ironizó, con exceso a nuestro juicio, al comentar dicho discurso en las páginas del periódico «El Carbayón»; censuraba el tono pedantesco, la no muy correcta pronunciación del francés, el desorden expositivo y la pobreza y vulgaridad de ideas. Anticipo, ya que tengo el testimonio directo de

---

Mirlo; vuesa merced no hace otra cosa que silbar. Cante, siquiera sea un poquito, y veamos que laya de cantor es.

Estas frases del señor Ruiseñor dirigidas agresivamente al Señor Mirlo, me las trasmite el Señor Florián. Pero este Señor Ruiseñor y este Señor Mirlo, ¿quiénes son o quiénes pretenden ser? No se necesita disfrutar de la vista de un lince, ni del arte hechicero de un sabio para comprender que el Señor Ruiseñor simboliza a los poetas y el Señor Mirlo a los críticos, más estrictamente a quienes dotados de un órgano mental burlón y melífluo se ríen de todo, es decir a los humoristas.

En este apólogo el Señor Florián comete una ligereza. Es cierto que el Señor Mirlo silba cuando canta; pero, ¿existe nada más suave y dulce, más intenso y efusivo que esa nota persistente y melancólica, diáfana con diafanidad de instrumento de madera o vidrio, que tiene algo de sarcasmo y algo de queja, pero tan amalgamado y fundido lo uno con lo otro, que el que lo escucha quiere sonreír a tiempo que los ojos se le anublan? El Mirlo es negro, de triste color; pero su pico es amarillo, de oro. He aquí un admirable ejemplo que imitar. Aunque nos cubra el alma un manto de tristeza y el cuerpo una túnica de dolores, salgan nuestras palabras sonoras y como acuñadas en nuestra boca, de manera que al despojarse de los labios puedan entenderlas los otros hombres, y corran como moneda usual, de corazón en corazón, y si caen en peña dura, tañan y retañan con un eco equívoco, entre lírico e irrisorio. ¿Qué otra cosa hacen, esa casta de hombres llamados humoristas, esos maravillosos mirlos de la palabra? El Señor Mirlo troquela su vocablo y pone en circulación su frase; los indiferentes no ven en ello sinó palabras huecas; los tristes lloran sonriendo y sonríen llorando; los frívolos sienten una punta de acero en la carne fofa de su frivolidad, y en tanto el Señor Mirlo sigue divirtiéndose muy tristemente y entristeciéndose muy divertidamente.

De paseo por un ramblazo, cuyos intersticios florecían, a la sombra de buenos árboles, y frondosos, no lejos de arriscados montes, que por entre el ramaje se mostraban a retazos, y de inquietos regatucos, pensaba en cuanto queda escrito. Un Mirlo cantaba en una copa verde, sobre mi cabeza. Luego cantaron otros, a distancia. A seguida fue un bello concierto de flautas, y de melancolías y de burlas. ¡Oh, Asturias! ¡Divina tierra, gran jaula de Mirlos!».

En cuanto al discurso, *El Amor* valga como muestra de estilo el fragmento: «Cristo perdonó a la Magdalena por haber amado mucho, y por ello llegó a santa. Otro tanto es menester para llegar a las cumbres del Arte. Sin este fanatismo ardiente que reoga el espíritu, sin amor por el *eterno femenino,* amor por esencia y excelencia, y amor síntesis de todos los amores, que se filtran a veces en los éxtasis del amor divino y se enraíza a todas horas en las dulzuras inevitables del amor a flor de piel, sin este amor total, a lo Werther, a lo Goethe, a lo Heine, a lo Campoamor, a lo Clarín, a lo Palacio Valdés, el arte es mezquino y miserable y es estéril, y es... adormidera... Y cuando esto leáis (se refiere a *Maximina),* acordáos de un caballero grave y misántropo, al parecer, con sombrero de jipijapa, pantalones a cuadros y botas de charol, la barba luenga y apostólica, el andar lento y noble, los ojos grises y serenos, que paseaba hace algunos años por el Bombé, bajo los castaños de Indias, y que, quizás, en años pretéritos, sintió los besos temerosos y puros de *Maximina* en el recato de la noche».

don Maximiliano, que al reseñar tal intervención tuvo más en cuenta la ideología del que califica de «joven escritor» que el contenido del discurso. Ignoro si Pérez de Ayala se *quejó* a Palacio Valdés; lo cierto es que éste escribió al canónigo Arboleya, rogándole que no hostigara más a Pérez de Ayala. En carta de fecha 11 de abril, seis días después del homenaje, escribe don Armando: «Yo le ruego que no hostigue más a Pérez de Ayala. Es muy joven, tiene talento, y pasados los ímpetus centrífugos que en la juventud nos arrastran a unos prácticamente como a mí, a otros práctica y teóricamente, no es difícil que escriba en otro sentido más sano y más noble»[16].

---

[16] Queda patente el juicio. Para nadie es un secreto la ideología anticlerical, hasta antirreligiosa de Pérez de Ayala; aducir testimonios sería tan fácil como pueril, ya que a lo largo de su obra abundan los textos sobre el particular. En 1920 escribía Julio Cejador, de su ex discípulo al que conocía muy bien y siempre estimó, la siguiente semblanza:
«Su defecto capital es cierta jactancia, nacida de sus altas aspiraciones juveniles fervores, y el consiguiente menosprecio de lo que otros escriben, si no es muy bueno. Hasta conmigo se sobrepasó a veces en discusiones estéticas o de otro jaez, creyéndose más enterado que yo. Esta especie de soberbia se debe, en parte, al espíritu pedante de la generación del 98, de aquellos jóvenes que creían no había habido nada bueno en España hasta que ellos nacieron. Es, además, descreído, abandonó y despreció la Fe que le enseñaron sus padres y maestros, por un acto de rebeldía inconsciente, arrastrado de lecturas frívolas en edad en que sólo halagan ideas de soltura y libertad mal entendida. De estos dos vicios, soberbia desmedida y falta de respeto a la religión, el tiempo y los desengaños se cuidarán acaso de curarle. En sus críticas se mete a inventar originales filosofías estéticas, en las que a veces acierta y desbarra otras; pero, sobre todo, suele mostrarse apasionado y ligero en demasía».
El mismo Pérez de Ayala declaró que había perdido la fe, achacándolo a su educación, como alumno interno, en colegios de Jesuitas. Creemos con otros críticos que hay que precisar las causas y el tiempo de su paso de la fe a la incredulidad. A nadie es lícito entrar en la intimidad de la conciencia del prójimo, y menos al crítico literario; pero sí es lícito, y hasta diré obligatorio bucear las razones y las circunstancias, es decir, aventurarlas, a condición de que no se den como axiomas lo que a lo sumo puede anunciarse como hipótesis. Los conflictos, las crisis religiosas corresponden a la inteligencia, y el mismo respeto merece el que tras un proceso, siempre doloroso y en algunos casos trágico, pasa de la fe al agnosticismo que viceversa. La trayectoria ideológica de Pérez de Ayala es clara: Inicial formación religiosa desde el hogar; luego –hay que conjugar diversas causas–, anticlericalismo, ampliable a pérdida de la fe, que le lleva a juicios y frases de mal gusto y hasta heréticas; lucha, es decir, proceso agónico de revisión, tal vez el querer y no lograr. En resumen, años doloridos al no hallar claras razones ni para el sí, ni para el no. El cambio ideológico –político, social, ético, filosófico– que exponemos en estas *palinodias* es probable que afectara también a su cristianismo.
Unos años después de que Cejador escribiera la *Semblanza* de Pérez de Ayala, éste prologó, a petición de los deudos del ilustre filólogo su libro *Recuerdos de mi vida*, que se publicó después de su muerte (Edit. Péez. Madrid, 1927). En este prólogo, a vuelta de elogios sobre la profunda humanidad, hasta paternalismo de la

Este vaticinio se cumplió, aunque con bastante retraso –unos treinta años después–, y el análisis de las «razones», siempre susceptibles de error, es nuestro objeto. Que hay un cambio ideológico en Pérez de Ayala, es indudable; que en este cambio se conjugaron varios factores, es cierto, como no es menos cierto que cierta crítica gazmoña y cicatera, perdió toda ecuanimidad al atribuir el cambio a simple *oportunismo:* la colaboración asidua en «ABC» (la prestigiosa tercera página), desde 1948 hasta su muerte, con más de 450 artículos. Pero es el caso, que el cambio ideológico se había operado antes. Veamos algunas de estas palinodias y las consiguientes posibles razones.

Hemos analizado las críticas del teatro de Benavente, excesivamente duras y hasta contradictorias, lo que no quiere decir insinceras. Pues bien, años después viene la *palinodia;* y es opinión general de la crítica que el autor de *Señora ama* y el de *Trigre Juan,* se *reconciliaron.* ¿Cuándo? Se han dado varias fechas y explicaciones. Firmado en Biarritz, 1940, y como prólogo a la 4.ª edición de *Las Máscaras,* escribe:

«En este libro constan no pocos juicios sobre la obra

---

mejor ley, de Cejador, y de señalar que «en la Compañía hay algún que otro Padre, de esos hombres inocentes y cuitados que por la gracia de Dios jamás faltan algunos en ninguna comunidad, ni siquiera en la Compañía de Jesús, los cuales, a causa del simplismo y pureza de su corazón siguen siendo niños toda la vida»; hace la semblanza de Cejador, para concluir que «no podía perdurar dentro de la Compañía de Jesús». «No intento poner en duda –dice– las virtudes jesuísticas. Pero hay, desde luego, una virtud capital que es antípoda del jesuitismo: la humildad. Como la mayor parte de los Jesuitas no tienen de qué ensoberbecerse por sí mismos, se abandonan exageradamente a una manera de soberbia colectiva, espíritu de cuerpo y vanidad de casta, pues la Compañía de Jesús nació como una milicia y con el propio carácter se sustenta. Esta soberbia la revisten de mal fingida modestia –mal fingida adrede, para que ni el más romo de inteligencia deje de percibir lo que ellos quieren dar a entender–, de la cual, como del hipócrita filósofo antiguo, podría decirse: Por los rotos del manteo se les descubre la vanidad desnuda. Un Jesuita cualquiera os declarará, con una especie de candor edénico y sin darles importancia alguna, estas tres menudencias: que desde la fundación de la Orden por san Ignacio, se han acogido a ella los varones más santos y más doctos de toda la cristiandad; que para ingresar en la Compañía se exige un nivel eminente de santidad o de sabiduría, y finalmente, que hasta la fecha no hay un solo Jesuita, ni por casualidad, en el infierno».

El profundo afecto que dice profesar a Cejador, al que nos presenta víctima de todas las vejaciones, no puede excusar la violencia del ataque. Un testimonio más que añadir a las *palinodias:* los elogios que tributará a la Compañía y a su sistema educativo, años después.

dramática del señor Benavente, de los cuales estoy arrepentido, y que a dejarme llevar de la inclinación hubiera tachado en la presente edición. El disgusto y contrariedad que me ha ocasionado enfrentarme con algunos de estos juicios trasañejos se compensa en parte al comprobar que estos sentimientos son demostración de que mi sentido crítico no se ha empedernido ni fosilizado en época pretérita, relativamente distante, cuando, por razón de la edad impetuosa y el ejercicio polémico, que es actividad cotidiana en la república de las letras, la pasión, siquiera fuese noble pasión estética, compartía la soberanía con el discernimiento. Se dirá que esta manera de compensación es de condición egoísta, pues sólo a mí atañe y satisface. Pero es también desinteresada, porque si es verdad que algo me satisface, es la satisfacción que quisiera proporcionar al señor Benavente. ¿Qué por qué no expurgo estas páginas sin más escrúpulos de monja, con lo cual ya estábamos al cabo de la calle, o, por lo menos, dentro ya del libro?, se preguntará acaso algún lector sagaz. Primeramente, porque sería una hipocresía fingir para uno mismo que así se reparaba cierto tanto de injusticia, en tanto tantos ejemplares de otras tres ediciones anteriores se han diseminado y brujulean de aquí acullá. Conste, pues, el propósito de la enmienda, junto a lo flagrante del pecado... La interpretación debe ajustarse ante todo a lo que el autor quiso llevar a cabo en su obra; a su intencionalidad literaria; en una palabra, al concepto artístico donde está inscrita la obra, Cómo se concibió; y, dentro de él, si está lograda o no, si hincha su propio canon, o lo rebasa, o se queda exigua... En estos ensayos de *Las Máscaras* descubro demasiada preocupación o, por lo menos, demasiadamente explícita, por el concepto: lo que debe ser en absoluto el teatro. Proviene esto de la petulancia juvenil, cuya exuberancia, en algunos individuos, no merma con la merma de la energía vital, sino que se exacerba. Y proviene también del temperamento hispánico. Los españoles solemos mirar por encima del hombro y nos cuesta mucho trabajo dejar de ser absolutistas...

¿El concepto teatral del señor Benavente era equivocado? Hoy día prevalece otro concepto. ¿Prueba esto que se equivocó? Nada de eso. El autor dramático, más que ningún otro escritor, tiene que pertenecer a su época si ha de pertenecer a la historia... Lo que la crítica debe esclarecer es si, imperante por circunstancias contemporáneas cierto concepto equis del teatro, este o aquel autor aventaja a los demás en facultades específicas, técnicas, y si ha conseguido cuajar modelos insuperables en su género. En cuanto a lo primero, el lector de *Las Máscaras* verá que jamás me he complacido en socavar, ni en una tilde, el magnífico ingenio del señor Benavente; antes bien, he insistido, fatigosamente quizás, en sus dotes privilegiadas y sin parejo. En cuanto a lo segundo, bien que ya esté insinuado en este libro, declaro paladinamente que, desde una perspectiva serena, el señor Benavente se me parece, no como el autor de algunas obras excelentes, sino como una dramaturgia, todo un teatro, que en su totalidad resiste, con creces de su lado muchas veces, el cotejo con lo mejor de lo antiguo y de lo contemporáneo».

Dejando aparte y, naturalmente, a salvo, la sinceridad de Pérez de Ayala al enjuiciar la obra de Benavente, para nosotros se echa de ver, digamos, poca simpatía, en lo reiterativo de las críticas, en las que indudablemente entraron, tal vez inconscientemente, razones extraliterarias. La crítica, lo hemos señalado, anduvo a la búsqueda de estas razones: disidencias de tipo político, especialmente a partir de la guerra europea de 1914-1918 (Benavente, germanófilo y Pérez de Ayala defensor a ultranza de los aliados). Pérez de Ayala afirmó repetidamente no tener ningún resentimiento personal con don Jacinto, pero es lo cierto que se habló de *reconciliación*. Con motivo del viaje que en 1945 realizó Benavente a Buenos Aires, se encontró con Pérez de Ayala, que residía allí desde poco después de la terminación de nuestra guerra civil. El, a la sazón corresponsal del diario «ABC», en Buenos Aires, Mariano Daranas, en artículo publicado el 25 de noviembre, de dichos año y periódico, al dar cuenta de la *reconciliación,* recordaba la campaña anti-Benavente de unos treinta años antes, y haciendo cábalas sobre el origen y las causas, escribía:

«Emprendí averiguaciones, y mi indagatoria abocó al dato de que años atrás Tirso Escudero había rechazado un manuscrito cuyo autor, Pérez de Ayala, leyera al empresario del teatro de la Comedia en presencia de don Jacinto. ¿Creyó el desairado escritor que su contertulio del *Gato Negro* no había intercedido con toda la resolución necesaria cerca del señor Escudero y respondió el volumen de *Las Máscaras* a este resentimiento?».

Por su parte, Andrés Amorós, retrotrae en unos años estas *paces,* y siguiendo la general opinión de la crítica, cree que la enemistad se debió fundamentalmente, a discrepancias políticas ante la guerra europea de 1914, pero también que veía en Benavente,

«El ejemplo de un teatro absolutamente anti-teatral, lo contrario de lo que él propugnaba y ejemplificaba en Galdós. Las críticas de Pérez de Ayala para nada afectaron el éxito de público de las obras de Benavente pero sí a su estimación en los sectores intelectuales. Si descontamos la extremosidad nacida del apasionamiento, nos parece que las opiniones de Pérez de Ayala, aún siendo puramente negativas, señalan con agudeza algunos puntos débiles de Benavente, y que siguen siendo una de las críticas más interesantes que todavía hoy se pueden leer sobre este autor... La amistad posterior de los dos escritores creo que data de los años de la República, cuando Ayala es Embajador en Londres; de entonces es esta carta que le escribe Benavente, fechada el 24 de julio de 1933 en Londres, con membrete del Browns Hotel: –Mi querido amigo: Llegamos anoche de Hartford y hoy por la mañana salimos para París. Margarita (Xirgu) tiene que estar en Barcelona pronto para empezar sus representaciones. Por la premura del tiempo no hemos podido despedirnos personalmente de usted. Muy agradecidos a sus atenciones sabe es suyo affmo. amigo. Jacinto.

La carta es excesivamente protocolaria y, para nosotros, insuficiente para deducir de ella la reanudación de una antigua amistad; habida cuenta del alto cargo que desempeñaba Pérez de Ayala, las *atenciones* pudieron muy bien ser de tipo burocrático, máxime siendo Benavente premio Nóbel y uno de los dramaturgos europeos de mayor prestigio a la sazón. Creemos que la amistad se reanudó al término de la guerra civil, que produjo en Pérez de Ayala una profunda crisis –hasta me atrevería a decir que religiosa– como resultado de la quiebra de unos valores que en su liberalismo sincero había proclamado siempre; no es preciso recordar cómo al poco tiempo de proclamada la República, Ortega, el de «delenda es monarchia», proclamaba, ante el sesgo de los acontecimientos, «no es eso, no es eso». El prólogo a la 4.ª edición de *Las Máscaras,* ya aludido, fue un paso importante y, tal vez, el primero.

Ayala llega a la absoluta serenidad; rectifica su credo ideológico, y para su manifestación pública no acude ni a la novela, que años ha había dejado de cultivar, ni a la poesía, ni al teatro que, como hemos dicho, constituyó en él una opción fracasada; acude al artículo periodístico de vida efímera; el vivir cotidiano, el llamar la atención aunque sea por el breve tiempo que dure su lectura, sobre temas en apariencia baladíes, pero tratados con señorío y profundidad; artículos a veces reiterativos, sobre el análisis de la libertad y la dificultad –¿diré imposibilidad?–, de ponerla en práctica salvo por seres privilegiados, por héroes en la varia concepción de Gracián.

Ir contracorriente es a veces necesario para depurar escorias y puede proporcionar cierto éxito momentáneo, nunca popularidad, en círculos minoritarios; la historia literaria nos proporciona amplia nómina de escritores que han repudiado obras primerizas o no, por lo estridente del contenido, por la falta de ecuanimidad y, sobre todo, y es lo más grave, por la carencia de un credo estético. No es el caso de Pérez de Ayala, que sólo pecó de *apasionamiento,* y tuvo la gallardía de rectificar en su labor de crítico, que por su amplitud, incluye juicios expuestos en su novelística. Y nos da una nueva interpretación de cuantos temas y problemas había abordado anteriormente. Y este hecho sólo puede merecer consideración y elogio, porque sabido es cuánta gallardía y humildad se necesita para rectificar públicamente juicios que públicamente se han manifestado, máxime habida cuenta de la personalidad de Pérez de Ayala y de la situación de España en el consorcio mundial. Y en estas rectificaciones nos basamos para hablar de que en la obra literaria de Pérez de

Ayala podemos distinguir dos etapas perfectamente delimitadas; lo que ya entra en el campo de la hipótesis es determir las razones del cambio ideológico; pero sólo atendiendo al cambio, creemos que Ayala, en el acierto o en el error, siempre fue sincero, y tiene buen cuidado de proclamar la honradez de sus juicios; y buena prueba es su contestación a la censura de Manuel Machado –ya aludida–, a propósito de la crítica de Ayala sobre *El mal que nos hacen*.

Tal vez los mejores artículos del Ayala periodista sean aquéllos en que deja vagar libre la imaginación, apoyada en su vastísima cultura, sin necesidad de sujetarse a credos estéticos o modas, sea para disentir, sea para aceptar, sin el peligro de ir a contracorriente; en estos artículos siempre vemos una agudeza mental y una agilidad estilística solo dignas de encomio, y que constituyen una delicia para el lector. Y nos referimos primordialmente a los escritos del Ayala que bordea los setenta años. Diríase que el escritor ha logrado situarse más allá del bien y del mal, que como al personaje de Terencio, nada de lo humano le es ajeno, que tras una larga experiencia de desengaños, de dolores físicos y morales, de lucha y polémica –al igual que Unamuno podía reunir buena parte de su obra bajo el epígrafe: *contra ésto y aquéllo*–; se ha ido despojando del lastre pedantesco y doctoral para verse en su espíritu ya libre de apetencias. Se ha repetido hasta la saciedad que, feliz el hombre que sabe y puede vivir en soledad, porque al eliminar las *circunstancias,* se siente y es auténticamente libre. Que Ayala vivió en soledad –en el sentido de vivir al margen de los mentideros literarios–, puede atestiguarlo la ignorancia supina de cierta prensa, el artículo que a raíz de su muerte publicó Torrente Ballester:

«Resulta incomprensible y entristecedor el desconocimiento que las generaciones jóvenes tienen de su obra. En el semanario que da la noticia de su muerte, leo con estupor que *Plotino Cuevas* –nombre que usó como seudónimo– se cuenta como una de sus novelas; y, con más estupor todavía, compruebo que los diarios de la tarde recogen el error y lo repiten, siempre acompañado de adjetivos que suenan a castañuelas. No es lícito, no es leal, no es honrado, ese desconocimiento, por gente que se dice de pluma, de uno de nuestros más grandes escritores contemporáneos»[17].

Este «no es lícito, no es leal, no es honrado», evoca el «no es proporcionado, no es oportuno, no es *bueno* y, sobre todo, no es justo», con que Manuel Machado terminaba su artículo «La Moral de la crítica», aludido.

Veamos ahora alguna de las *pruebas* de este cambio ideológico:

1. Visión negativa del carácter español, de la cultura y de la función de España en el panorama europeo; en el fondo, la pregunta del abate Masson, ¿Qué se debe a España...? Esta visión negativa cierra la novela *Troteras y danzaderas:* Alberto se despide de Rosina y de Fernando, y dialoga con Muslera (García Morente), comentando un artículo que acaba de publicar Tejero (Ortega y Gasset).

> (Muslera).   «Yo me aferro a la cuestión. Ya a fines del siglo antepasado, Nicolás Masson de Morvilliers hacía estas dos preguntas en su *Encyclopedie Methodique:* ¿Qué se le debe a España? ¿Qué ha hecho España por Europa desde hace dos, cuatro, seis siglos? Eso digo yo. ¿Qué ha hecho España? ¿Qué ha producido España?
>
> – Pues si le parece a usted poco... murmuró Guzmán con sordo fastidio.
>
> – ¿Poco? Nada. ¿Qué es lo que ha producido? Sepámoslo.
>
> – Troteras y danzaderas, amigo mío; Troteras y danzaderas.»

El tono irónico del texto no puede encubrir el concepto peyorativo que de la cultura española tiene el autor. El antiguo liberal, pero aferrado al *magister dixit,* es decir, él evoluciona hacia un liberalismo humanista, al que denomina «espiritual e intelectual», que contrapone al liberalismo progresista político, de credo exclusivista; «el primero –escribe–, no sólo está bien, sino que es imprescindible en

---

[17] Tomo la cita de Pérez Ferrero: *Ramón Pérez de Ayala: Obras completas.* Vol. I. Como contraste, señalemos que la prensa inglesa dedicó especial atención a la muerte del escritor; artículos que van de lo amable a lo laudatorio.

toda mentalidad sana y comprensiva, puesto que el desear comprenderlo todo no equivale a aprobarlo todo, ni menos justificarlo todo, sí, nada más que explicarse las circunstancias deplorables quizá, y los motivos quizá erróneos, que han dado ocasión a la existencia de aquello mismo que no aprobamos ni justificamos». (Art. *Renacimiento.*–«ABC», 27 de julio, 1954). En este artículo, basándose en sendos estudios de Burckhard y de John A. Symonds, defiende la existencia de un auténtico Renacimiento español contra cuantos opinaban que «España representa históricamente el espíritu de reacción y oposición frente al espíritu de progreso», juicio tanto más digno de atención por cuanto la negación de nuestro Renacimiento fue opinión común de la historia positivista dominante desde el último tercio del siglo pasado.

A la defensa del espíritu nacional en los aspectos político y social, consagra varios artículos, en los que –y para nosotros es lo más significativo–, se censura a escritores que no sólo había elogiado, sino que se había hecho partícipe de sus ideas, especialmente Renán y Rousseau.

A esta línea de rectificar su visión negativa de nuestra historia responden, entre otros, «Sobre las fementidas biografías noveladas», «La leyenda negra», «Hispanidad y España», «Prerrenacimientos», etc. En el primero («ABC», 1 de julio de 1958), señala los efectos funestos de tales biografías, agravados porque con frecuencia «sufren repetidas deformaciones a través del cine; y siempre con la propia tendencia paladina de corrosión». Cita dos ejemplos notables de estas falsificaciones: los *apócrifos* con que se pretendió calumniar e inutilizar a la Compañía de Jesús, y la *Vida de Jesús,* de Ernesto Renán, dirigidas a «socavar los eternos valores de la cultura occidental»; la obra de Renán, «como las bombas de explosión retardada, tardó varias décadas en producir por afinidad electiva, sus vastos y terribles efectos». Renán, a diferencia de los historiadores clásicos que casi llegaban a endiosar a los grandes hombres, sus biografiados, «rebaja con ironía que quiere ser condescendiente la entidad de Dios Hijo a la condición de hombre, aunque concede que hombre extraordinario». Modelo de falsificaciones es Renán, el *mi Renan,* que decía Clarín, y que pudo en alguna época hacer suyo Pérez de Ayala; y lo señalo, aunque haya que fiar sólo en mi palabra: me contó don

Maximiliano Arboleya –aunque no podía precisarme el año, pero desde luego al poco tiempo de haber sido elegido académico– que habló largamente de la *Vida de Jesús* con Pérez de Ayala; lo que no me dijo es el resultado de la conversación; sólo aludió a que: «no ha cambiado en nada o en casi nada». En el artículo que nos ocupa se patentiza el desprecio que siente por el escritor francés: «Lo más molesto en Renán es la untuosidad afectadamente apostólica de sacerdote abortado».

En la misma línea reivindicativa de nuestra historia y de nuestra cultura, comentando a Symonds –que señala la existencia de dos prerrenacimientos: el de Carlomagno, en Aquisgrán y el de Federico Barbarroja en la corte siciliana– defiende la existencia de otros dos: el del Califato de Córdoba y el de Alfonso X el Sabio, «bastante más eficaces en el progreso ulterior de la cultura occidental».

En «Hispanidad y España» («ABC», 4 de diciembre de 1958), basándose en unos versos de la *Epístola censoria al conde-duque de Olivares,* de Quevedo, elogia la grandeza de España representada por Carlos V y su hijo, Felipe II, para tras cierta decadencia, llegar a Carlos III, importante por «su labor colonizadora». Proclama a Felipe II creador del «Estado moderno», y le defiende de las acusaciones de la leyenda negra, que desarrolla en otros artículos:

> «Desde mi primera juventud sentí irresistible entusiasmo por Carlos V e inquisitiva admiración hacia Felipe II... Aunque repugno las afirmaciones contundentes, no tendría reparo en declarar que Felipe II fue por la intuición y la manifestación, teoría y práctica, el precursor e instaurador del Estado moderno, ya que, en nuestros días, el Estado no puede ser otra cosa que una burocracia eficaz. Hasta estos tiempos no se había dicho nunca *la máquina del Estado.* En los años recientes y en idiomas varios, se vienen publicando algunas cartas de señalada importancia, en rehabilitación del calumniado e incomprendido Felipe II.»

En esta revisión de la historia de España, y como inicio de su grandeza, parte de la monarquía de los Reyes Católicos, «momento en el, que se consolida la verdadera España», aunque fuera tan verdadera la celtibérica, la romana, la gótica y la de la Reconquista; este concepto de la monarquía española le lleva a disentir –mejor dicho, a no explicarse– la opinión de cierta crítica que ha visto en *Fuente-Ovejuna* una obra revolucionaria, cuando en realidad «encarna el instante preciso del ayuntamiento espiritual y cristalización consumada de aquella alianza entre el pueblo y el rey, que caracteriza los comienzos de la edad moderna». En «La alta cultura y el genio militar» incide en la polémica del *Renacimiento y Barroco* sobre la preeminencia de las armas o de las letras, que aparte del juicio esquemático de Quevedo, halla su mejor expresión en el discurso de don Quijote. Pérez de Ayala hace suya la tesis de lord Bacon: «La experiencia garantiza que así para las personas como para las épocas ha existido una especie de cita y concurrencia entre Letras y Armas, floreciendo entrambas con la mayor excelencia en un mismo hombre o una misma edad... El verdadero saber influye y opera no sólo sobre el mérito civil y la virtud moral, y, por tanto, sobre las artes y temperatura de la paz y el gobierno político, sino que a la vez posee no menos poder y eficacia en promover y afianzar la virtud marcial y la proeza militar, como se representa notablemente en Alejandro».

En «Democracia y Temperamentos nacionales» («ABC», 27 julio, 1956), tras proclamar el españolismo del general San Martín, comparable al Cid por su amor de esposo y padre, y por «haber ganado batallas a que no asistió», señala como primera democracia en el orden cronológico, la española, seguida de la inglesa; formula dos ideas tan acertadas como interesantes: «Me parece sobremanera problemático que la historia sea la maestra de la vida. La historia sólo es inteligible a posteriori»; y la que señala la democracia de la Iglesia, «para ella, todos los hombres son iguales para la ley divina; todos, asimismo, pueden acceder, por selección, al privilegio de la jerarquía eclesiástica; esto es, todos poseen libertad, como condición de crecimiento y salvación»; señala agudamente las dos direcciones de la Iglesia española y francesa: aquélla se origina en la concepción monárquica de San Pedro, y ésta, en la democrática de San Pablo.

Uno de los artículos más interesantes en el aspecto político social es el titulado «El calendario republicano», chacota entre irónica y satírica de los revolucionarios franceses de 1793, («ABC», 13 de agosto, de 1952), en el que pone en contraste la reforma de los demócratas franceses con el tradicionalismo de la Iglesia, que aceptó la denominación de los meses romanos, «especie de santoral, si es lícito llamarlo así, de la religión gentílica y el nombre de varios de sus meses está tomado de divinidades, ritos y emperadores paganos». Esto no obstante, la Iglesia Católica no tuvo inconveniente en adoptarlo tal y cual era. En cambio, los revolucionarios franceses, «intolerantes paladines de la tolerancia y despóticos defensores de la libertad, la de ellos solos, inventaron un nuevo calendario que marcaba el comienzo –como desde el huevo–, de una Nueva Era, con mayúscula, y que había de estar vigente por los siglos de los siglos;

> «a cuyos efectos le habían purgado de todo rezago mitológico, alusión religiosa y superstición arrastradiza, pues antes de la Revolución francesa no había existido en el mundo sino tiranía, caos letárgico y oscurantismo intelectual. Ese dichoso almanaque republicano, muy racionalista y muy poético para algunos gustos, botado para navegar a perpetuidad en el piélago inmenso del futuro, no se mantuvo sino poco más o menos, lo que por entonces solía durar la cabeza de un hombre sobre sus hombros.»

En «El rocío de los prados», se elogia la función civilizadora de la Iglesia y la evangelización de América «lo permanente e invariable de la civilización occidental es el Catolicismo».

En la mayoría de los artículos que comentamos en apoyo de lo que denominamos palinodias, no se aportan ideas originales, ya que cuanto dice es conocido por el lector medianamente culto; tampoco podía esperarse otra cosa del artículo periodístico, condenado a vida efímera. No obstante, la labor es meritoria como divulgación y como prueba de sinceridad. ¿Causas de este cambio? La evolución ideológica –pasó a la moderación, lo que en términos socio-políticos denominamos conservadurismo–, es normal y natural en la mayoría de las personas, y el propio Pérez de Ayala muestra que no es una excepción:

> «En la primera mitad de la vida el hombre se revela animoso contra los valores establecidos por autoridad, que

se le antojan lugares comunes seniles; y es buen síntoma de juventud. Se mira el joven en el umbral del mundo inédito, que él, con sus pares en años, va a hacer surgir de la nada. Esta experiencia analítica le sirve, si es cuerdo, inteligente y dócil –uno entre muchos–, para que al llegar a la altiplanicie de la edad madura reconozca, vuelva a conocer, por propia cuenta, los valores eternos, vivificados por él en su sustancia contemporánea. En esa época de espiritual cosecha el hombre recuerda –trae otra vez a su corazón– pensamientos de sentencias que en su mocedad oyó de labios de los mayores, y que a la sazón le habían parecido locuelas de ociosos ancianos». («Sobre las fementidas biografías noveladas»).

La lista de artículos se haría interminable, y el interés de todos, sin excepción, más que suficiente para que fueran asequibles al lector. Concluyamos con la mención de unos cuantos:

«La lengua sigue al Imperio». («ABC», 30 de agosto, 1959).

«¿Cuál es la moral de las fábulas?». («ABC», 10 julio, 1958).

«Los nuevos ricos del dinero y de la cultura». Idem. 11-XII-1953.

«El horizonte del latín»...

BIBLIOGRAFIA

AGUIAR E SILVA, V. M., *Teoría de la literatura*, Gredos, Madrid, 1972.
AGUSTÍN, F., *Ramón Pérez de Ayala. Su vida y obras*, Madrid, 1927.
ALARCOS LLORACH, E., *Ensayos y estudios literarios*, Júcar, Madrid, 1976.
ALONSO, A., *Materia y forma en poesía*, Gredos, Madrid, 1969.
ALONSO, D., *Poesía española. Ensayo de métodos y límites estilísticos*, Gredos, Madrid, 1971.
ALVAR, M., *Cántico. Teoría literaria y realidad poética*, Discurso de ingreso en la Real Academia Española de la Lengua, RAE, Madrid, 1975.
ALLOT, M., *Los novelistas y la novela*, Seix-Barral, Barcelona, 1966.
AMORÓS, A., *La novela intelectual de Ramón Pérez de Ayala*, Gredos, Madrid, 1972.
——, *Introducción a la novela contemporánea*, Cátedra, Madrid, 1974.
APRESJAN, In. D., *La lingüística estructural soviética*, Akal editor, Madrid, 1975.
ARRIVE, M., *Les langages de Jarry. Essai de sémiotique littéraire*, Kliencksieck, París, 1972.
AUSTÍN, J. L., *Quand dire, c'est faire*. Seuil, París, 1970.
BAL, M., «Narration et focalisation», *Poétique 29*, 1977, pp. 107-27.
BAQUERO GOYANES, M., «Dualidades y contrastes en Ramón Pérez de Ayala», *Archivum XII*, 1962, pp. 554-578.
——, «Contraste y perspectivismo en Ramón Pérez de Ayala», en *Perspectivismo y contraste* (de Cadalso a Pérez de Ayala), Gredos, Madrid, 1963.
——, *Estructura de la novela actual*, Planeta, Barcelona, 1970.
BARDAVIO, J. M., «Los 'núcleos de coherencia' (aproximación al problema de las unidades mínimas del relato)», en *Teoría de la novela*, Temas, SGEL, Madrid, 1976, pp. 291-304.
BARTHES, R., «Elements de sémiologie», en *Communications 4*, Seuil, París, 1964.
——, «Introduction à l'analyse structurale des récits», en *Communications 8*, 1966, pp. 1-27.
——, «L'effet du réel», en *Communications 11*, Seuil, París, 1968.
BARTHES, R., *S/Z*, Seuil, París, 1970.
BENVENISTE, E., «Sémiologie de la langue», *Semiótica* I, 1969, 1, pp. 1-12, y I, 2, pp. 127-35 (incluido en *Problèmes de linguistique générale*, II, Gallimard, París, 1974.
BOBES, M.ª C., «Notas a *Belarmino y Apolonio* de Pérez de Ayala», En *Boletín del Instituto de Estudios Asturianos*, XXXIV, 1958.
——, *La semiótica como teoría lingüística*, Gredos, Madrid, 1973.

231

——, *Gramática de «Cántico»*, Planeta Universidad, Barcelona, 1975.

——, *Gramática textual de «Belarmino y Apolonio»*, Planeta, Barcelona, 1977.

BOGATYREV, Petr. y JAKOBSON, R., «Le folklore, forme spécifique de création», en R. Jakobson, *Questions de poétique*, Seuil, París, 1973.

BOOTH, W., *La retórica de la ficción*, Antoni Bosch editor, Barcelona, 1974.

BOURNEUF, R. y OUELLET, R., *L'univers du roman*, PUF, París, 1975.

BOUSOÑO, C., *Teoría de la expresión poética*, 2 vol., Gredos, Madrid, 6.ª ed. muy aumentada, 1977.

BREMOND, Cl., «Le message narratif», en *Communications 4*, 1964, pp. 4-32.

——, «La logique des possibles narratifs», en *Communications 8*, 1966, pp. 60-76.

——, «Observations sur la grammaire du Décameron», en *Poétique 6*, 1971.

——, *Logique du récit*, Poétique-Seuil, París, 1973.

BROWNE, R. M., «Typologie des signes littéraires», en *Poétique 7*, 1971, pp. 334-353.

BUHLER, K., *Teoría del Lenguaje*, Revista de Occidente, Madrid, 1965.

CAMPS, V., *Pragmática del lenguaje y filosofía analítica*, Península, Barcelona, 1976.

CASSIRER, E., *Antropología filosófica*, Fondo de Cultura Económica, México, 1963.

CERVENKA, M., «La obra literaria como símbolo», en *Lingüística formal y Crítica Literaria*, Alberto Corazón, Madrid, 1970.

CLAVERÍA, C., «Apostillas al lenguaje de Belarmino», en *Cinco estudios de literatura española moderna*, Salamanca, 1945.

COHEN, J., *Structure du langage poétique*, Flammarion, París, 1966.

CONCHA, V. G. de la, *Los senderos poéticos de Ramón Pérez de Ayala, Archivum*, tomo XX. Universidad de Oviedo, 1970. 1971.

COSERIU, E., *Teoría del lenguaje y lingüística general*, Gredos, Madrid, 1967.

CULLER, J., *La poética estructuralista*, Anagrama, Barcelona, 1978.

CHAPMAN, R., *Linguistics and Literature*, Edward Arnold, London, 1973.

CHABROL, Cl., *Sémiotique narrative et textuelle*, Larousse, París, 1973.

CHATEAU, D., «La sémantique du récit», en *Semiótica* 18 : 3, 1976, pp. 201-16.

CHOMSKY, N., *Syntactic Structures*, Mouton, La Haya, 1957.

DELAS, D. y FILLIOLET, J., *Linguistique et poétique*, Larousse, París, 1970.

DIJK, T. A. van, «Sémantique structurale et analyse thématique», en *Lingua* 23, 1969, pp. 28-54.

DIJK, Teun A. van, «Some problems of Generative Poetics», en *Poetics* 2, 1971, pp. 5-35.

——, *Some Aspects of Text Grammars*, La Haya, Mouton, 1972.

DUBOIS, J. et al., *Rhétorique générale*, Larousse, París, 1970.

——, «Lecture du poéme et isotopies multiples», en *Le français moderne*, año 42, n.º 3, 1974.

ECO, U., *Obra abierta*, Seix-Barral, Barcelona, 1965.

——, *La struttura assente*, Bompiani, Milán; trad. esp. Lumen, Barcelona, 1972. 1968.

——, *Tratado de semiótica general*, Lumen, Barcelona, 1977.

ELIOT, T. S., «Tradition and the Individual Talent», en *Selectec Essays*, Nueva York, 1932.

EMPSON, W., *Seven types of Ambiguity*, Chatto and Windus, London, 1930.

FERNÁNDEZ, P. H., *Ramón Pérez de Ayala. Tres novelas analizadas*. Distribuciones «Yepes». Gijón, 1972.

FERNÁNDEZ AVELLO, M., «Ramón Pérez de Ayala y el periodismo», en I.D.E.A., XV, 1961.

FERRATE, J., *La operación de leer y otros ensayos*, Seix-Barral, Barcelona, 1962.

FLYDAL, L., «Les instruments de l'artiste en langage», en *Le français moderne*, XXX, 1962, pp. 166-72.

FORSTER, E. M., *Aspects of the Novel*, Penguin Books, Harmondsworth, 1970.

FRYE, N., *La estructura inflexible de la obra literaria*, Taurus, Madrid, 1973.

GENETTE, G., «Frontières du récit», en *Figures II*, Seuil, París, 1969a, pp. 49-69.

——, *Figures II*, Seuil, Paris, 1969b.

232

——, «Métonymie chez Proust –ou la naissance du récit», en *Poétique* 2, 1970.

——, *Figures III,* Seuil, París, 1972.

GOLDMANN, L., *Para una sociología de la novela,* Ayuso, Madrid, 1975.

GREIMAS, A. J., *Sémantique structurale. Recherche de méthode,* Larousse, París, 1966.

GREIMAS, A. J., *Du sens. Essais sémiotiques,* Seuil, París, 1970.

HAMÓN, Ph., «Qu'est-ce qu'une description?», en *Poétique* 12, 1972.

——, «Pour un statut sémiologique du personnage», En VV.AA., *Poétique du récit,* Seuil, París, 1977.

HENDRICKS, W. O., «Linguistics Models and the Study of Narration», en *Semiotica* V, 3, 1972.

——, «The Work and Play Structures of Narrative», en *Semiotica,* 13 : 3, 1975, pp. 281-328.

——, *Semiología del discurso literario,* prol. de Carmen Bobes, Cátedra, Madrid, 1976.

HERNÁNDEZ VISTA, V. E., «Sobre la linealidad de la comunicación lingüística», en *Problemas y principios del estructuralismo lingüístico,* CSIC, Instituto Miguel de Cervantes. Madrid, 1967, pp. 271-98.

HJELMSLEV, L., *Prolegómenos a una teoría del lenguaje,* Gredos, Madrid, 1971.

JAKOBSON, R., «Closing Statement: Linguistics and Poetics», en T. A. Sebeok (ed.), *Style in Language,* MIT Press, Cambridge, Massachussets, 1960.

——, *Essais de linguistique générale,* Ed. de Minuit, Paris, 1963.

——, «En busca de la esencia del lenguaje», en *Diógenes* XIII, n.º 51, 1965, pp. 21-35.

——, «Poésie de la grammaire et grammaire de la poésie», en *Questions de poétique,* Seuil, París, 1973.

JOHANSEN, S., «La notion de signe dans la glossématique et dans l'esthétique», en *Travaux du Cercle Linguistique de Copenhague* V, 1949.

JOLLES, A., *Formes simples,* Seuil, París, 1972 (trad. del alemán *Einfache Formen,* Max Niemayer Verlag, Tübingen, 1930), 1930.

KAYSER, W., «Qui raconte le roman?», en VV. AA., *Poétique du récit,* Seuil, París, 1977.

KRISTEVA, J., «Problèmes de la structuration du texte», en *Théorie d'ensemble,* Tel Quel, Seuil, París, 1968, pp. 297-316.

——, «Narration et transformation», en *Semiótica* I, 4, 1969, pp. 422-48.

——, *El texto de la novela,* Lumen, Barcelona, 1974.

LAFONT, R. et GARDES-MADRAY, F., *Introduction à l'analyse textuelle,* París, Larousse, 1976.

LÁZARO CARRETER, F., «La lingüística norteamericana y los estudios literarios en la última década», en *Revista de Occidente* 81, 1969, pp. 319-47.

——, «Consideraciones sobre la lengua literaria», en *Doce ensayos sobre el lenguaje,* Publicaciones de la Fundación Juan March. Ensayos Rioduero, Madrid, 1973, pp. 35-48.

LEPSCHY, G. C., *La lingüística estructural,* Anagrama, Barcelona, 1971.

LONZI, L., «Anaphore et récit», en *Communications 16,* 1970, pp. 133-42.

LOTMAN, I., «Metodi esatti nella scienza letteraria sovietica», en *Strumenti Critici* 2, 1967, pp. 107-127.

——, *Structure du texte artistique,* Gallimard, París, 1973.

LYONS, J., *Introducción a la lingüística teórica,* Teide, Barcelona, 1975.

MACKSEY, R. y DONATO, E., *Los lenguajes críticos y las ciencias del hombre* (Controversia estructuralista), Barral, Barcelona, 1972.

MALDAVSKY, D., *Teoría literaria general,* Paidós, Buenos Aires, 1974.

MACHEREY, P., *Pour une théorie de la production littéraire,* Maspero, París, 1966.

MALTESE, C., *Semiología del mensaje objetual,* A. Corazón, Madrid, 1972.

MARICHAL, J., *La voluntad de estilo,* Seix-Barral, Barcelona, 1957.

MATAS, J., *Contra el honor. Las novelas normativas de Ramón Pérez de Ayala,* Madrid, Seminarios y Ediciones, 1974.

MORRIS, Ch., *Signos, lenguaje y conducta*, Losada, Buenos Aires, 1962; trad. del original *Sings, Language and Behavior*, Prentice-Hall Inc., New York, 1946.

MOUNIN, G., *Introducción a la semiología*, Anagrama, Barcelona, 1972.

MUKAROVSKY, J., *Arte y Semiología*, Comunicación serie B, n.º 11, Alberto Corazón, Madrid, 1971.

NATTIEZ, J. J., «Pour une définition de la sémiologie», en *Langages* 35, 1974, pp. 3-13.

PEIRCE, Ch. S., *Collected Papers*, Harvard University Press, Cambridge, Mass., 1931.

——, *La ciencia de la semiótica*, Nueva Visión, Buenos Aires, 1974.

PELC, J., «On the concept of Narration», en *Semiótica* III, 1, 1971, pp. 1-19.

POTTIER, B., *Lingüística moderna y filología hispánica*, Gredos, Madrid, 1968.

POUILLON, J., *Tiempo y novela*, Paidós, Buenos Aires, 1970.

POYATOS, F., «Paralenguaje y cinésica del personaje novelesco», en *Phohemio* III, 2, 1972, pp. 291-307.

PRIETO, A., *Morfología de la novela*, Planeta, Barcelona, 1975.

PROPP, V., *Morfología del cuento*, Fundamentos, Madrid, 1971. 1928.

RAJOY, M.ª D., «Historia y discurso en 'Prometeo'», en *Crítica semiológica*, Oviedo, 1977, pp. 273-97.

RASTIER, F., «Les niveaux d'ambiguité des structures narratives», en *Semiotica* III, 4, 1971.

——, «Sistemática de las isotopías», en *Ensayos de semiótica poética*, Planeta, Barcelona, 1975.

RICARDOU, J., *Problèmes du noveau roman*, Seuil, París, 1967.

ROBBE-GRILLET, A., *Por una nueva novela*, Seix-Barral, Barcelona, 1965.

RODRÍGUEZ ADRADOS, F., *Lingüística estructural*, Gredos, Madrid, 1969.

ROSSUM-GUYON, F. van, «Point de vue ou perspective narrative», en *Poétique* 4, 1970.

SAUSSURE, F. de, *Curso de lingüística general*, Losada, Buenos Aires, 1945.

SEGRE, C., *Las estructuras y el tiempo*, Planeta, Barcelona, 1976.

SHUMAKER, W., *Elementos de teoría crítica*, Cátedra, Madrid, 1974.

SKLOVSKI, V., «El arte como artificio», en *Teoría de la literatura de los Formalistas Rusos*, Signos, Buenos Aires, 1970, pp. 55-70.

SOURIAU, E., *Les deux Cent Mille Situations Dramatiques*, Flammarion, París, 1950.

SUÁREZ SOLÍS, S., «Análisis de 'Belarmino y Apolonio'», Oviedo, Instituto de Estudios Asturianos, 1974.

TACCA, O., *Las voces de la novela*, Gredos, Madrid, 1973.

TESNIERE, L., *Éléments de syntaxe structurale*, Klincksieck, París, 1959.

TODOROV, Tz., «Les catégories du récit littéraire», en *Communications 8*, 1966, pp. 127-38.

——, «La grammaire du récit», en *Langages* 12, 1968, pp. 94-102.

——, *Grammaire du Décaméron*, La Haye, Mouton, 1969.

——, *Poétique de la prose*, Seuil, París, 1971.

——, «La lecture comme construction», en *Poétique* 24, 1975.

TOMACHEVSKY, B., «Temática», en Tz. Todorov (ed.), *Teoría de la literatura de los Formalistas Rusos*, Signos, Buenos Aires, 1925, pp. 199-232.

URRUTIA, N., *De 'Troteras' a 'Tigre Juan'. Dos grandes temas de Ramón Pérez de Ayala*, Insula, Madrid, 1960.

VARELA JACOME, B., *Renovación de la novela en el siglo XX*, Barcelona, 1967.

VV. AA., *Análisis estructural del relato*, Tiempo contemporáneo, Buenos Aires, 1970.

——, *Crítica semiológica*, Universidad de Oviedo, 2.ª edición, 1977.

——, *Elementos para una semiótica del texto artístico*, Cátedra, Madrid, 1978.

VOLPE, G. della, *Crítica del gusto*, Feltrinelli, Milano, 1960.

WELLEK, R. y WARREN, A. *Teoría literaria*, Gredos, Madrid, 1966.

WUNDERLICH, D., «Pragmatique, situation d'énonciation et deixis», en *Langages 26*.

YNDURAIN, F., «La novela de la 2.ª persona. Análisis estructural», en *Clásicos modernos*, Gredos, Madrid, 1969.

ZOLKIEWSKI, S., «Poétique de la composition», en *Semiótica* V, 3, 1972, pp. 205-224.